当世出会い事情

アジズ・アンサリ
クライネンバーグ
美奈子 訳

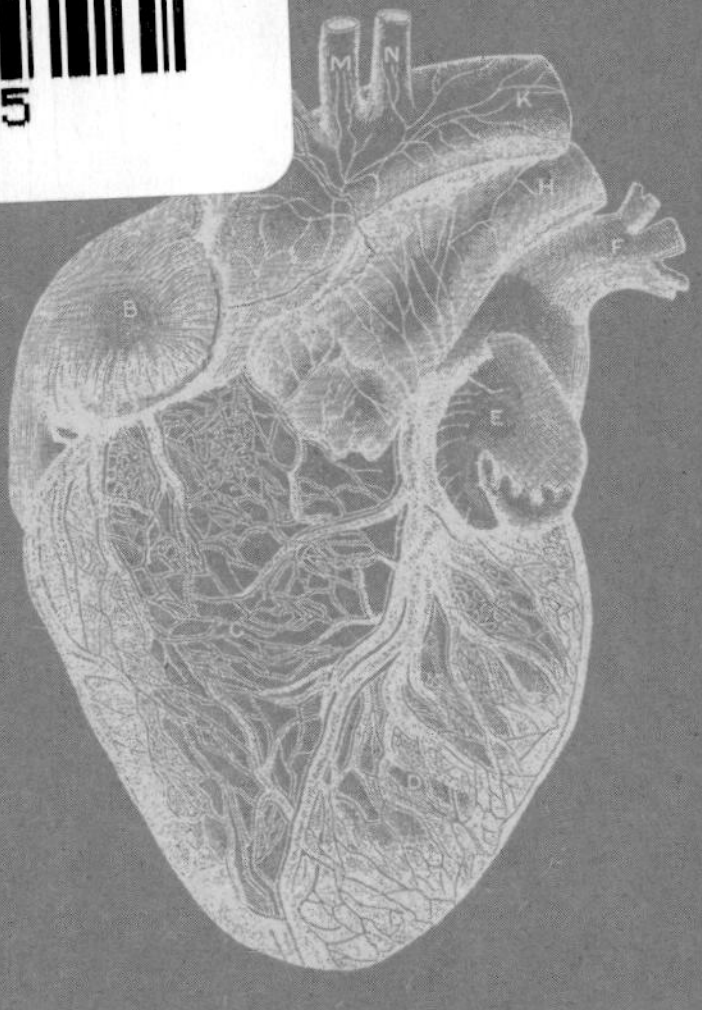

AZIZ ANSARI
With Eric Klinenberg

MODERN ROMANCE

亜紀書房

MODERN ROMANCE
by AZIZ ANSARI

This edition published by arrangement with Penguin Press,
an imprint of Penguin Publishing Group,
a division of Penguin Random House LLC through
Tuttle-Mori Agency, Inc., Tokyo

JACKET DESIGN: JAY SHAW

当世出会い事情

スマホ時代の恋愛社会学

CONTENTS

はじめに 4
第1章 運命の人を探して 17
第2章 最初の誘い 45
第3章 オンラインデート 95
第4章 選択肢は多いほどいいのか 163
第5章 愛に関する国際的な調査 199

第6章　古き問題、新しき形——セクスティング、浮気、のぞき見、別れ話　235
第7章　身を固める　281
結び　317
謝辞　340
参考文献　347
注釈　i

※〔　〕内は訳者註です

はじめに

なんと！　僕の本を買ってくれるなんて感激だ。金はしっかりいただいた。けど、マジでがんばって書いたから、きっと楽しんでもらえると思う。

まず、この企画についてちょっと一言。スタンダップ・コメディアンとして成功すると、すぐにお笑いの本を出せという誘いが舞いこんでくる。これまでずっとそういう話は断ってきた。自分にとってスタンダップこそ最高の表現手段だと考えていたからね。僕としては、本なんて、スタンダップで考えを話すほど面白くなさそうに思われた。

それじゃなぜ、現代の恋愛について本を書くことにしたのかって？

数年前、ある女性と出会って――仮にターニャとしよう――ある晩、ロスでいい仲になった。知人のバースデー・パーティーに出席していて、そろそろお開きってときに、彼女がうちまで送るといってくれた。ふたりで夜じゅうおしゃべりして、ちょっとイチャついたりもしていたから、中に入って一杯どうかって誘ってみたんだ。

そのころ僕は、ハリウッド・ヒルズで、なかなかいい家を又貸ししてもらっていた。映画『ヒート』でデニーロが住んでたみたいな家で、でも、装甲車を何台もぶっつぶすような手練れの強盗の趣味よりは、もう少し僕好みだったけどね。

おしゃれなカクテルをつくり、ふたりでかわりばんこに音楽をかけて、しゃべったり笑ったりした。そのうちコトに及んだんだけど、それが最高によかった。彼女が帰るとき、僕はろれつの回らない口調で、なにやらえらくアホなことを口走ったのを覚えている。「ターニャ、きみはすごく魅力的だ……」すると彼女もいった。「アジズ、あなたもすごく魅力的よ」実に有望な出会いに思われた。満場一致、お互いどちらも魅力的な人間なのだから。

もう一度ターニャに会いたいと思ったとき、誰もが悩む単純な難問にぶち当たった。次はいつ、どのように連絡を取ろう？

電話か？　携帯メールか？　フェイスブックでメッセージを送る？　のろしを上げる？　どうやって？　借りている家に火をつけるか？　のろしを上げようとして家を燃やしたなんて、家主の俳優ジェームズ・アール・ジョーンズに、どのツラ下げていえるだろう。

あっ、ヤバい。誰の家を借りてるのかバラしちゃった。持ち主は、『星の王子 ニューヨークへ行く』のジョフィ・ジャファ王、ダースベイダーの声、映画界の伝説ジェームズ・アール・ジョーンズさ。

ようやく、携帯メールを送ることに決めた。彼女はよくメールをするらしいから。でも、あまり物欲しげに思われないよう、何日か待った。寝たときいっしょに聴いたビーチハウスというバンドが、その週にロスでライブをすることがわかったので、うってつけの口実になると

ジェームズ・アール・ジョーンズ

思った。

で、こんなメールを送った。

どうも――もうニューヨークに戻っちゃったかな。ビーチハウスが今夜と明日ウィルターンで演奏するんだけど。行きたくない？　うまくお願いすれば、もしかしてきみに〈ザ・モットー〉を歌わせてくれるかもよ？

感じよくはっきりと尋ねて、ちょっと内輪のネタも入れておいた（ターニャはパーティーでドレイクの歌〈ザ・モットー〉を歌い、なんと歌詞もほとんど暗記していたのだ）。

僕は自信満々だった。ターニャにぞっこんというわけじゃなかったけど、すごくステキだったし、気が合いそうな感じがした。

返信を待ちながら、ふたりがつきあったらどんなだろうと空想した。今度の週末には、ハリウッド・フォーエバー墓地の野外上映会に映画を観にいってもいいな。そうだ、今週中に、ターニャに手料理を振る舞おうか。気になっていたあのチキンのレシピを試してみるのはどうかな。秋になったらいっしょにオーハイで休暇を過ごすとか。ふたりの未来がどうなるか、誰にもわからない。すばらしい展開になりそうだぞ！

数分が過ぎて、メールの画面が「既読」に変わった。

心臓が止まりそうになった。

これぞ真実の瞬間だ。

僕は気合いを入れて、ｉＰｈｏｎｅの画面に浮かぶ小さな点々を見つめた。相手が返事を打っていることを告げる、じらすようなサイン。スマホに導かれてジェットコースターのてっぺんにじわじわと上りつめる気分。ところが、数秒後——点々が消えた。そして、ターニャからの返信はなかった。

ふーむ……どうしたんだ？

さらに数分が過ぎて……

何もなし。

大丈夫、きっとすばらしく気の利いた返事を書こうとしてるだけさ。書きかけたけど気に入らなくて、あとでまた書き直すつもりなんだ。なるほどね。それに、あんまりすぐに返信して、がっついてるように思われたくないんだろう。

一五分経過……返信なし。

一時間経過……返信なし。

二時間経過……返信なし。

三時間経過……返信なし。

軽いパニックが襲ってくる。最初に打ったメールを眺める。さっきはあんなに自信たっぷりだったが、あらためて読み直してみる。

どうも――もうニューヨークに戻っちゃったかな。ビーチハウスが今夜と明日ウィルターンで演奏するんだけど。行きたくない？　うまくお願いすれば、もしかしてきみに〈ザ・モットー〉を歌わせてくれるかもよ？

僕はなんてアホなんだ！　「どうも」じゃなく「どーも」と打つべきだった！　質問もたくさんしすぎた。まったく何を考えてたんだ？　ああ、また質問してる。アジズ、おまえ、質問に取り憑《つ》かれてるんじゃないか？

必死に状況をつかもうとしながらも、落ち着こうと努める。

そうだ、仕事が忙しいのかもしれないな。どうってことないさ。

できるだけ早く返信してくれるに決まってる。僕たちはワケありなんだから、な？

一日が過ぎる。

丸一日だ！

こうなると、さらに気が変になってくる。

何があったんだ？　僕のメッセージが届いていることはわかってるのに!!

ターニャのケータイが、川か、ゴミ圧縮機か、火山に落ちたのか？

いや、ターニャ本人が、川か、ゴミ圧縮機か、火山に落ちたのか？　大変だ、ターニャは死んだんだ。なのにデートのことで気を揉《も》んでいるなんて身勝手すぎる。僕は悪人だ。

このジレンマを友人に打ち明けてみた。

「おいおい、大丈夫だよ。返事をくれるさ。きっと忙しいだけだよ」お気楽な答えが返ってきた。

それから僕はソーシャルメディアを見る。すると、彼女がフェイスブックにログインしている。

メッセージを送ろうか？　ダメだ！　そんな真似はするな、アジズ。落ち着け。落ち着け……。

そのあと、Instagram《インスタグラム》をチェックすると、ターニャのヤツがシカの写真を投稿している。

僕に返信できないほど忙しいのに、ハイキングで見たシカの写真を投稿するヒマはあるってわけか？

僕は取り乱すが、そのとき、こんな場合にすべてのマヌケが経験する、ひらめきの瞬間が訪れる。

ひょっとしたらメッセージを受けとっていないのかも！

そう、そういうことだ。彼女のケータイに、なにか不調が生じたんだ。

ここにきて二通目のメールを送ろうかと考えるが、踏み切れない。友人たちとのあいだでこんな展開になったことは一度もないから。

「やあ、アラン。食事にいこうってメールしたんだけど、丸一日たっても返事をくれないね。どうかした？」

「なんだって！　そんなメール見てないよ。届かなかったんだ。ケータイの不調だな。悪かった。明日メシに行こう」

ターニャの話に戻ろう。この時点で二四時間以上過ぎている。今日は水曜日。コンサートは明日の晩だ。行けないという返事すらよこさないなんて、どういうつもりなのか。せめて断ってくれれば、ほかの誰かを誘えるのに。なぜだターニャ、なぜなんだ？　考えるとカッカしてきた。よくもここまで不作法な真似ができるもんだ。僕はそこらのただのアホじゃない。僕のこと、よーく知ってるくせに。

何か書いて送りつけてやろうかと考えつづけたが、やりすぎになるだけだと思い、相手が無関心であることを受けいれた。どのみち、人をこんなふうに扱う女と、つきあいたくなんかない。それはそうだが、やっぱりものすごくイライラして、バカにされたと感じていた。

そのとき、興味深いことに気づいた。

自分がいま陥っている狂気は、二〇年前、いや、一〇年前でさえ、存在すらしなかっただろう。僕は数分おきにひたすらスマートフォンをチェックし、不安と苦痛と怒りの嵐に巻きこまれていた。それというのも、相手が僕に、ちっぽけなケータイで短いメッセージごときを書いてよこさないというだけの理由で。

僕は猛烈に取り乱したけど、ターニャは本当にそこまで無礼で意地悪なことをしただろうか。いや、彼女は気まずい状況を避けるために、メールを送ってこなかっただけなのだ。きっと僕だって、誰かに同じ仕打ちをして、同じような悲しみを味わわせたのに気づかなかったことがあるに違いない。

結局その晩、コンサートには行かなかった。かわりにコメディクラブに出かけ、この〝沈黙〟というふざけた行為が僕の心の奥底にもたらした、途方もない挫折感と自己不信、そして憤りについてしゃべった。おおいにウケたが、それ以上に大きなものも得た。観客と自分が、より深いレベルでつながっているように感じたのだ。

観客の男女を問わず、みんな一度はスマホやケータイのなかでそれぞれのターニャに出会い、それぞれの問題やジレンマにぶつかったことがあるのだとわかった。誰もがひとりぼっちで、さまざまな感情を抱え、返信のこない真っ黒な画面を見つめている。だが、おかしなもので、みんながそろって同じように過ごし、何がどうなっているか誰もわからずにいることに、せめてもの慰めを見いだすしかないのだ。

人間が昔から効率よくやってきたこと——恋愛をするということが難題になり、そのためにこれほど多くの人々が、なぜ、どのように当惑しているか。その疑問が頭から離れなくなった。デジタル時代に恋を見つける際の課題について、理解を助けてくれそうな本がないか、知り合いに尋ねてまわった。興味深い本はいくつかあったが、僕が探していたような社会学的に掘り下げた総合的な研究は見あたらない。それじゃ自分で書いてやろうと思いたった。

執筆に取りかかったときは、恋愛の大きな変化なんて一目瞭然だと考えていた——スマートフォンやオンラインデート、ソーシャルメディア・サイトといった技術的な進歩だ。けれども、詳しく調べていくにつれ、恋愛における変化は、技術だけでは説明しきれないと気づいた。話はそれだけではない。恋をして伴侶を得るという文化そのものが、ごく短期間にガラリと様相を変えたのだ。一世紀前には、近所に住んでいるまあまあの人間を見つけたものだった。家族ぐるみで顔合わせをし、お互いに人殺しではなさそうだと判断したら、結婚して子どもをもうける。そのすべてが、二二歳になるまでに完了した。ところが今日では、何年もかけて、ぴったりの相手、運命の人を探し求める。相手を探す方法も様変わりしたが、本当に変わったのは、我々の欲求と――それ以上に顕著なのが――相手探しにおいてそもそも何を求めているかなのだ。

こうした変化について考えれば考えるほど、この本を書かずにはいられなくなった。けれど、おバカなコメディアンのアジズ・アンサリひとりでは、こんな問題に太刀打ちできないだろうということもわかっていた。そこで、とても頭の切れるお方に手伝いを頼んだ。社会学者のエリック・クライネンバーグだ。彼と組んで大規模な研究プロジェクトを立ちあげ、一年以上の月日をかけて世界中の町で調査をおこない、恋愛の分野の第一人者も巻きこんでいこうと計画した。

　本題に入る前に、このプロジェクトについてもう少し話しておきたい。我々が何をして、何をしなかったかを知っていただくために。本書で使用するデータの主な出所は、エリックと僕が二〇一三年から二〇一四年にかけておこなった調査である。ニューヨーク、ロサンゼルス、カンザス州ウィチタ、ニューヨーク州モンロー、ブエノスアイレス、東京、パリ、そしてドーハで、数百名の人々を対象にしてグループインタビューや取材をおこなった。よくあるような取材ではない。第一に、さまざまな人々を集め、恋愛生活の個人的なあれこれについて、ものすごく立ち入った話をしてもらった。第二に、実に興味深いことに、調査に参加した人たちの多くが、すすんでケータイやスマホを見せてくれた。おかげで、テキストメッセージやメール、オンラインデート・サイト、Tinder《ティンダー》のようなスワイプ・アプリによる交流をたどることができた。この情報は天の啓示だった。現実のロマンチックな出会いが、人々の暮らしのなかでどんなふうに展開するか、観察できたのだから。記憶している話を聞くだけというのとはわけが違う。個人情報をたくさんいただいたので、匿名にすることを約束した。つまり、本書で紹介するエピソードの提供者の名前はすべて、社会科学の定性調査の慣例にしたがい仮名にしてある。

先にあげた都市以外についても知るため、Reddit《レディット》のサイトで「現代恋愛」の掲示板を立てて、質問を投げかけ、ネット上で巨大なグループインタビューを運営し、世界中からたくさんの回答を得た（こうしたセッションに参加してくれたすべての人に深く感謝する。みなさんがいなかったらこの本は書けなかっただろう）。そういうわけで、本書で「掲示板」というのはそれを指している。

我々はまた、長い時間をかけて、著名な社会学者、人類学者、心理学者、ジャーナリストをはじめとするきわめて有能な人たちに取材をおこなった。いずれも現代恋愛の研究にキャリアを捧げてきた人たちで――しかも惜しみなく時間を割いてくださった。けっして忘れるわけにはいかない方々の名前をここにあげる。マイクロソフトのダナ・ボイド、ジョンズ・ホプキンス大学のアンドリュー・チャーリン、エヴァーグリーン・ステイト・カレッジのステファニー・クーンツ、「ニューヨーク・タイムズ」のパメラ・ドラッカーマン。ニュー・スクールのクミコ・エンドウは東京での調査も手伝ってくれた。ノースウェスタン大学のイーライ・フィンケル、ラトガーズ大学のヘレン・フィッシャー、ニューヨーク大学のジョナサン・ハイト、コロンビア大学のシーナ・アイエンガー。ダン・サヴィジ。ニューヨーク大学のクレイ・シャーキー、マサチューセッツ工科大学のシェリー・タークル。そしてスタンフォード大学のロブ・ウィラーは調査の設問とデータ解析にも力を貸してくれた。

こうした取材に加えて、すばらしい定量的データを入手し、本書でさまざまに活用させてもらった。まず、Match.com《マッチ・ドットコム》は過去五年間、アメリカの独身者に対する大規模な調査をおこない、全国の代表的なサンプル約五万人に、さまざまな興味深い行動や好みについて尋ねている。寛大にもその内容を提供してくれたので、僕からその分析結果を皆さんにお伝えしよう。また、クリスチャン・ラダーとOkCupid《オーケー・キューピッド》のご厚意により、利用者の行動様式に関するお宝情報を入手できた。この情報はものすごく役に立った。人々がこうしたいと口にすることと、実際の行動とを、そのおかげで見分けることができたからだ。

ほかに、重要な情報源として、スタンフォード大学のマイケル・ローゼンフェルトが、「カップルはいかにして出会い、いっしょにいるのか」という調査の資料を提供してくれた。これは読み書きのできる四〇〇二人の成人を対象とした全国規模の調査で、そのうち四分の三に配偶者か恋人がいる。ローゼンフェルトと、もうひとりの研究者であるニューヨーク大学のジョナサン・ハイトは、彼らのつくった図表を本書で使用することも許可してくれた。おふたりにおおいに感謝する。

こうした方々の協力のおかげで、エリックと僕は、現代恋愛に関するさまざまな問題を論じることができたが、すべてを網羅したわけではない。あらかじめぜひ知っておいていただきたいのは、本書が主に異性愛者を取りあげているという点である。執筆の早い時点で、エリックと僕は気づいたのだが、もしここで取りあげる恋愛のさまざまな面をLGBTの人々にもあてはめようとしたら、別にもう一冊書かなければとても論じ切れないだろう。ゲイとレズビアンの恋愛について少し触れてはいるが、まったく不十分である。

もう一点、ここでお知らせしておきたいのは、調査のほとんどが中産階級の人々を対象にしていることだ。大卒で、二〇代終わりから三〇代になるまで子どもをもたず、高価なスマホときわめて密接に暮らしている人たちだ。アメリカでも、調査に行った外国でも、きわめて貧しい層、あるいは富裕な層において、恋愛というものはまったく違う動き方をする。だが、これについても、階級によるさまざまな違いまで研究するのはとても無理だと考えて、本書では触れていない。

よし、前書きとして知っていただくべきことは、ざっとそんなところだ。でも、本題に入る前に、心からの感謝を捧げたい――読者であるあなたに。

あなたが望むなら、この世のどんな本でも買えたはずだ。ラッパーのジャ・ルールの『荒くれ者――大人への道は山あり谷あり』〔未邦訳〕を選ぶこともできた。ロバート・キヨサキの『金持ち父さん 貧乏父さん』を買ってもよかった。または、『金持ちジャ 貧乏ジャ――脱税で失敗しないためのジャ・ルールによる手引き書』を買うことだってできた。

そういう本のどれだって買えたのに（もしかしたら買ったかもね！）。ただし最後の本を除いて。僕が何度もメールで頼んだのに、ジャ・ルールは執筆を断りつづけているからね。

けれど、僕の本も買ってくれたわけだ。そのことに、お礼をいう。

それじゃ、旅を始めよう……現代の出会いの世界へ！

SEARCHING FOR
YOUR SOULMATE

第1章 運命の人を探して

昨今のシングルが経験するイライラの多くは、技術の進んだ現代に特有の問題に思われる。たとえば、メールの返事がこない。オンラインデートのプロフィールに載せる「好きな映画」を何にしようかと激しく悩む。昨夜いっしょに食事した女性に、バラの花をテレポーテーションで送るべきか迷う（本書が出版されるまでにテレポーテーションについて解明されているかどうかは疑わしい。科学顧問たちにもそう忠告された。編集者どの、もしまだテレポーテーションの方法が開発されていなかったら、ここは割愛してください）。

こうした動きが恋愛の世界に起こるのはもちろんはじめてだが、本書のための調査や取材を進めるうちに、恋愛における変化は、僕の認識よりはるかに大規模であることがわかった。

現在、僕は、似たような境遇をもつ数百万の若者たちのひとりだ。誰かと出会い、デートし、つきあったり別れたりする。それもすべて、心から愛する相手、深くつながれる相手を見つけたいと望んでのことだ。さらには、結婚したい、家庭をもちたいと望む場合だってある。

こうした過程は現代では当たり前のようだが、実はつい数十年前と比べても、大きく異なっている。具体的にいうと、二つの点――〝探すこと〟と〝理想の相手〟――についての考え方が、以前とはまったく違う。すなわち、求愛がどう進展するかについての期待も、すっかり様変わりしているのだ。

取材のためのドーナツ　――ニューヨークの高齢者施設を訪問

時代によって状況がどう変わったかを知るには、まず、古い世代の体験を知るところから始めなければと考えた。つまり、お年寄りと話してみるということだ。

正直いって、僕は過去を美化しがちなタイプだ。現代の暮らしの便利さはありがたいが、ときどき、シンプルな時代にあこがれを感じる。昔の独身って、クールじゃないか？　女の子をドライブイン・シアターに連れていき、食堂でチーズバーガーとビール、それから星空の下、古めかしいオープンカーでよろしくやるんだ。まあ確かに、僕の褐色の肌と当時の人種間の緊張を考えたら、五〇年代にはなかなかそういうわけにはいかなかったかもしれない。でも、空想のなかでは、人種のあいだもうまく調和しているんだ。

ということで、その頃の恋愛について知るために、エリックと僕は、ニューヨークのロウアー・イーストサイドにある高齢者施設を訪ねて、お年寄りに取材をおこなった。

僕たちはダンキン・ドーナツの大箱とコーヒーをしっかり用意していった。それがご老人に話をしてもらうためのカギになると、職員からいわれたからだ。そのとおり、ドーナツの匂いをかいだとたん、お年寄りはさっと椅子を寄せてきて、こちらの質問に答えはじめた。

アルフレードという八八歳のおじいさんは、いきなりドーナツにかぶりついた。話を始めてから一〇分が過ぎ、まだ年齢と名前しか聞き出せないうちに、彼は困惑した表情で僕を見つめ、ドーナツまみれの両手をあげて去ってしまった。

数日後、さらに取材をするためにふたたび訪れると、アルフレードがまたやってきた。職員の説明によると、彼は前回、面談の目的を誤解していたそうだ——戦時中の話を聞きたがっていると思ったらしい——でも今は、恋愛と結婚にまつわる自身の経験について、質問に答える用意がバッチリできているという。ところが、またしても彼はすばやくドーナツを一個たいらげ、それから、フレンチクルーラーの最後のかけらを上唇からぬぐうより早く、姿を消してしまった。

僕も隠居したら、こんなふうに楽してタダでドーナツを食べられる機会がありますようにと願うばかりだった。

ありがたいことに、ほかの人たちはもっと情報を提供してくれた。ヴィクトリアは六八歳でニューヨーク育ち。二一歳のときに結婚した——相手は同じアパートの上の階に住む男性だった。「友だちとアパートの前にいたら、あの人がこっちに来たのよ」ヴィクトリアは語ってくれた。「きみのことが大好きなんだといって、デートしないかって誘ってきたの。わたしは黙っていたわ。さらに二、三回誘われてから、オーケーしたのよ」

ヴィクトリアにとって初デートだった。映画に行ってから、彼女の実家で食事をした。まもなく彼は恋人になり、それから一年間デートを重ねて、夫になった。

ふたりが結婚して四八年になる。

ヴィクトリアの話を最初に聞いたとき、この世代の人々に共通していそうな要素がいくつもあると思った——ごく若いうちに結婚を決め、両親にはただちに恋人を紹介し、あっという間に結婚生活に入ったという点だ。

ただし、同じアパートで暮らす人と結婚したという部分は、普通とはちょっと違うだろうと僕は考えた。

ところが、次に話した七八歳の女性サンドラは、通りの向かいに住む男性と結婚したという。六九歳のスティーヴィーは、廊下の先の部屋の女性と結婚した。七五歳のホセのお相手は、一本向こうの通りに住む女性だった。アルフレードは、通りの向かいの誰かと結婚した（きっと近所のドーナッショップのオーナーの娘だ）。

これは驚きだった。合計すると、話を聞いたお年寄り三六人のうち一四人が、子どもの頃の家から徒歩圏内に住む相手と結婚していた。同じ通り、同じ地域、さらには同じアパートに暮らすご近所さんと結婚したのだ。ちょっと異様な気がする。

「みなさん」僕はいった。「ここはニューヨークですよ。考えたことさえないんですか、ああ、もしかしたらこのアパートの外にも人間がいるんじゃないか、って。なぜそんなに自分を制約するんです？　視野を広げてみたら？」

お年寄りたちは肩をすくめ、だってそうならなかったから、というばかりだった。

取材のあと我々は、これがもっと全体的な傾向の裏づけとなるのか検討した。一九三二年、ペンシルヴェニア大学の社会学者ジェームズ・ボサードが、フィラデルフィアに住む人々の記録を調べ、結婚許可証に目を通した。驚きだ。結婚したカップルの三分の一が、結婚前、お互いに半

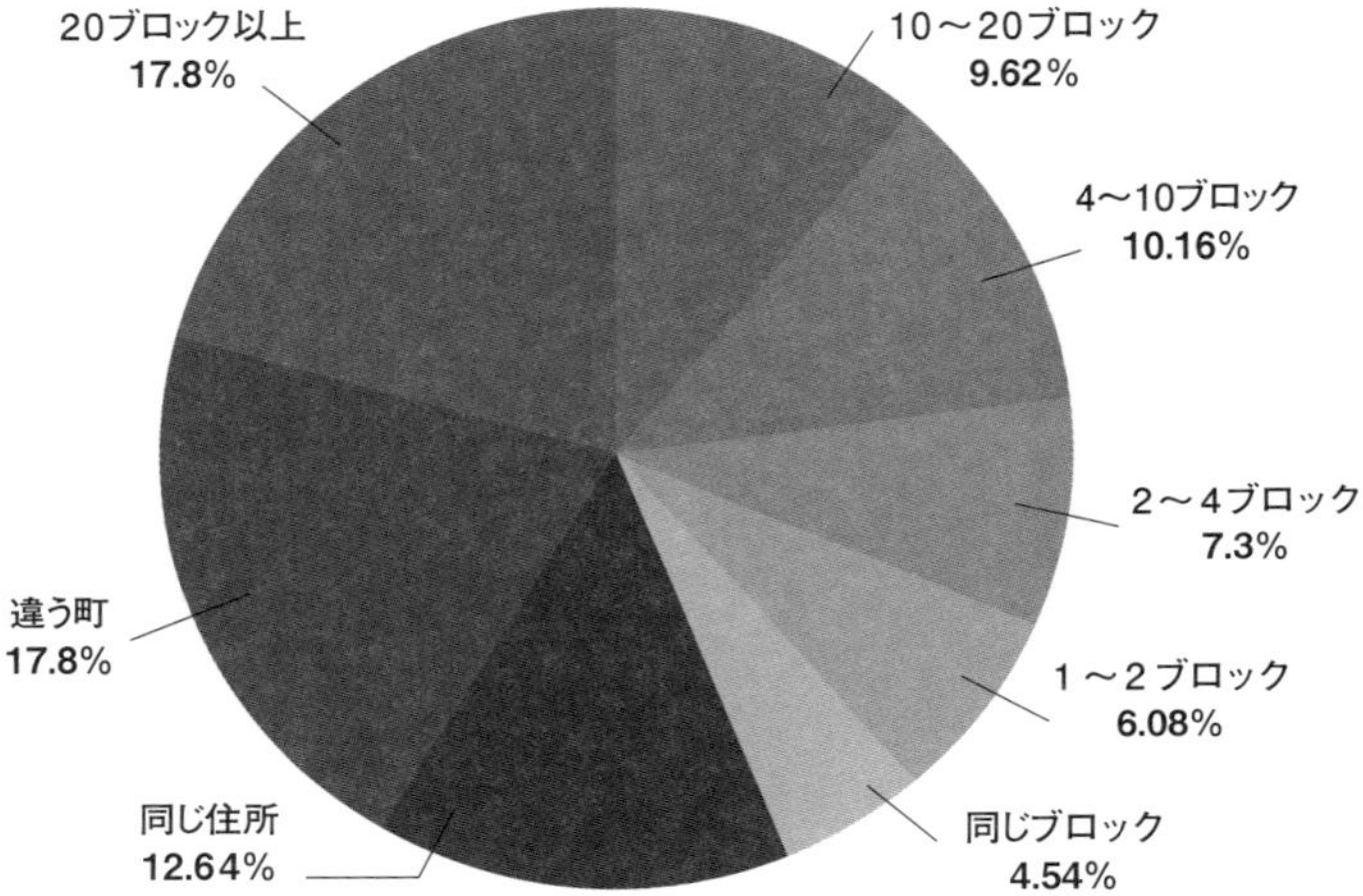

5000組の夫婦の結婚前の地理的な距離
（フィラデルフィア、1932年）

径五ブロック以内に住んでいた。六組に一組が、同じブロックに住んでいた。何より驚いたのは、八組に一組が、なんと同じ建物内に住んでいたのだ！[1]

もしや、近所で結婚するというこの傾向は大都市のもので、ほかの場所では違うのだろうか。一九三〇年代から四〇年代にも、多くの社会学者が同じことを考え、当時の社会科学の主要なジャーナルで調査結果を報告している。そう、彼らの調査結果は、フィラデルフィアでボサードが得た結果と、いくらか違いはあるにせよ実によく似ていた。

たとえば、小さな町の人々も、相手が見つかれば近所の人と結婚した。だが、対象者が少なすぎるなどの理由で相手が見つからないときは、視野を広げた——ただし必要最低限の範囲で。エール大学の社会学者ジョン・エルズワース・ジュニアが、コネティカット州シムズベリー（人口三九四一人）で結婚のパターンについて研究したあと、こう述べたとおりだ。「人は連れ合いを見つけるためならどこまでも行くが、それ以上先へは行かない」[2]

今日では、どう見ても状況がまったく違う。もはや社会学者は、町内の結婚にまつわる地理の調査すらおこなわないことがわかった。個人的には、友人のなかで近所の誰かと結婚した人はひとりも思い浮かばないし、故郷の誰かと結婚したという話もほとんど聞かない。たいていの場合、友人たちは大学卒業後に出会った相手と結婚している。その時期には、国中から、場合によっては世界中からやってきた人と出会うのだ。

子ども時代を過ごした場所について考えてみよう。アパートの建物でもいいし、家の近所でもいい。そこにいるつまらない相手と結婚するなんて、想像できるだろうか。

新成人期　――大人が大人になるとき

子どもの頃をともに過ごした相手との結婚が考えにくい理由の一つは、現代では結婚の時期が以前よりずっと遅くなっていることである。

ニューヨークの高齢者施設で取材した人たちの世代では、初婚年齢の平均が、女性二〇歳、男性二三歳だった。

現代の初婚年齢の平均は、女性が二七歳、男性が二九歳。そしてニューヨークやフィラデルフ

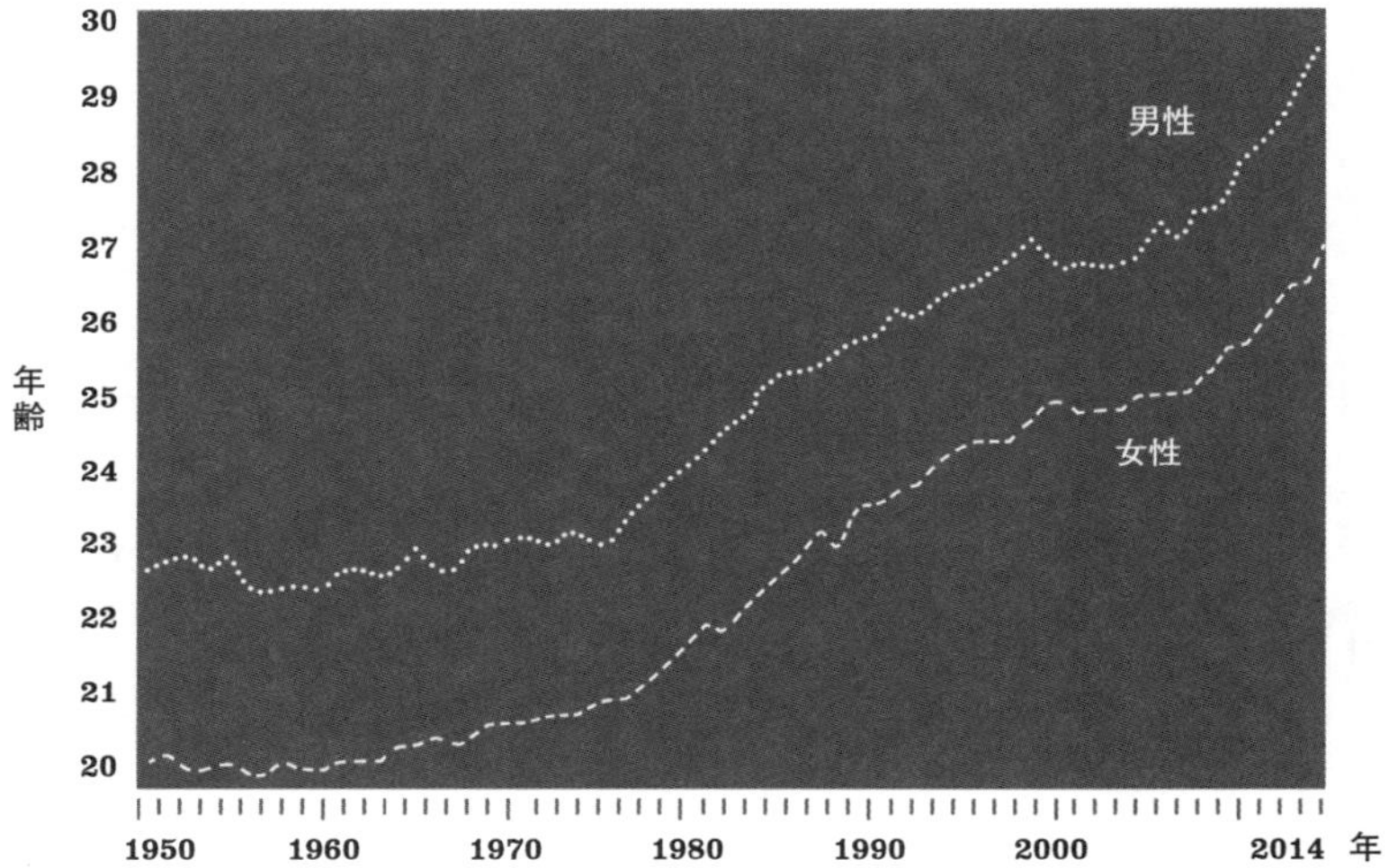

アメリカにおける初婚年齢の推移

ィアのような大都市では、男女ともにおよそ三〇歳である。

ここ数十年のあいだに、初婚年齢がこれほど劇的に上がったのはなぜか？　一九五〇年代に結婚した若者たちにとって、結婚は大人としての第一歩だった。高校か大学を卒業したら、結婚して家を出るものだった。一方、今日の若者たちにとって、結婚は大人になってから、もっと後の段階でするのが一般的だ。ほとんどの若者は、二〇代から三〇代に、人生の別な段階を踏む。大学に行ったり、働きはじめたりして、結婚するより前に親の家を離れ、大人としての経験を積んでいく。

この期間は、相手を見つけて結婚するためだけのものではない。ほかにもさまざまな優先事項がある。教育を受ける、いろいろな仕事を経験する、恋愛をする、そしてうまくいけば人間としてもっとじゅうぶんに成長する。

社会学者が人生のこの新たな段階に名前をつけているほどだ――「新成人期」と。

この時期はまた、恋愛の選択肢をぐっと広げていくようになる。近所や自分のアパート内にとどまるのではなく、別の町へ引っ越し、何年もかけて大学や職場で多くの人に出会い、そして――最大の変革として――オンラインデートなどのテクノロジーによって無限の可能性を得る。新成人期は結婚に影響を及ぼすだけではない。若者は親から独立して、大人の喜びを味わい、楽しく刺激的な時期を手に入れる――夫や妻になって子どもをもつのはそのあとだ。

僕のような人間なら、こうした何もかもを経験せずに結婚するなんて、とても考えられないだろう。僕が二三歳の頃は、自分がどんな大人になるか、見当もつかなかった。ニューヨーク大学でビジネスと生物学を専攻していたのだ。故郷のサウスカロライナ州ベネッツヴィルで、数ブロック圏内に住んでいる女の子と結婚なんてしただろうか？　そもそも、僕がやろうとしていた、この謎めいた〝生物学ビジネス〟っていったいナンだ？　さっぱりわからない。とにかく、そんなに大事な人生の決断をする準備など、まったくできていないバカ者だったのだ。*

取材した高齢者には、人生のこうした時期がなく、多くの人がそれを悔やんでいるように見えた。特に、高等教育を受けたり仕事に就いたりする機会があまりなかった女性たちはそうだ。一九六〇年代になるまで、アメリカのほとんどの地域で独身女性はひとりで生活せず、親たちは娘が〝職業婦人〟のための下宿に入ることに眉をひそめた。女性たちは結婚するまで、親のきびし

* ラッパーのババ・スパークスのタトゥーがいつもそのことを思い出させてくれる。

い監督のもと実家に縛られ、大人としての最低限の自主性ももてなかった。自分がどこで何をするか、かならず親に知らせなければならなかった。デートにまで親がどっぷり関わってきた。親が認めた相手でなければならないし、さもなければ親がデートに付き添った。

あるとき、高齢女性のグループインタビューで、同年代の女性で実家を出るだけのために結婚した人は多いかと、率直に尋ねてみた。そこにいた独身女性の全員がうなずいた。その時代の女性にとっては、結婚こそが、大人としての最低限の自由をもっとも簡単に手に入れる方法だったのだ。

しかし、その後の状況も楽ではなかった。結婚したら、確かに親からは自由になるが、自分を大事にしてくれるかどうかもわからない男に依存するはめになる。そして、家事や育児の責任を負わなければならない。そのことが当時の女性たちに与えたものを、ベティ・フリーダンはベストセラー『新しい女性の創造』〔三浦冨美子訳、大和書房〕のなかで、〝名もなき問題〟と呼んでいる*。

女性が労働市場に参入し、離婚する権利を勝ちとると、離婚率が跳ね上がった。グループインタビューで会った年配の女性の数人は、離婚革命の絶頂期に夫と別れた。彼女たちは、すばらしい特別な機会、すなわち、若く身軽な独身女性としての経験が得られなかったことを、ずっと恨めしく思ってきたという。

新成人期を望んでいたのだ。

「人生の一段階を逃してしまったと思うの。いろんな人とつきあう段階をね」アメリアという女性が物憂げに語ってくれた。「デートなんて絶対に行かせてもらえなかった。父が許さなかったの。すごくきびしくてね。だからわたしは孫娘たちにいうのよ、『楽しみなさい、思いっきり。それから結婚すればいいわ』ってね」そのせいでアメリアの孫娘たちが麻薬をヤリまくって、母親にこんなふうに口答えするようにならないことを願う。「おばあちゃんが楽しめっていったんだもん！ほっといてよ！」

こうした気持ちは多くの女性に共通だった。幸福な結婚生活を送っているという人も含め、誰もが、娘や孫娘には自分とは違うふうに結婚の段階を踏んでほしいと願っていた。彼女たちが身近な若い女性たちに望むのは、たくさんの男性とデートし、さまざまなつきあいを経験して、それから夫を決めてほしいということだ。「娘にはこう伝えたの。デートして、教育を受けて、車も運転して、楽しみなさい」とアメリアがいう。「そして、最後に誰かを選びなさい、ってね」

アパートの上の階で育った男性と結婚して四八年になるヴィクトリアでさえ同感だった。夫を心から愛していることは強調しつつ、もしほかのチャンスを与えられていたなら、違う道を選んでいたかもしれないとほのめかした。

「夫とわたしは、互いに理解しあっているわ」と彼女はいう。「でも、わたしたちはぜんぜん違っているの。ときどき考えるのよ、もし、自分と同じ興味をもつ人と結婚していたら、って……」しだいに声が小さくなった。

＊　フリーダンは初稿でこの問題を〝ハンプトン〟〔ペニスの俗称〕と名づけていたが、編集者たちがあまりウケそうにないといって却下した。

ひょっとして、彼女はドーナツに興味があって、アルフレードとの人生を考えているんじゃないだろうか。

幸福という贅沢
――友愛結婚から赤い糸結婚へ

愛と結婚を求める時期が変わったことにともない、結婚相手に求めるものも変化してきた。取材したお年寄りに、配偶者になる人とつきあい、婚約し、結婚した理由を尋ねると、こんな答えが返ってきた。「いい人そうに見えたから」「ステキな娘だったから」「立派な仕事をしているから」そして「ドーナツを手に入れるツテがあって、自分はドーナツが好物だから」*

最近の人たちに、なぜその相手と結婚したかを尋ねると、答えはもっとずっと劇的で愛情にあふれている。たいていこんなフレーズが聞かれる。「彼女は僕の分身なんだ」「彼がそばにいてくれなかったら、人生の喜びを味わえないと思うの」あるいは「彼女の髪に触れるたび、ムラムラしちゃうんだ」

我々は掲示板でこんな質問をしてみた。あなたが既婚、または長くつきあっている相手がいる場合、その人が自分にふさわしい相手だった（あるいは今もそうである）ことを、どうやって判断したのですか？　その人のどこがほかの人たちと違うのですか？　得られた回答は、高齢者施設で聞いた答えとは似ても似つかぬものだった。

回答の多くが、ふたりが互いに唯一の人を見つけたと感じるような、きわめて深い絆を物語るエピソードに満ちていた。単に家庭をともに築くのに好ましい相手というだけではない。ある女性はこんな回答を寄せてくれた。

彼に恋をした瞬間のことははっきり覚えています。近くで勉強しているとき、わたしがホイットニー・ヒューストンの〈グレイテスト・ラヴ・オブ・オール〉を小声で歌っていたら、彼が声をかぎりにその歌を歌いだしたんです。それからわたしたちは、ただもう笑いながら部屋じゅう踊りまわって、まるまる一曲歌いました。そんなふうに、自分がとても自由で、バカで、愛されていると感じられる瞬間に、彼こそが理想の人だとわかるんです。それに、つきあうようになってからは、自分のいちばんいいところが引き出されている気がします。いろんなことをやってみようと努力してるし、学校を卒業してからも勉強を続けてるんです。自分もがんばってるけど、彼が味方になって支えてくれたおかげで、状況がすっかり変わりました。

別の女性はこう書いている。

彼はわたしを笑わせてくれるし、もし笑いたい気分じゃないときはじっくり時間をかけてそ

＊ そう、アルフレードだ。

の理由を見つけてくれる。わたしがいちばん不細工でかわいくないときにも、きれいで愛されている気分にさせてくれる。それから、信仰、道徳観、仕事への意欲、映画と音楽への愛情、旅が大好きなことも共通なの。

こんな答えもあった。

彼はほかの誰とも違う。唯一の人ね。この世に彼みたいな人はほかにいないわ。本当にすばらしい人で、毎日毎日、驚かされるの。彼を知って、愛したおかげで、わたしはより良い人間になれた。順調に五年が過ぎて、今も彼のことで頭がいっぱいよ。彼はいちばんの親友なの。

この人たちはみな、真に特別な誰かを見つけたのだ。その話しぶりからすると、相手と結びつくためのハードルが、ほんの数世代前に結婚したお年寄りたちと比べて、はるかに高いように思われる。

今日の人々が、パートナーとなぜ結ばれたかを説明するとき、なぜこれほど有頂天な話しぶりになるのかを理解するために、高名な家族社会学者で『*The Marriage-Go-Round*』の著者であるアンドリュー・チャーリンに話を聞いた。チャーリンいわく、五〇年ほど前まで、たいていの人は、彼が呼ぶところの〝友愛結婚〟で満足していた。このタイプの結婚では、それぞれにはっきりとした役割が与えられていた。男性は一家の主であり、大黒柱である。一方、女性は家にいて、家事をして子どもを産む。結婚生活で得られる満足感はほぼ、課されたこの役目をどれだけきちんと果たせるかにかかっていた。男性は生活費を稼ぐことで、自分がよい夫だと感じられる。女性は家をいつもきれいにし、子どもを二、三人産めば、よい妻ということになる。連れ合いを愛してはいても、おそらく「彼の口ひげを見るたびに、心臓がドキドキするの」という種類の愛し方ではなかっただろう。

熱烈に愛しあったから結婚したのではなく、ともに家族をつくれそうだから結婚したのだ。愛のために結婚したという人もいる一方で、結婚して家庭を築かなければというプレッシャーは相当なものだったから、すべての結婚がラブラブ婚とはいかず、かわりに〝ほどほど婚〟をしたのだった。

真実の愛を待つことは贅沢であり、特に女性にはなかなか叶わないことだった。一九六〇年代の初めには、女性のなんと七六パーセントが、愛していない相手とでも結婚すると認めている。しかし、同じことをするという男性は三五パーセントにすぎない。[3]

女性の場合、相手を見つける時間がはるかに少なかったのだ。真実の愛？　仕事があって、口ひげもまあまあな人？　諦めなさい、お嬢さん。

そこから、結婚観の根本的な変化の話になる。今日、結婚とは人生のパートナー、愛する相手を見つけることとみなされている。しかし、幸福と愛情のために結婚するという考え方自体が、実はけっこう新しいのだ。

というのも、人類の歴史のほとんどにおいて、求愛と結婚は、必ずしもふたりの人間が愛情を満たしあうためにするものではなかったからだ。歴史学者で『*Marriage, a History*』の著者ステファニー・クーンツによると、近年まで、婚姻による結びつきのもっとも大事な目的は、二つの家庭のあいだに絆を築くことだった。つまり、経済的、社会的、あるいは個人的に保証を得ることだ。血筋を絶やさず繁栄するための条件づくりでもあった。

これは大昔の話ではない。産業革命まで、欧米人のほとんどは農業で暮らしており、家族全員が働かなければならなかった。誰と結婚するかを考えることは、まさに現実的な問題だったのだ。以前なら、男はこんなふうに考えた。まいったな、農場の働き手になる子どもにいてもらわなきゃ。肉体労働ができる四歳の子どもができるだけ早く欲しい。それに、服を縫ってくれる女も必要だ。早くなんとかしよう。女はこう考えた。農場の仕事がよくできる人を見つけなくちゃ。飢え死にしないですむようにね。

自分と同じように寿司とウェス・アンダーソンの映画が好きで、しかも髪に触れるたびにムラムラするような女性がいいだなんて、あまりにも選り好みしすぎだろう。

もちろん、互いに愛しあっているから結婚した人だっているが、愛情がもたらすものへの期待は、今日の我々が望むものとは違っていた。将来の保証が子どもたちの良縁にかかっていた家庭にとって、情熱なんて結婚の動機とするにはあまりにも危険すぎた。「結婚は経済的にも政治的にもきわめて重要な制度なので、愛情などという不合理なものだけに基づいて決めるわけにはいかなかった」とクーンツは書いている。[4]

また、クーンツはこんなことも語ってくれた。一九六〇年代以前、中流階級のほとんどの人々には、結婚相手がもたらすものについて、性別によって凝《こ》り固まった期待があった。女性は経済的な保証を求めていた。男性は純潔を求め、教育や知性といった深い資質には関心がなかった。「平均的なカップルは、わずか半年のうちに結婚しました——そこからはっきりわかるのは、愛情というものがまだ、相手をひとりの人間として深く知ることに根ざすよりも、男女についての強い固定観念というふるいにかけられていたということです」とクーンツはいう。

一九六〇年代以前に結婚した人たちが、愛のない結婚をしたというわけではない。それどころか、当時のカップルは、ともに時を過ごし、成長し、家庭を築くうちに、だんだんとお互いに対する強い思いを育んでいくことが多かった。こうした結婚は、最初のうちはとろ火でことこと煮える程度でも、長い時間をかけてぐつぐつ沸騰することもあった。

だが、一九六〇年代から七〇年代にかけて、結婚に何を望むかなど、さまざまなことが変わった。男女平等の推進が、変化の大きな原動力だった。より多くの女性が大学に進み、よい仕事に就き、経済的に自立するにつれ、自らの身体と生活を自分の思いどおりにできるようになった。家の近所や同じアパートに住む男性との結婚を拒む女性がぐんと増えた。女性たちはいろいろな経験をしたいと望み、いまやそうする自由を手に入れたのだった。

チャーリンによると、六〇年代から七〇年代に成人した世代は、友愛結婚を拒否し、もっとすばらしいものを追いかけはじめた。彼らは配偶者が欲しかっただけではない——心の友が欲しかったのだ。

一九八〇年代になると、アメリカ男性の八六パーセント、女性の九一パーセントが、熱烈な愛情がなければ結婚しないと答えている。

赤い糸結婚は、友愛結婚とはまったく違っている。いっしょに家庭を築くのにほどよい人間を見つけるという話ではない。心から深く愛する人を見つけることなのだ。残りの人生をともに過ごしたいと願う誰か。その人のTシャツの匂いをかいだだけで、朝食をつくってもらい、ふたりで家にこもって、「パーフェクト・ストレンジャー」の全8シーズンを一気に見たときの、幸せな記憶がたちまちよみがえるような誰か。

現代の我々は、最初からとても情熱的な、あるいは沸騰するような気持ちを求めている。昔の人は、沸騰しているものなど求めず、水を必要としただけだった。水が見つかって、ともに生きることを誓ったら、全力で温度を上げたのだ。現代では、沸騰していないなら、結婚するには時期尚早とみなされる。

とはいえ、赤い糸の相手を探すには長い時間がかかるし、とことん精力を傾けなければならない。問題は、そうやって完璧な相手を探すことが多大なストレスを生みかねないということだ。若い世代には、〝ぴったりの人〟を探さなければという大きなプレッシャーがのしかかる。〝まあいいか〟でまあよかった時代には、そんなプレッシャーなんて存在すらしなかったのに。

だが、それがうまくいけば、とてつもない報いがある。チャーリンによると、赤い糸結婚は幸福になれる可能性がもっとも高く、取材したお年寄りの世代がめったに到達できなかったほどの充足をもたらしてくれる。

チャーリンはまた、こうした幸運を持続させることがどれほど難しいかもお見通しで、今日の赤い糸結婚が失望につながる可能性はきわめて高いと断言する。期待があまりにも高すぎて、関係が思いどおりにいかないと（髪を触ってもムラムラしなくなるなど）、さっさと別れてしまう。さらに、チャーリンは僕に、この「髪／ムラムラ」の喩えが僕だけの個人的なものであることを、しっかり明記するように求めた。

心理療法士のエスター・ペレルは、結婚生活に問題を抱える夫婦を何百組もカウンセリングしてきた。彼女の見るところ、結婚に求めるものが多すぎると、夫婦関係に多大なプレッシャーを与えることになる。彼女の言葉を引用しよう。

> かつて結婚は、子どもと社会的地位と相続と社交に関して、生涯の協力関係を与えられる経済制度だった。だが、今は、パートナーに対して相変わらずこうしたすべてを求め、そのうえ、親友、信頼できる仲間、情熱的な恋人でいてほしいと望み、しかも倍も長く生きるようになっている。そんななか、ひとりの人と結婚し、かつては村全体が与えてくれたものを、すべてその相手に求めているのだ。居場所をくれ、アイデンティティをくれ、安定をくれ、と。その一方で、非凡で謎めいていて尊敬できる存在であってくれ。安らぎをくれ、刺激をくれ。新しいものをくれ、なじんだものをくれ。予測できるものをくれ、意外性をくれ。そして、それを至極当たり前のものと考え、あとは、おもちゃやランジェリーに助けを借りることになる。[6]

だが、理想としては、運よく赤い糸で結ばれた相手を見つけ、人生を変えるような幸福の鉱脈を掘り当てたいものだ。

しかし、そんな赤い糸を見つけることは、きわめて難しい。

赤い糸の相手を見つける

わかってる、赤い糸で結ばれた人を探すのが簡単だとは誰もいってない。それでも多くの面で、今日の独身世代は、現代恋愛の変化のおかげで幸せになっているように思われる。結婚前に自分を成長させ、いろいろな人とつきあうことは、よりよい選択をするために役立っている。たとえば、二五歳を超えてから結婚する人は、それ以前に結婚する人よりも、離婚する可能性がはるかに低い。[7]

また、結婚したくなければしなくたっていいのだ。昔は、結婚して子どもをもつことが、唯一の理にかなった人生のコースだと思われていた。現代では、別のライフスタイルをはるかに受けいれやすくなっていて、人々はさまざまな状況を行き来する。独身でルームメイトと暮らす。独身でひとり暮らし。独身で同棲中。結婚。離婚。離婚してイグアナと暮らす。イグアナを連れて再婚。イグアナ好きのせいで夫婦仲が悪化し、七匹のイグアナを連れて離婚。最終的には独身で六匹のイグアナと暮らす（かわいそうにアートゥロはアイスクリームの移動販売車にひかれてしまった）。もはや、あらかじめ定められた人生の道なんてない。各自がそれぞれの判断で生きている。いざ結婚するときには、愛のために結婚するのだ。そのために赤い糸の相手を探している。そして、赤い糸の相手を見つけるための道具は、途方もない進化を遂げている。同じアパートに住む誰かさんに制限されない。世界中にいる何百万人もの誰かさんにつながるオンラインデートがある。自分の好きな条件で検索すればいい。外に出たらスマホを使って、飲み歩きしながらでもたくさんの相手にメールを打てる。固定電話に制約されず、きっちり約束した相手だけに縛られることもない。

現代の恋の選択肢は前例のない多様さで、相手を選り分けて連絡を取る手段には目を見張るばかりだ。

そうなると疑問が浮かんでくる。なぜこれほど多くの人々が不満を抱いているのか？

本書のために、エリックと僕が試してみたかったのは、さまざまな世代の人たちを集めて、昔と今のデートについて論じあうことだった。そこで二〇〇名という大所帯のグループインタビューをおこなった。

まずは案内を送り、出席者はかならず親のどちらか、または両方を同伴しなければならないと知らせた。そして、参加者がやってきたら、親子を二カ所に分けた——若者は左、親は右に。僕たちは一時間かけてその両方を行き来し、パートナーとどのように出会ったか、どう誘ったか、結婚を誓うことをどうやって決意したか、聞かせてほしいと頼んだ。

順調で幸福な結婚生活を送っている年配者に話を聞くと、結婚相手との出会い方が古風でシンプルであり、現代の独身者たちが経験しているよりもずっとストレスが少ないように思われた。確かに、彼らは若くして出会い、おそらくまだあまり世慣れていなかったはずだが、ひとりの女性がこんなふうに語ったとおりなのだろう。「わたしたちはともに成長し、変わっていったの。そして、六〇代になった今も、まだいっしょにいるわ」

その晩、出席していたお年寄り世代の人たちは、相手をデートに誘うとき、たいていはすぐに電話するか、あるいはじかに話したという。ティムという紳士が、未来の妻をはじめてデートに誘ったときの様子を語ってくれた。「学校で彼女を見つけて、それで声をかけたんです、『ねえ、マディソン・スクエア・ガーデンで開かれるザ・フーのコンサートのチケットがあるんだけど……』って」

女の子と二週間もメールをやりとりしたあげく、シュガー・レイのコンサートをすっぽかされるのに比べたら、はるかにカッコよく思える。

当時のデートについて尋ねると、どこかのバーか、親睦会に行ったという。これはたいてい教会か大学か、地元の施設などが開催する地域のダンスパーティーみたいなもので、若者たちがおしゃべりしたり出会ったりする場となった。彼らはそこに一晩中いて、軽く飲むのだった。

最近のバーで見かける様子と比べたらずいぶん気分がよさそうだ。なにしろ今は大勢の人が自分のスマホとにらめっこで、現状よりもっと心ときめく対象を見つけようとしているのだから。

たくさんの選択肢はどうなっているのか？　今や理想の相手が見つかるはずじゃないのか？実のところ、お年寄りたちは、こうした選択の自由をむしろ不都合だと考えていた。子どもたち世代に同情し、心配していた——そして、自分の若かりし頃は、物事が完璧とはほど遠くても、もっと単純だったことをありがたがった。

「今の若い人たちを弁護するためにいっておきたいのは、とにかく選択肢が多すぎることよ」ある母親がいった。「わたしの頃は、親睦会があって、バーがあって、ただそれだけだったの。でも近頃は——ああもう、この時代に独身でいるなんてまっぴらだわ」

「なぜそんなに嫌なことだと思うんですか？」僕は尋ねた。「今の若者たちに与えられている選択肢を考えてみてください。開けてもらうのを待っているドアがたくさんあるんですよ」

お年寄りたちはそんなふうに考えていなかった。自分の若い頃は選択肢がもっと少なかったということは理解しつつも、面白いことに、それを後悔してはいないようだった。ひとりの女性が説明してくれたとおりだ。「選択肢があるなんて思いもしなかったのよ。好きな人ができたら、すぐにおつきあいするだけ。ほかにもドアが一二個ある、一七個ある、四三三個ある、なんて考えなかったんじゃないかしら」と彼女はいった。「開けたいドアを一つ見つけて、それを開けるだけだったのよ」

さて、我らの世代はどうだろう。何百万ものドアがある廊下にいる。大変な数だ。たくさん選択肢があるのはいいことだからね。

でも——何百万ものドアがある廊下だって？　それってうれしいことかな？　ゾッとしないか？

まだ若すぎて、大人になる準備をしきれていないようなときには、一つのドアに押しこまれるよりもそのほうがよさそうに思える。その一方で、昔の人たちは、自分の判断でドアを開ける用意ができていたのかもしれない。なにしろ、アメリアやヴィクトリアをはじめとする大勢の女性たちは、早く親の家を出たくてたまらず、最初のドアに喜び勇んで飛びこんだのだから。ときには、そうして飛びこんだ結婚生活が、孤独で困難なものになることもあった。だが、愛にあふれて満ち足りた暮らしを実らせる場合も多かった。

現代の我々は、選択肢としてたくさんのドアを望み、そしてどれを開けるかについてきわめて慎重である。人生における新成人期の段階は、基本的に、廊下をうろつき、どのドアが本当に自分にふさわしいかを見きわめるために、社会が与えてくれる許可証である。その廊下にいると、ときにはイライラするけれど、理想的には、成長して大人になり、準備ができたら、本当に自分にふさわしいドアを見つけるのだ。

今の時代、愛を求める人々には、すばらしい恋人、理想をいうなら赤い糸の相手を探すうえでの選択肢が、これまでにないほどたくさん与えられている。性別、民族、宗教、人種――さらには居住地さえ関係なく、たいてい自分の望む相手と結婚できる。以前の世代の人たちと比べて、パートナー同士が互いに平等な関係を築きやすい。そして、昔の人たちの多くと違って、ほとんどの人たちが、愛する人としか結婚しない。

問題は、こうした新たな可能性があっても、相手を見つけるプロセスがひどくストレスのたまるものになりかねないことだ。そして、たいていの人が二〇代半ばまでに結婚した時代と違い、今日では愛を探すことが何十年も続きかねない。

もはや、上階に住む人や、隣の家の女の子となんて結婚しない。

もはや、高校時代の恋人と（永遠に）つきあうことはない。

もはや、「ねえ、ママ、パパ、リビングにいるあの人、よさそうだね。三カ月後に結婚したらステキじゃない？」などということはない。

かわりにあるのは、ふさわしい相手を探す壮大な旅に根ざした、まったく新しい恋愛文化だ。学生時代や、仕事のさまざまな段階を通じて、ずっと続けるかもしれない「相手探し」。そして、この「相手探し」は新たな形をとる。今日の恋愛の風潮にあっては、多くの動きが画面上で起こるからだ。

スマホの世界

二〇一四年、平均的なアメリカ人は一日に四四四分——およそ七時間半——を、スマートフォンやタブレット、テレビ、パソコンの画面の前で過ごしている。これは、「わずか」五〜七時間しか画面を見ていないヨーロッパ諸国よりも高い数字だが、それでもアメリカがトップ五カ国に入るにはとうてい足りない。中国、ブラジル、ベトナム、フィリピン、そして首位のインドネシアでは、なんと九時間も画面を見つめている。[8]

七時間半でもじゅうぶん長いが、僕自身の場合を考えてみると、ありえない数字ではなさそうだ。たとえば今日はロサンゼルスで、普通の日曜の朝を迎えた。目覚めてからしばらく、友だちのニックとチェルシーと、ブランチの行き先をどこにするか、メールのやりとりをした。それからノートパソコンに飛びついて、候補に挙がったレストランを調べた。口コミサイトの〈イェルプ〉でレストランのページを調べてメニューを眺め、合間に思いつきであちこち閲覧し（レディットで目についたくだらない項目を読んだり、昨夜の「サタデーナイト・ライブ」のハイライトを見たり）*、二〇回も行ったり来たりして一時間七分を費やしたあげく、チェルシーとニックは近所のカジュアルな食堂でかまわないといいだした。僕はそこへ行く気分ではない。結局、いっしょにブランチをとることとすらしなかった。

かわりに僕は別の店〈カネレ〉へ、別の仲間と出かけた。ブランチのあいだに、ネリーの歌が流れてきたので、ウィキペディアでネリーを検索した。こんなふうに疑問に取り憑かれたら、そうしないわけにはいかない。ブランチのあと、帰宅する途中で、また別の数人にメールして、夕食の計画を相談する。☆そして今、自宅でまたノートパソコンに向かって、ちょうど今あなたが読んでいるこの章を打っている。読んでいるあなたも画面で〔電子版を〕見ているかもしれない！

ブランチの計画を立てようとしたこの日の過ごし方は、シングルの世界における僕の暮らしぶりそのものだ。その時期のデート相手と、スマホを使って、会う計画を立てるか、あるいは立てようとする。チェルシーとニックとのブランチ同様、こうした計画が結局お流れになるのはしょっちゅうだ。そして、レストランを注意深く調べたのと同じように、若いシングルたちは、お互いについても調べている――オンラインデートやソーシャルメディアのサイトを見たり、あるいはググってみたりして、デートするかもしれない相手について、もっとよく知ろうとする。わかってきたのだが、我々がデジタル端末を使ってこれほど長い時間を過ごすのは、みんながそれぞれ自分自身の「スマホの世界」をつくりあげてきたからだ。

我々はスマホの世界を通して、人生で関わるすべての人とつながっている。親から、フェイスブック上のちょっとした知り合いまで、どんな相手とでも。若い世代にとっての社会生活は、キャンパスやカフェやクラブと同じように、インスタグラムやツイッター、ティンダーやフェイスブックといったソーシャルメディア・サイトを通じて展開する。だが、最近では、多くの大人たちが、自身のデジタル機器でより長い時間を過ごすようになり、機器とデータプランを購入できる人のほとんどが、スマホの世界にどっぷりと関わるようになってきた。

スマホの世界は、いっしょに映画を観る相手を見つけたいときに訪れる場所だ。なんの映画を観にいくかを決める場所だ。映画館に着いたことを友だちに知らせる場所だ。友だちが「ちぇっ、違う映画館に来ちゃったよ」と知らせてくるのも、「おまえ何やってんだよ？　毎回そうなんだから。もういいよ。『G・I・ジョー　バック2リベンジ』をまたひとりで観てくるから」と告

＊　いちばん面白かったのは、家のドアを、ハロウィーンのキャンディを配る「怪物ドア」につくりかえた子どもたちの動画だった。昔なつかしいタイプのドアで、上部の左右に小さいよろい戸が二つある。そこに目を描き、茶色いフェルトを巻いた腕が別の開口部から突き出してキャンディをさしだす「怪物ドア」に仕立てたのだ。とてもかわいかった。

☆　この経験から明らかになるのは、僕の一日のほとんどが、どこで誰と食事するか決めるために、スマホかノートパソコンに費やされているということだ。

げるのも。

そして、スマホの世界が日常的な用事にも欠かせなくなった今では、恋愛の分野でももちろん重要な位置を占めているのだ。

今日、スマートフォンをもっているなら、四六時中ポケットのなかに独身者向けのバーを持ち歩いているようなものだ。一日のうちいつでも、ボタンをいくつか押すだけで、たちまち恋の可能性の海に飛びこめる。

最初のうちは、その海を泳ぐことがすばらしく思えるだろう。しかし、現代のシングルはたいていすぐに気づく。浮かんでいるためには必死に努力しなければならず、まして、ふさわしい相手を見つけていっしょに岸にたどり着くのは、もっと大変なことだと。

その海のなかではたくさんのことが起こっていて、すばやい判断、難しい動きをたびたび求められる。そして、さまざまな課題のなかでも、何より手ごわいのは、興味を惹かれる相手を見つけたとき、どう行動すべきか決めることだ。

ターニャをめぐる僕の例で見たとおり、どんなにシンプルに思えても、最初に誘うときというのは、ストレスにさらされ、予期せぬ恐ろしい結果に見舞われかねない。

THE INITIAL ASK

第2章 最初の誘い

誰かをデートに誘うことは、単純でありながら、恐怖や自己不信、不安をともなう恐ろしい難題となりがちだ。決断しにくいことだらけ。どうやって誘う？　じかに？　電話で？　メール？　なんていおう？　この人が残りの人生をともに送る相手だったりして？　自分にとって唯一の人だったら？　変なメールを送って台なしにしたらどうしよう。

技術が進んで、こうしたジレンマに新たに現代的な要素が加わったとはいえ、新しい相手をデートに誘うことは、簡単だったためしがない。相手に惹かれる気持ちを表明し、自分を大々的に売りこむのだから。拒絶されるという残酷な可能性を承知のうえで――あるいは、現代では、なんの説明もなく、冷ややかに無視される場合さえあるのだ。

現代においてデートをする際、最初に決めるのは、伝達手段である――電話か携帯メールか。パソコンのメールやソーシャルメディアのメッセージを使う人もいる。ほんの一世代前には、固定電話や新聞広告が恋人探しの第一歩だった。ところが今では、誰もが真っ先に画面を見る。実際、デートをする人の多くにとって、恋愛の世界の大部分が、ケータイやスマホの世界に根ざしているのだ。

とりあえず数字を見ると、最初に誘う役割を期待されているのは、いまだ圧倒的に男性の側である。二〇一二年の調査で、前年に自分から誰かをデートに誘ったというアメリカ女性は、わずか一二パーセントにすぎなかった。そこで、この件について論じるには、男性が女性をデートに誘うケースを想定するが、たいていは逆にも置きかえられる（最初にペニスの写真を送ってくる男を女性が嫌うという件は別とする）。

それじゃ、全体の傾向を見てみよう。

二〇一三年、マッチ・ドットコムの調査担当者が、アメリカ人にこんな質問をした。「誰かを最初のデートに誘うとしたら、連絡をとるためにあなたがもっとも使いそうなコミュニケーション手段はどれですか?」下がその結果である。

ここで述べておきたいのは二点。第一に、電話を使うという人の割合が、年齢層によってはっきりと違うことだ（五二パーセントと二三パーセント）。ティーンのあいだでは、携帯メールを使う率のほうが高い。二〇一二年の「テキストプラス」の調査によると、一三歳から一七歳のアメリカ人の五八パーセントが、携帯メールでデートに誘うと答えている。[1] 携帯メールを多用する文化で育った若者たちが、恋愛にもずっと気楽にそれを役立てていることは明らかだ。

第二には、時間とともに我々みんながそうなっていることだ。

コミュニケーションの手段	30歳以上	30歳未満
電　話	52%	23%
対　面	28%	37%
携帯メール	8%	32%
PCメール	7%	1%

二〇一〇年には、ヤングアダルトで、誰かをはじめてデートに誘うとき携帯メールを使う割合は一〇パーセントにすぎなかったが、二〇一三年には三二パーセントになっている。携帯メールでデートに誘うことが、着々と新たな常識になりつつある。そして電話はまたたく間に消えようとしている。

ここで特筆しておきたいのは、我々の通信方法が、めちゃくちゃな勢いで変化しているということだ。何世代ものあいだ、若者が恋の相手に連絡しようとするときには、電話を使ってきた。誰もが味わったみじめな経験だ。はじめてデートに誘うより前に、まず恐ろしい呼び出し音が聞こえ、そして誰かが電話に出る。お目当ての人ならいいが、ルームメイト、あるいは親が出る場合さえある。そこで、デートに誘いたい相手をお願いしますと頼む。

相手が在宅していれば、ようやく「もしもし」という声が聞こえ、そしてちょっとしたパニックが襲ってくる。しばらくおしゃべりして、距離を縮めようとしながら、段取りを整えてなんとかデートの誘いにこぎつけなければならない。

「やあ、えっと、あの、俺、パイ食いコンテストで負けちゃったんだ……今度映画に行かない?」

こんなふうに電話で誘うには、まず電話をかける勇気と、きちんとやり遂げる技能が必要だった。しかし、時とともに慣れてきて、戦略を練るようになる。

たとえば、あなたをダレンという若者だとしよう。最初のうち、あなたの電話はこの程度かもしれない。

ダレン：やあ、ステファニー。僕だよ……ダレンだよ。

ステファニー：あら、ダレン。元気？

ダレン：まああだよ。

ダレン：［長い沈黙］

ダレン：えっと……じゃあね。

だが、じきに腕が上がってくる。時がたつにつれ、自信をもってこういう電話をかけるにはどうすればいいかわかってくる。面白いエピソードや会話のネタを準備するようになる。ウィットに富んだ冗談がすらすら出るようになり、まもなくあなたとステファニーは言葉の剣士として、互いにかわしたり反撃したりできるようになる。こんな具合だ。

ダレン：やあ、ステファニー。僕だよ、ダレンだよ！［自信に満ちて、力強く］

ステファニー：こんにちは、ダレン。わたしステファニーのママよ。ちょっと待ってね……。

ダレン：くそ。［心の声］

ダレン：大丈夫だ、ダレン。落ち着いて。［心の声］

ステファニー：もしもし？

ダレン：やあ、ステファニー。僕だよ、ダレンだよ！［ふたたび自信に満ちて、力強く］

ステファニー：あら、こんにちは、ダレン。どうしたの？

ダレン：僕、傘を買ったんだ！
ステファニー：いいわね……。
ダレン：オッケー、じゃあね！

おやおや。あなたはこれよりはマシだろうね。

思いを寄せる人に電話をかける技能は、今の若い世代には無用だし、身につけたいとも思わないだろう。

テクノロジーが我々の生活に広く行きわたるにしたがい、ある世代には奇妙に見えたり不適切に思われたりする恋愛行動が、次の世代には普通のことになりうる。

たとえば、最近の調査では、ティーンの六七パーセントが、携帯メールでプロムに誘われてもオーケーすると答えている。[2] 上の世代は、プロムのような特別な機会にメールで誘うなんて、冷たくて人間味がないと感じるだろう。状況にふさわしくないように思われるのだ。しかし、若者たちは、メールを多用する環境で暮らしているので、その感覚によって、何がふさわしいかを認識する。たとえば、あとでもっと深く取りあげるが、携帯メールで別れを告げることは、僕の世代なら残酷に感じるけれど、若者に取材したとき、別れはもっぱら携帯メールだと答える人もいた。若い世代にとって、いつなんどきどんなメールがやってくるかは、想像もつかないことなのだ。

🔥🏠（あなたの家が全焼しました）

わたし妊娠したの、でも……あなたの子じゃなくて、父親はこの前マイアミで出会った人なのよ。本当にごめんなさい。帰ってきたら話しあいましょう。

やあ、サンプソン医師です。悪い報せがあって——あなたは睾丸にガンができています(-_-)

携帯メールの増加

携帯メール、あるいはショートメッセージサービス（SMS）として知られているものは、一九八四年にドイツの技術者フリードヘルム・ヒルブランドが考案した。はじめて実用化されたのは、一九九二年、英国の若き技術者ニール・パップワースが友人に「メリー・クリスマス」とメッセージを送ったときだ。残念ながら、その友人は返信しなかった。彼のケータイには、文章を入力する機能がなかったからである。[3]

確かにそうだ。僕が大勢に送る「メリー・クリスマス」のメッセージに返事をよこさない友人たちからも、同じことをいわれる。おまけに僕は、毎年、特別な写真もくっつけるのだ。ちなみに二〇一二年の写真をちょっとお目にかけよう。

楽しい休暇を！
アンサリー家より
（厳密にはアジズひとり）

とはいえ、想像できるだろうか、どれほど常軌を逸したことだったか——史上初の携帯メールを受けとるなんて。携帯メールが何であるか、誰も知らない時代に。おそらくこんな感じだろう。「なんで俺の電話に文字が出るんだ？この画面は番号用だろう！」

一九九七年、ノキアが、キーボードつきのケータイを発表し、まもなく訪れるブラックベリーの流行のお膳立てをした。だが、携帯メールが別のネットワークにも送れるようになるのは一九九九年からで、そこから利用が増えていった。二〇〇七年、米国で一カ月にやりとりされた携帯メールの件数が、はじめて電話の件数を上回った。そして二〇一〇年には、六兆一〇〇〇万の携帯メールが地球上を飛び交った。一分あたりおよそ二〇万件という数になる。

テクノロジー企業が、ショートメッセージの交換に役立つさまざまなサービスを新たに導入し、我々もかつてないほどキーを叩くことでそれに応えた。そしてもちろん、携帯メールでおこなわれる恋のやりとりの数が大幅に増加することになった。

携帯メールによるデートの誘いが急増している理由の一つは、画面の大きいスマホをもつ人が格段に増え、メッセージを送るのが楽しく簡単になったことだ。消費者調査によると、アメリカでスマホをもつ成人の割合は、二〇一〇年には一七パーセントだったが、二〇一四年には五八パーセントになった。もっとも普及しているのが一八歳から二九歳の新成人層で、八三パーセントが肌身離さずスマホを持ち歩いている。[4] 従来の携帯メールを使わなくても、最近ではＷｈａｔｓａｐｐ《ワッツアップ》やフェイスブック・メッセンジャー、ｉメッセージ、ツイッターのダイレクトメッセージといったアプリや機能があり、無料でメッセージを送れる。全世界で、ＳＭＳを基本的な通信手段として使用する人が増え、特に若い人たちは昔のように電話をかけなくなっている。

とはいえ、昔からの習慣をまるっきり捨ててしまったわけではない。若者も含め多くの人が、ときには電話で会話するし、電話なら恋の始めに特別な合図を送ることができるとさえ考えている。だが、デートの誘い方について取材を始めたときにわかったのだが、これほど技術が移り変わっても、いつ、どの手段を使うかについてはそれぞれに複雑な思いがある。どうすればわかるだろう――いつ電話をかけ、いつメールをし、あるいはいつすべてを投げ捨て、誰かの窓の下に立って九〇年代のお気に入りのＲ＆Ｂの曲を捧げるべきか。たとえば、Ｋ－Ｃｉ＆ＪｏＪｏの〈オール・マイ・ライフ〉あたりを。

それを知るためには、調査が必要だった。

電話VSメール

「電話？　最悪だわ」

――グループインタビューの女性参加者

「わたしと話したいなら、電話しなきゃダメよ」

――別の女性参加者

［啞然《あぜん》とする］
――そのグループインタビューに参加していた全男性

電話をかけるか、携帯メールを送るかの問題は、各グループで実にさまざまな反応を招いた。

ほとんどの場合、若い男性は電話をかけることに恐れをなしていた。それにはさほど驚かなかったが、意外だったのは、若い女性も昔ながらの電話に対して恐怖を示したことだ。「電話なんてごめんだし、不安になるわ」と二四歳の女性がぼやいた。「メールをするようになってから、電話がかかってくると緊急事態かと思います」と別の女性も答えた。最初のアプローチで電話をかけるなんて厚かましい、メールのほうが適切だと考える女性もいた。

ところが、男性から電話をもらうと、その人に自信があるとわかり、その他大勢と区別できるという女性もいた。「やあ、元気?」といった携帯メールは、彼女たちのメッセージ・プログラムにあふれかえっている。そういう女性にとって、電話をかけてくる男性は、勇敢で成熟していると思えるのだろう。電話で会話することによって、親密さが生まれやすくなり、それほどよく知らない相手とでも、気楽に安心して出かけられるようになるのだ。

グループインタビューに参加したある女性は、携帯メールにうんざりして、メールサービスを打ち切り、電話でしか連絡がとれないようにしたという。この女性は二度と男性とデートしなかった。ということはなく、それどころか、その後すぐに誰かとつきあうようになった。また、電話する勇気を奮い起こした男たちは、人間として優れているので、おかげでたくさんのダメ男を排除できたと彼女はいい切った。

しかし、電話を好むとはいえ、一筋縄ではいかない女性もいる。恋人志望者にとって迷惑なことに、電話が好きといいながら――出る気はないという女性がけっこう多いのだ。「あんまり出ないけど、電話してもらうのは好き」とある女性はいった。この言葉がどれほどバカげているか、どうやら気づいていないらしい。

こうした女性たちにとって、留守番電話はある種の審査システムになっている。説明してもらってよくわかった。バーでちょっと会った男性からのメッセージだったら、相手の声を聞いて、ヘンタイを見分けやすくなる。ひとりの若い女性が、最近ある男性が残してくれた、感じのよい留守電メッセージを褒《ほ》めちぎった。誠意をこめてお願いすると、そのお宝録音を再生して聞かせてくれた。「やあ、リンダ。サムだよ。どうしてるかと思って電話したんだ。時間があるときに折り返してくれ」

そんなところ。

このメッセージのどこがそんなにすばらしいのか、教えてほしいと懇願した。彼女は親切に思い出してくれた。「彼はわたしの名前を覚えていて、やあ、と挨拶して、折り返してほしいっていったわ」

この内容が、歴史上すべての留守電メッセージの要素そのものであることは気にしないでおこう。名前、挨拶、折り返しの依頼。たいして魅力的にも見えない。この審査に落ちるには、こんなメッセージを残さなければならないだろう。「挨拶なし。こちらは男です。きみを覚えてない。以上」

通信件数全体を見ると、しだいにメールが増え、通話が減っていることがわかる。ニールセンの調査によれば、アメリカ人の通話の利用は二〇〇七年がピークだった。それ以降、電話をかける回数も話す時間も減っている。[5]

だが、通信におけるこうした変化には、副作用がともなう。マサチューセッツ工科大学の社会心理学者シェリー・タークルは、著書『*Alone Together*』のなかで、説得力のある説を唱えている。若者たちはメールを基本とするコミュニケーションに慣れすぎている。メールならいくらでも時間をかけて思考をまとめ、何をいうかきっちり計画できる。だが、そのせいで自然な会話をする能力が失われつつある。自然な会話に使われる脳の筋肉が、メール中心の世界では鍛えられないため、会話力が落ちてきているのだという。

確かに、大規模なグループインタビューで、世代によって——子どもたちを左に、親たちを右に——分けたとき、奇妙なことが起こった。会合が始まる前に、親たちの側だけおしゃべりに花が咲いたのだ。お互いに話しかけ、どんな経緯でこの会に参加したのか尋ね、どんどん知りあっていく。子どもたちの側では誰もがケータイに熱中し、まわりの人間に話しかけようともしない。それを見て、他人と交流する能力、交流したいという欲求もまた、スマホの世界で退化の危険にさらされている筋肉なのだろうか、と考えさせられた。いつでも好きなときに、ウィキペディアで「ビヴァリーヒルズ青春白書」について読めるのに、他人と雑談する必要なんてない。正直いって、カバの赤ちゃん二頭に芽生えた友情を記録した動画に匹敵する他人などいるだろうか——誰もいやしない。

控えめにいっても、若い人たちはよく知らない相手、特にデートをするかもしれない相手と、電話でリアルタイムの会話をすることに臆病になっている。「わたしは社会不安を感じるんです。電話で、またはじかに会って、即座に返事したり反応したりしなければならないとしたら、何もかも分析しすぎて、パニックになってしまうでしょう」ある若い女性はそう語った。「じっくり時間をかけて、偽りのない返答を考えたいんです」

メールの明らかな利点は、電話をかけるのに必要な勇気を奮い起こすまでもなく、相手に送信できることだ。男性も概して自然な会話が苦手になっているというタークルの見解を受けいれるなら、この傾向が増えつづけていくのもうなずける。

コミュニケーションにおけるこうした変化について、ロサンゼルスでタークルと論じあったところ、昔々、電話でデートに誘われたことについて、興味深い見解を示してくれた。「当時は、男性が電話をかけてデートに誘ってくるというのは、すごく特別なことだったんです。自分が大切にされている気がしたし、相手が電話する勇気を奮い起こしてくれたことをとても嬉しく感じたものです」

僕が最近の若者を取材して聞いたことを話すと、タークルは、メールでデートに誘われるのはもはや当たり前すぎて、女性は特別な嬉しさを感じなくなってしまったのだといった。メールを送ってきた男は、大勢の女性に連絡していて、誰が返事をよこすか待っているだけだと、女性たちはお見通しなのだ。本当に特色のある個人的な文章でも送ってこないかぎり、メールなんてたいした意味をもたないらしい。

独身女性たちとさんざん話したあとでは、同意せざるを得ない。

現代のバカ男たち

女性たちへのインタビューから一つはっきりしたのは、世の男のほとんどがまるっきりのバカ者だということだ。女性たちとたっぷり話して、男たちから送られた〝初メール〟を見せてもらったが、まったく、実に腹立たしいものだった。彼女たちは知的で魅力的なすばらしい女性で、もっとましな扱いを受けてしかるべきなのに。

どんなメールを送ろうが関係ないという輩もいる。好きなら好き、どうせそれは変わらないのだから、と。だが、何百人もの独身者に取材した結果、そんなのはまったくのでたらめだと科学的に立証できる。

お疑いのみなさんのために、二〇一四年の春、僕がシカゴ劇場でおこなったスタンダップ・コメディ・ショーの例をご紹介しよう。

そのときツアーでは毎回、携帯メールについてのネタを披露したあと、お客さんに、最近誰かと出会ってメールのやりとりをしている人はいないか尋ねることにしていた。もしいたら、ステージに上がってもらって、僕が選んだ数人のメールを読みあげ、分析し、その内容について本人に質問したりした。

このときのショーで、親友の結婚式で男性との出会いがあったというレイチェルと話をした。その男性は、レイチェルの姉の友人でもあったので、初デートにつながる見込みは大きかった。レイチェルは独身で、その気がある。彼はシンプルなメッセージを送って自己紹介をし、何かに誘いさえすればよかった。

事のしだいはこうだ。

彼が最初のメッセージを送ってくる。

やあ、レイチェル！　マリッサとクリスの結婚式では、きみにダンスを申しこむチャンスがなかったよ。（ボクはパデュー大でクリスのルームメイトだったんだ……）それで、クリスと、きみの姉さんから、この番号を教わった。ちょっと挨拶して、自己紹介をメッセしちゃうつもりだったんだ。ハハハ(^o^)すばらしい週末を過ごせたならいいね……すぐにおしゃべりできますように！

〝メッセしちゃう〟と僕が読みあげたとたん、はっきりとわかったのは、シカゴ劇場の三六〇〇のシートに座っている誰ひとり、百万年待ってもこいつとは寝ないということだった。とにかく〝メッセしちゃう〟はその場にいた誰にとっても、明らかにむかつく言葉だったらしい。

レイチェルは一〇分後にこう返信した。

こんにちは！　連絡ありがとう:)　ただいま誕生日の週末を、山盛りのおいしいメキシコ料理で楽しんでます（誕生日がシンコ・デ・マヨ〔五月五日〕の祝日なので毎度のこと）。そちらもステキな週末だったらいいわね！

彼がすぐに返信してきた。

さっきの自分のメールを読んで、すーーーーーっかり気づいてるよ……名前を書かなかったね。ハハハ。ウィルだよ ;-) こちらからもFeliz Cumpleaños!! それと、シンコ・デ・マヨの話題はすごく好きだな。

レイチェルがウィルに会うことはなかった。この手のやりとりを何度かしたあと返信するのをやめたのだ。我々は誰もウィル本人を知らない。優しくてハンサムで心の美しい男性かもしれない。だが、判断材料はメールの文面だけなのだ。そしてその文面によって、おつむの鈍い、とんでもない変人を思い描いてしまう。〝メッセしちゃう〟も〝すーーーーーーっかり〟も、気どった〝*Feliz Cumpleaños!!*〟〔スペイン語で誕生日おめでとう〕も、何もかもが、現実にレイチェルがウィルに会いたいと思うようになるチャンスをぶち壊している。だから、どうか、どんなメールを送ろうが関係ないなんて、誰にもいわせないでほしい。信じてくれないなら、〝メッセしちゃう〟風にウィルに紹介してやればいい。きっと、すーーーーーーっかり考えが変わるだろう。

メールについての興味深い点は、媒体として、相手とこちらを切り離してしまうため、面と向かって、あるいは電話で話すときとは違うふうに振る舞えてしまうことだ。シェリー・タークルが『*Alone Together*』のなかで、日曜日の夕食をいつも祖父母といっしょに食べる約束をしている若者について書いている。彼は毎週キャンセルしたいと思い、母親は電話して断りなさいという。だが、彼は決して電話しない。祖父母のがっかりした声を聞くのが耐えられないからだ。けれど、もしメールが使えたなら、おそらく彼はためらわなかっただろう。媒体としてのメールは、奇癖や粗暴さなど、電話や直接の会話では表さないような個性を、出しやすくするといって間違いない。

恋愛に関していうなら、奇癖にとどまらない連中もいる。会えばまともな人物なのかもしれないが、携帯メールを盾にして、性にやたら積極的な〝大バカの怪物〟になる男たちの話をずいぶん耳にした。送られてくるメッセージはどう見ても不適切で、かなり不愉快なことが多いが、受けとる側が腹を立てても、メールなら大ごとにならずにすむ。相手の顔は見えない。声も聞こえない。目の前でギョッとされたり、頭めがけて重いものを投げつけられたりすることもない。

一方で、万一相手が興味をもってくれたら、しめたものだ。多くのバカ野郎たちは、こうしたタチの悪いメールを送るとき、そんなかすかな望みにしがみついているのだ。

「ストレート・ホワイト・ボーイズ・テクスティング」というウェブサイトは、女性たちが男どもから送られたこの手の恐ろしい（そしてしばしば笑える）チャット画像を投稿する拠点だ。サイトに説明があるとおり、男が下心をもって、出し抜けに「ねえ、きみのブラのサイズは:)」とか「こっちに来て、いいコトしない（笑）」といった、露骨に性的な誘い文句を送ってくる現象があることから、こうした場が生まれた。

この手のメールは、サイトの名前をとって「ストレート・ホワイト・ボーイ・メール」として知られているが、誤解のないようにいうと、サイトにはあらゆる人種、民族、性的嗜好のバカ者たちが登場する。

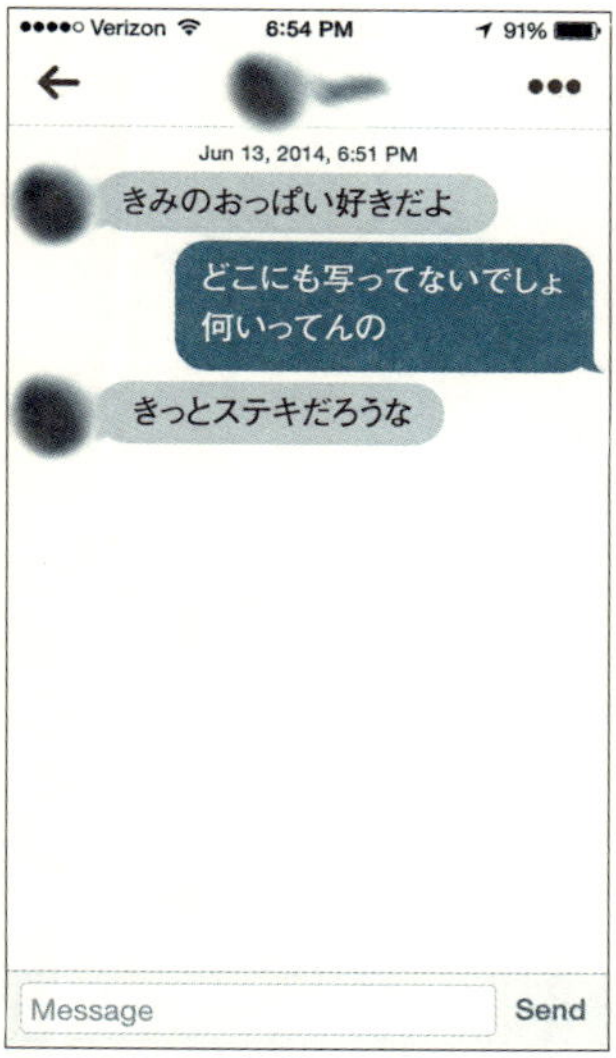

僕のお気に入りをいくつか紹介しよう。

まずは右上。この紳士は時間を無駄にしていない。だが、興味深いのは、実生活でもこんなふうに振る舞うのかということだ。女性のそばにつかつかと寄っていって「午後のセックスどう？」といい、そしてウインクする——まさか、それはないだろう。R&Bのスーパースターなら、ひっきりなしにやっていて、コトによるとけっこう成功するのかもしれないけど。

　隣のチャット画面にも注目だ。またしても想像してしまうのだが、もしその男が同じ女性にバーで出会ったとしたら、第一声は「きみのおっぱい好きだよ」よりはおそらくマシなものだろう。

　このサイトや、あらゆる女性たちのスマホは、この手のうんざりするようなやりとりでいっぱいだ。これらが最低のメッセージであることは間違いない。しかし、取材によると、これほどあからさまに気色の悪いたわごとを書いたりしない男性でも、メールの内容がほんのわずか変わっただけで、実際にデートできるかどうかが大きく違ってくるのだ。

時折、じかに会ったときには好印象で、本格的な交際に発展しそうなのに、マヌケで不快なメールを送ってすべて台なしにしてしまう男性がいる。そう、たとえば極端な例だが、〝片方のおっぱいだけ〟の写真をSnapchat《スナップチャット》で送ってと頼まれてから、たちまち相手の男性への興味が失せたという女性もいる。

しかし、人の犯す過ちは、必ずしもこれほどひどいものとはかぎらない。たびたび目にしたのは、一通のメールが、新たな関係の動きそのものを変えてしまいかねないということだ。文脈によっては、「やあ、そのうち遊びにいこうよ」といった無難な言葉でも、またスペルの間違いや句読点の選び方でも、人をイラだたせることがある。そのことについてシェリー・タークルと話したところ、メールは直接の会話と違って誤りに寛容な媒体ではない、という指摘があった。

面と向かっての会話なら、お互いに相手の身振りや表情、声の調子を読むことができる。何かまずいことを口走っても、それを察知する手がかりがあり、影響が残らないうちに埋めあわせたりいい換えたりする時間がある。電話の場合でも、相手の声の変化や沈黙が、こちらの言葉をどう解釈しているか知らせてくれる。だが、メールでは、こちらの過ちが相手の画面上にでんと居すわり、愚かさと野暮さがいつまでも残りつづけてしまうのだ。

スマホでのやりとりが、人間としての印象にきわめて大きな影響を及ぼすという事実から、今

の時代、人には基本的に二つの自分があることが明らかになる——現実の自分と、スマホの自分だ。

スマホの自分は、相手の画面にどのように通信するかしだいで決まる。取材した女性の多くが、バーやパーティーで飲みながら会話したあと連絡先を教えた相手の男性について、必ずしもはっきりと記憶していないといっていた。だとすれば、最初に受けとるメールが、返信するかどうかの大事な鍵になりうるし、そこで提示される「スマホの自分」が大きな違いを生むことになる。レイチェルの例で見たとおり、メールの文面のちょっとした調整しだいで、いい人か嫌な人か、頭が切れるか愚鈍か、面白いか退屈か、受けとめられ方がぐっと違ってくるのだ。

取材やグループインタビューで、世界中の人々が、寛大にもスマホのなかの秘密の世界をさらけ出してくれた。僕は誰よりもたくさんメールのやりとりをスクロールし、みんなが知りたいと思っていることを男女に問いかけた。そのメールを読んだとき、あるいは書いたとき、頭のなかで何が起こっていましたか？　このメールを読んだとき、相手のことをどう思いましたか？　人の言葉がこれほどさまざまな反応を引き起こすのを目の当たりにするのは、実に興味深いことだった。

では、まず、もっとも人をイラだたせたメールの例を見ていくとしよう。

無印の「やあ」メッセージ

女性のスマホに残された男どもからのメッセージを山ほど見た結果、そのメッセージのほとんどに、残念ながら思考も個性もまったく欠けていることがはっきりわかった。たいていの独身女性のスマホを何が埋めつくしているか知りたいって？　お教えしよう。「やあ」「やあ！」「やあやあ！」「やあ、元気？」「最近どう？」「調子どう？」「元気にしてる？」「どうしてる？」

送るぶんには無害なメッセージに見えるし、僕自身たしかにかなりの数をデート相手に送ってきた。僕を含めて、似たようなメールを送ったことのある人はみんな、もちろん悪気なんてない。

ところが、反対の立場から見ると、目からうろこだ。スマホがその手のメールで一杯になったら、無印のメッセージはとんでもなく退屈で、やる気がなさそうに思える。受けとった側に、自分が相手にとってべつに特別でも大事でもないと感じさせてしまうのだ。

あなたが男性で、「やあ」メッセージを連続して送ったらどう見えるかわからない場合のために、「ストレート・ホワイト・ボーイズ・テキスティング」の投稿を下に載せておこう。

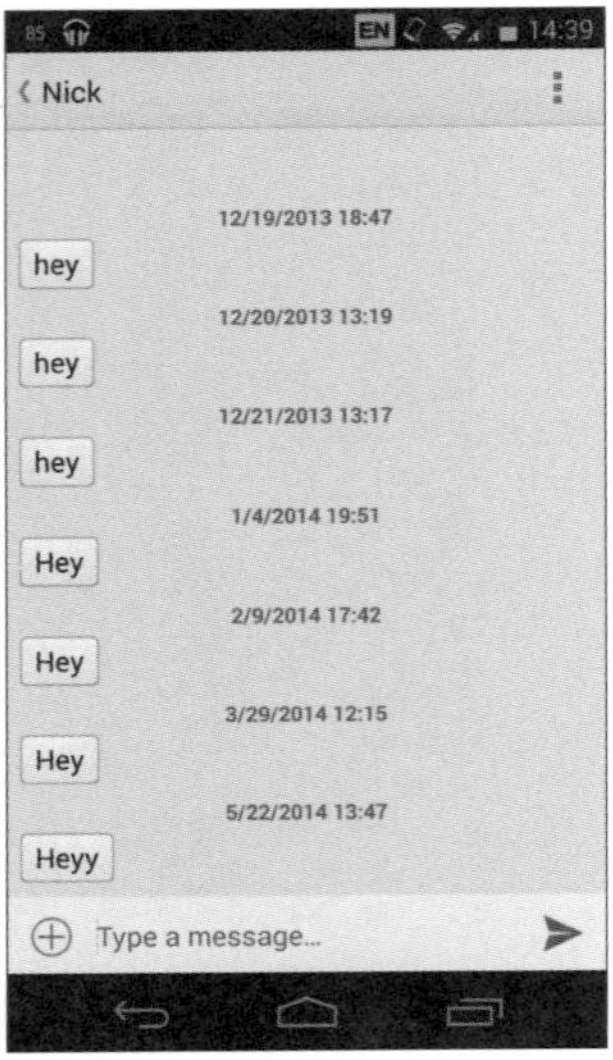

秘書問題

もう一つ、男女どちらをも悩ませるイラだたしい問題として、現実に会うことに結びつかない、きりのないメッセージのやりとりがある。実に多くの人たちが、近づきになるために長い時間をかけてメールを打ちつづけ、予定を取りつけようとしたあげく、結局はせっかくの可能性のかけらもダメにしてしまう。グループインタビューで、こんな具合に運んだやりとりを数え切れないほどたくさん耳にした。

やあ、こんちは。

こんにちは。ちょうど今クリスマスツリーを買ったところなの。

ツリーを買うにはちょっと遅くない？あと一週間ぐらいで終わっちゃうよ。

ええ、わかってる……

今度の週末なにか予定ある？

友だちの独身お別れパーティーでバンクーバーに行くの。楽しみ！

げっ、独身最後のパーティーの行き先にしちゃ変な場所だね！

ちょっと！　バンクーバーって面白いのよ。戻ったら話しましょ。

四日後。

やあ——ゲッティ美術館の新しい展覧会、
土曜日いっしょに行かない？

行きたいけど、家族でディズニーランドに行く約束なの。

そっか、ドナルドダックによろしく伝えて。

オッケー！

九日後。

木曜に寿司どう？

残念。木曜はムリなの。金曜は？

いや、金曜はダメなんだ。また来週にしよう。

六日後。

やあ！　今夜どう？

ここで会話は終わる。これを見ると、気のあるそぶりで楽しく始まったやりとりが、驚くほどあっさりと立ち消えになってしまう。そして何がどうなったのか見えてくる。気さくなおしゃべりから始まり、具体的な約束を取りつけようとしたとたん、双方が秘書のような態度になるのだ。予定を決めるためのやりとりで、もう一つ厄介なことがある。お互いに、相手は本当に忙しいのか、それとも忙しいふりをしているのかと疑いをもち、いっそう混乱と不満をつのらせてしまうのだ。こういう堂々巡りに陥ると、相手にその気があるのかどうかさえ疑わずにはいられなくなってしまう。

果てしない堂々巡り

予定を決めるための会話以外にも、デジタル時代のデートをイラだたしいものにする無用なやりとりはいろいろあり、頻繁なメール交換に辛抱できなくなっている二五歳以上の女性にとっては迷惑このうえない。別のケースとして、特に若い男性にありがちなのが、内気すぎて相手を何かに誘うことができないという問題だ。日時と場所を相談するかわりに、意味のないメールをうんざりするほど交換しあう羽目になる。

デートに誘わず日常的な雑談に引きこもうとするだけの男に興味津々という女性なんて、はたしているだろうか。たとえば「どこで洗濯してる?」といったネタだ。そのあとは、洗剤についてのやりとりが一〇往復も続く(「うん、最近、無香料の洗剤に替えたんだ。すっごくいいよ」)。

オクラホマ州のタルサでスタンダップ・ショーをやったとき、コディという青年と出会った。ステージに上がってもらって、彼のメールをいっしょに読んだ。実に二〇通もの、役に立たない不安そうなメールがあった。相手の女性は明らかにその気があるのに、あわれなコディはなんの誘いもしていなかった。僕はコディに、とにかく彼女をデートに誘えといった。そこで彼はこうメールした。「やあ、アリー。〈ハワイアン・ブライアンズ〉って行ったことある? 今週もし行く気があったら知らせてよ」二時間もしないうちにオーケーの返事があり、ふたりは翌週、ハワイアン・ブライアンズで美味しい食事を楽しんだ。

ちなみに、ハワイアン・ブライアンズほどステキっぽく聞こえる場所がこの世にあるだろうか？ いや、それをいうなら、〝ハワイアン・ブライアンズ〟よりステキな名前があるだろうか？「ちくしょう！ ハワイアン・ブライアンズが俺のデビットカードを盗んで、銀行口座を空っぽにしやがった！」そんなことを誰かが口にするなんてとても想像できない。

文法とスペル

どの取材でも聞いたが、文法やスペルの間違いがあると、たちまち嫌気がさすそうだ。女性たちにとって、相手がマヌケだという確かな印に見えるらしい。たとえばあなたがハンサムで魅力的な色男で、すばらしい第一印象を与えたとしよう。もし最初のメールに「Hey we shud hang《やあ、ときどき》 out sumtimez《遊びにいこうよ》」とめちゃくちゃなスペルで書いたら、せっかく寄せられた好意もぶち壊してしまうかもしれない。

掲示板で読んだ話だが、ある男性が絶世の美女とつきあっていたけれど、結局別れてしまったという。彼いわく、坂を下りだしたのは、彼がメールで、ふたりの共通の友人宅で開かれるパーティーの話を聞いたかどうか尋ねたときだった。彼女の返事は「Ｈｏｏ?」だった。「Ｗｈｏ《だれ》」ではなく「Ｈｏｏ」だ。彼は会話のなかで「ｗｈｏ」という言葉を使わせるよう仕向けて、この美しい女性が簡単な三文字の単語を綴《つづ》れるかどうか確かめようとした。彼女は毎回「ｈｏｏ」と綴った。それですべて台なしになったと彼はいった（お相手は女性で、フクロウではないことはちゃんと確認した）。

「遊びにいく」のか、デートするのか

もう一つ、女性を猛烈にイライラさせるのは、男が「遊びにいこう」と誘うときだ。会うとしても本物のデートなのかさえはっきりしないと、男女を問わずイラだつものだが、たいていは男から誘うことが多いので、これは男どもが改善する余地があるだろう。

「男の人が女性に『遊びにいこう』と誘うのが、率直にデートに誘うより普通になってきちゃった」とある女性がぼやいた。「断られるのが怖いのか、気軽そうに見せたいのか知らないけど、それだと相手は（またはお互いに）デートしてるのかどうかさえよくわからないままよね」

この点を改善すれば、ほかの人より抜きんでるためにおおいに役立つ。レディットの掲示板で、ある女性が、騒々しいパーティーで出会った男性の話を振り返ってくれた。「わたしが帰ったあと、彼がメールをくれました。『やあ、［女性の名前］、こちら［ファーストネーム・ラストネーム］だ。デートしよう』って。自信たっぷりで率直なところ、そしてさわやかで紳士的なアプローチ（『そのうち遊びにいこう』なんてはぐらかすのとは大違い）、それこそがすばらしい第一印象を与えてくれ

たし、効果がずっと尾を引いたわ」

よいメール

男がすべてマヌケというわけではない。なかには現代の男性に対する希望を感じさせてくれる実にすばらしいメールも見つかった。電話もいいだろうが、メールの利点は、男女いずれにとっても、相手の関心を引きつけるような思慮深くてステキなメッセージをつくる余地ができることだ。

我々はまた、出来のいいメールに共通する特徴を見つけることもできた。大勢の男女から話を聞いた結果、以下にあげる三点がもっとも重要に思われる。

具体的な日時と目的のわかる、はっきりした誘い

メールの書き方しだいで、次のふたりの運はまるっきり違ってくる。「やあ、どうしてる？」と書く男と、「やあケイティ、土曜日は会えてうれしかったよ。来週もしよかったら、話題に出たあのレストランでいっしょに食事したいんだけど。時間があったら知らせて」と書く男だ。

このふたりの男性は、同じ意図と感情を胸に抱いているのかもしれないが、メールを受けとる

女性には、けっしてそれがわからない。彼女が誰とデートするか決めるのは、画面に現れる短いメッセージをどう解釈するか、ある程度そこに基づいている。「来週のいつ、何をするか」という具体性に欠けるのは、女性から見て大きなマイナスだ。取材した人たちは、きわめて具体的なこと（理想としては、興味深くて楽しいこと）に、はっきりと誘われるほうがはるかに望ましいと答えた。

前回じかに会ったときの話題に触れる

そうすれば、その前に会ったときに熱心に話を聞いていたことが証明できる。 ある男性は、相手の女性がまもなく引っ越すことを覚えていて、メールに「引っ越しが順調に済むといいね」と書いた。我々が取材した女性がこの話題を出して、何年も前のことなのにいまだに記憶に残っていると語った。

別の男性が掲示板で教えてくれた話では、あるときバーで出会った女性としばらく話をするなかで、ブロークン・ベルズというバンドの話を出し、ぜひチェックしてみるようにすすめた。翌朝、こんなメールが届いた。「ブロークン・ベルズのアルバムの曲で、〈オクトーバー〉がお気に入りになりそうです」

〈オクトーバー〉は彼にとっても、アルバムのなかで特に好きな曲だった。「僕のおすすめを聞いてくれただけでなく、ふたりがとても強く結びついたんです。それが会話のきっかけになり、それ以来よく話してます」と彼は語った。

また、若い女性からこんな話も聞いた。「あるとき、パーティーで男の人と出会ったの。家に帰ると、その人からメールが来たの、『おやすみ、オードリーちゃん』って。わたしの名前じゃないのよ。きっと酔っぱらって覚えてないんだと思った。あとで問い詰めると、オードリーって呼んだのは、わたしがオードリー・ヘップバーンにあこがれてるって話したからだといわれたの。ほんとにステキだと思ったわ」

あなたが胸の前でコーンのアイスクリームを握りしめていないことを祈る。だって、心がほんわか温まって――アイスクリームが溶けてしまっただろうから。

ユーモアを交える

これは危険な領域である。というのも、度を越したり、がさつで受けいれがたい冗談をいう人もいるからだ。しかし、同じユーモアのセンスを共有し、ちゃんと考えて、うまくいけば理想的である。ぴたりと決まったときには、同じようなユーモア感覚にとても強く心を惹かれるものだ。

掲示板からエピソードを一つご紹介しよう。「町なかのバーで彼女と出会ったんだ。午前二時か三時頃で、連絡先を聞いて、そのあと酔っぱらってメールを送った。『きみと仲良くなった背の高い男だよ』って。朝になって起きると『背の高い男って、どの?』ってメールが来てた。彼女のユーモアのセンスにすごく感心して、それから二年半たった今もつきあってるんだ」

これはまだ始まりにすぎない……

というわけで、以上が最初の誘いについてわかったことだが、これはただの始まりにすぎない。たとえ具体的な誘い方をしたとしても、戸惑いは山のようにのしかかってくる。相手は忙しいかもしれない――あるいは忙しいふりをしているだけなのか？　無視されることもある。僕と同じように！　冒険は始まったばかりだ。今や誰もがスマホのなかに自分の世界をすべておさめ、さまざまなやりとり、ドラマ、そしてロマンスを詰めこんだこの装置を持ち歩いている。その世界の舵を取るのは面白いし、他人のスマホの世界まで探ったら、えらいことになる。

誘ったあとは……

さて、あなたは上首尾のメッセージを送信したか、あるいはちょうど受けとったところかもしれない。メールを使って恋人候補を値踏みしたり、デートの予定を決めたりする人がどんどん増えているが、あなたがそのひとりなら、ゲームはまだ始まったばかりだ。電話だとふたりの人間をリアルタイムの会話でつなぐので、ある程度は共通した状況認識が必要になるが、それと違ってメールによるコミュニケーションは、所定の時系列がなく、曖昧になりやすい。あれ？　いま僕、〝所定の時系列〟という言葉を使った？　うわっ、驚いたな。

　最初のグループインタビューで、マーガレットという若い女性が、職場で知りあった男性の話をしてくれた。魅力的な人らしく、とても気になっていたという。やりとりしたメールを見せてもらうと、たちまち彼の名前に目を引かれた。彼女のｉＰｈｏｎｅによると「グレッグ・ドントテキストティルサーズデイ《木曜までメールするな》」という表示になっている。

　つまり、これらのメールがなぜ重要なのかは明白だった。こうした初期の交流によって、彼女がやがて「〔ミセス・〕マーガレット・ドントテキストティルサーズデイ」になり、さらに「ドントテキストティルサーズデイ」という名字の子どもたちをもつようになるかどうか、それが決まるかもしれないのだ。

　あとでマーガレットが説明してくれたところによると、彼女がこの男性につけた名字はもちろん本名ではなく、実は、数日間は彼にメールしないようにするための思いきった手段だった。あまりがっついているように見せず、自分をより魅力的に思わせる狙いだ。メールが必死すぎて焦っていると思われるのではないかという不安は、グループインタビュー参加者に共通する関心事で、ほぼ全員にこの致命的な落とし穴を避ける作戦があるらしかった。メールの仕方についての公式ガイドはまだ出ていないが、メールに関する文化的コンセンサスはしだいにできあがりつつある。基本的なルールをいくつかあげておこう。

・すぐに返信するな。ヒマな負け犬だと思われてしまう。
・誰かにメールしたら、相手から返信があるまで次のメールをするな。
・書くメールの分量は、相手がよこしたメールの長さと同じにすること。
・自分のメッセージがブルーで相手のメッセージがグリーンだとして、もし会話のなかでブルーのほうがグリーンよりずっと多いなら、その相手はあなたを屁とも思っていない。
・やりとりの終わりのメッセージを受けとった側が勝者になる！[6]

待つことの科学

さらに議論を呼んだのが、返信するまでどれだけ待つべきかという問題だった。当事者しだいで、きわめて複雑な、正直ちょっとバカげたゲームになりかねない。このゲームには、どのように戦い、そして勝つか、実にさまざまな見解がある。ひとりの女性がこんなふうにいっていた。「少なくともわたしには、優位に立ちたいという願望があるの。どうしてもそうしたいのよ。だから、誰かにメールして、相手が返信するまで一〇分待ったなら、こちらは二〇分待って返信するの。バカみたいに聞こえるでしょうけど、わたしが思うには、向こうもこっちも、相手がケータイにはりついていることは承知なのよ。みんなそうでしょ。だから、相手が勝負するつもりなら受けて立つけど、こっちのほうが上手《うわて》よ。負けないわ」

恐れ入りました。

返信までの時間を倍にするという考え方に賛同する人々もいた（相手が五分後に返信してきたなら、こちらは一〇分待つ、といった具合）。そうやって上位に立ち、いつも相手より忙しそうに、ひまがなさそうに見せるのだ。一方、数分待つだけで、スマホのほかに人生で大事なことがあると証明するにはじゅうぶんだと考える人もいた。また、倍待ちは必要だが、あまりガチガチに見えすぎないよう、ときたますばやい返信も織りまぜたほうがいいという意見もあった（ただしあまり長く書かないこと！）。相手の一・二五倍待つと断言する人もいれば、三分待つのがちょうどいいと主張する人もいた。ゲームに辟易《へきえき》して、そんなことはかまわずタイミングよく返信してくれれば、さわやかだし自信を感じられるという人もいた。

だが、この作戦は効き目があるのだろうか。なぜ、これほどたくさんの人がこだわるのか。こうした戦略のなかには、はたして実際の心理学的な見解と一致するものがあるのだろうか。

待ったりじらしたりという考え方は、大昔からあった。ギリシャの歴史家クセノフォンによると、あるとき、ひとりの娼婦がソクラテス*のもとにアドバイスを求めにいったところ、こう告げられた。「行儀よく振る舞い、その気がなさそうなふりを見せ、向こうが夢中になるまで控えめにしていることで、相手を刺激しなさい。そうすれば、同じプレゼントでも、もらう側にとっては、求める前に与えられるよりもずっと価値のあるものになる」逆にいえば、人間はいつでも手に入るものを軽んじ、ときには拒絶さえしかねないことを、ソクラテスは知っていたのだ。

個人的には、こうした作戦が効くという考え方はとてもストレスのたまるものだと思う。もし誰かが本気で僕を思い、関心を示してくれるなら、こっちもそれをありがたく受けとめ、相手の好意を歓迎すべきではないだろうか。我々はなぜ、手に入らないものを欲しがり、ちょっと遠くて無関心そうな人に、より心惹かれてしまったりするのだろう。

待つことの力

近年、行動科学者たちによって、「待たせるテクニック」が効果を上げる理由に光が当てられるようになった。まず、すぐにメールを返信する人は魅力が減る、という考え方をとりあげよう。心理学者たちが何百もの研究をおこない、実験動物にさまざまな状況においてさまざまな方法でごほうびを与えた。もっとも興味深い発見は、「ごほうびの不確かさ」――たとえば、動物がレバーを押したとき、エサが得られるかどうか予測がつかないといった実験――が、ごほうびをもらうことへの関心を劇的に高めると同時に、ドーパミンの数値を上げてハイな気分にさせることだった。[7]

誰かの返信メールが〝ごほうび〟と考えられるとしたら、レバーを押すたびにごほうびをもらう実験動物が、やがてペースを落とすという事実を考えてみよう。またごほうびが欲しくなったた

＊ 念のため、これはソクラテスという名のポン引きではなく、かの高名な哲学者である――とはいえ、ソクラテスというのは、なんだかポン引きっぽい名前だ。

らいつでもそこにあるとわかっているからだ。つまり基本的に、あなたが男でも女でも、すぐにメールを返す人なら、それが当たり前と受けとられて、結局はごほうびとしての自分の価値を低めることになる。その結果、相手は（実験動物の場合のレバーのように）、あなたにメールしたいという衝動をあまり感じなくなるのだ。

メールは独特な方法で人の心を条件づける媒体で、我々は電話をかけていた頃とは違うふうにやりとりが進むことを期待する。誰もがケータイをもつようになる以前は、しばらく――ときには数日でも――間をおいて、相手が心配しだすまでに折り返しの電話をかければよかった。ところが、携帯メールの普及で、もっとずっと早い反応を受けとることが当たり前になってしまった。取材によれば、この時間のとらえ方は人によって一〇分から一時間、あるいは即時などさまざまで、その前のやりとりにも左右される。すばやい反応がないと、パニック状態を招く。

マサチューセッツ工科大学の人類学者ナターシャ・シュールは、ギャンブル中毒を研究していて、特に、スロットマシンが即座に与える満足感のとりこになる人の心と体に、何が起こっているかをテーマにしている。ボストンで会ったとき、彼女はこんなふうに説明してくれた。トランプや競馬、毎週の宝くじは、いずれもギャンブラーを待たせる（順番がくるまで、馬が走り終えるまで、その週の抽選まで）が、それとは違って、マシンを使うギャンブルは、電光石火で反応があり、プレーヤーは瞬時に情報を得られるのだ。

「すぐに結果が出ることを期待して、わずかな遅れも我慢できなくなってしまうのです」シュールは、スロットマシンとメールがどちらも即座の反応への期待を生む点で類似しているという。「まだよく知らないけれど気になる相手とのメールは、スロットマシンみたいなものなんです。不確さと、期待と、不安に満ちています。全神経がメールの返信を待ちかまえる。今すぐ返信が欲しい、どうしても必要だ。それがもし来ないと、『あーーーーっ！』というパニックに陥る。反応がないという宙ぶらりんの状態に、どう対処すればいいかわからなくなるのです」

シュールによれば、メールを送ることは、スマホ以前の時代によくやっていたように、家の留守番電話にメッセージを残すこととはまったく違う。「留守電にメッセージを残すことは、時間的にも感情的にも、宝くじを買うのに似ていました」と彼女は説明する。「当選番号がわかるまで、しばらく待つ期間があることを知っていたんです。すぐに電話を折り返してくれるなんて期待はせず、スリルを楽しむことさえありました。数日かかるとわかっていたからです。でも、メールの場合は、ほんの一五分でも返信がないだけで、取り乱しかねません」

シュールは待つ苦しみをみずから味わった経験を語ってくれた。彼女は数年前、ある男性とメールのやりとりをしていた。つきあいはじめたばかりで、のぼせ上がっていて、相手も同じく夢中だというサインをことあるごとに見せてくれていた。ところが、とつぜん音信が途絶えた。三日間、返信が届かない。彼女は男性の消息に気を取られ、普通の社会生活に集中できないばかりか、人と関わることさえ難しくなった。「誰もわたしといっしょにいたがりませんでした」と彼女はいう。「とにかく取り憑かれてしまって。どうなってんの？　あの男はどこよ？　って感じでしたね」

やがて相手の男性から連絡があり、実はケータイをなくしたのだとわかって、ようやくホッとした。彼女の番号はそこに入っていたため、ほかに連絡をとる方法がなかったのだ。

「もし電話だったら、連絡が三日間なくても、あれほど気が変になることはなかったでしょうね。でも、メールに慣れてしまったから、ごほうびが与えられないと……まったく、三日間は地獄そのものでした」と彼女は振り返った。

恋人同士の間柄でも、メールにまつわるこの手の不安を経験する。僕自身、確かな愛で結ばれた関係でも、メールの遅れが不安を引き起こした経験が何度かある。たとえばこんな感じだ。

コメディクラブに行く前に
ホテルに戻ってくる？

6:34
送信

たぶん戻らない。ショーの準備をして、
ザックとワインを一杯引っかけるつもり。

きみも来る？

6:36
送信

このあと二〇分の空白があることに注意。

ううん。

6:56
送信

「きみも来る?」のあとの空白で、彼女がへそを曲げているに違いないと思った。いつもならすぐに返信が来るので、この空白は、どうやらまずい状況で、ホテルに戻るかなにかすべきだったというサインに思われた。

コメディクラブでね。

6:56
送信

もしかしてムクレてる?

7:01
送信

このあともまた時間が空くことに注目。

べつにムクレてなんかない。

ホテルで休んでるだけ。一日中歩きまわったから、出かける気分じゃないの。

7:17
送信

了解。ちょっと確認しただけ😊

7:17
送信

ここでも、「もしかしてムクレてる?」のあとに時間が空いたので、ムクレてるに違いないと思った。そうでなければ、ムクレてなんかないと答えるまでこんなに間を空けるだろうか。僕が彼女の感情をどうとらえるかが変わり、そして僕自身の気持ちも変わった理由は、ひとえにメールの時間差だった。

恋愛関係でなくても、待つことが不安を引き起こしたケースがある。まさにこの本の原稿を読んでもらおうと思い、知人にこんなメールを送った。「やあ、僕の書いてる現代恋愛についての原稿を読んでみる気ある? 人に見てもらいたいんだけど、きみなら僕の書きたいことを理解して、いい意見をくれるんじゃないかと思って。もし忙しかったりしたら、お気づかいなく」

メールを送ったのは水曜日の午後一時三三分で、すぐに「既読　1：33 PM」と表示された。だが、翌日の午後六時一四分まで返信がこなかった。それまでのあいだ僕は、ひょっとしてふたりの友情の境界線を越えてしまったのだろうか、こんなことを頼むのは不適切だったのだろうか、などと思い悩んだ。結局それは杞憂で、ちゃんと返事が届いた。「うん、もちろん！　面白そうだね……」

恋人や友人同士でもこれほど強い影響力をもつのだから、相手の気を引こうとしているシングルにとってはなおさらだろう。待つことが戦略として有効だと、あらゆる心理学的な法則が指摘していることもうなずける。

たとえば、あなたが男性で、バーで三人の女性と出会ったとしよう。翌日、あなたは彼女たちにメールを送る。ふたりはわりとすぐに返信をよこしたが、残るひとりはさっぱり反応がない。最初のふたりは、ある意味、返信することで関心を示し、おかげであなたは安心する。もうひとりは返信してこないので、不安をかきたて、あなたの心はその理由の説明を求めはじめる。いったいなんで返信してこないんだ？　どうしたんだろう？　何かへまをやらかしたかな？　この第三の女性は不安を生みだし、社会心理学者たちが発見したように、それが強い恋愛感情につながる場合もある。

エリン・ホイットチャーチ、ティモシー・ウィルソン、ダニエル・ギルバートの三人のチームが、こんな実験をおこなっている。女性たちに、男性たちのフェイスブックのプロフィールを見せて、その男性たちも彼女たちのプロフィールを見たと告げる。第一グループが見るのは、自分のプロフィールを最高と評価した男性のプロフィールだと知らせる。第二グループには、自分のプロフィールをまあまあと評価した男性のプロフィールだという。第三グループには、自分をどう思っているか〝はっきりしない〟男性のプロフィールだという。予想どおり、女性たちは、自分をまあまあと評価した男性よりも、最高と評価した男性のほうを好んだ（自分を好いてくれる人が好き、という相互主義）。しかし、女性たちがもっとも心を惹かれたのは、〝はっきりしない〟グループだった。また、あとからの報告でも、〝はっきりしない〟男性のことをもっとも考えているとのことだった。誰かのことを考えるほど、その人の存在が心のなかで大きくなり、結果として魅力を感じるようになる。[8]

社会心理学からもう一つ、メールのゲームに通じる考え方に、希少性の原理がある。人間は基本的に、手に入りにくいものを、より好ましく感じる。誰かにメールを送る頻度を下げれば、すなわち、あなたの希少性を高めることになり、より魅力的に思わせることができる。

関心があるときにすること

ときには、別の理由でメールの返信がなかなかこない場合もある——相手は心理戦をしているわけでも、忙しいわけでもない。あなたのことをググっているだけなのだ。

二〇一一年のある調査で、ミレニアル世代〔一九八〇年以降に生まれた三〇代後半までの世代〕の八割以上が、初デートの前に相手のことをインターネットで調べると答えた。[9] 無理もない。ネット上での出会いの場が広がり、ほとんど知らない人たちと会うこともある。なかには社会的なつながりのない、まったく見知らぬ人もいる。幸いなことに、その人たちとつながるきっかけとなる技術が、一方でその相手のことを知るために役立ってくれる。象の赤ちゃんのかわいらしい写真を貼りつけているのか、あるいはもっと悪意のあるもの、たとえば最近ボツワナへ象の密猟に出かけた記録をブログに載せているのか、知ることができる。

たいてい、インターネットで検索して出てくるのは、フェイスブックやインスタグラムに載っている簡単な略歴と写真がせいぜいだろう。こうしたわずかな内容でも役に立つというシングルもいる。実際に会う前に、相手の趣味や性格の手がかりがつかめるからだ。なるほど、もっともである。インスタグラムのページに貼られた写真のほうが、丁寧に修正されたオンラインデートのプロフィール写真より、ずっとあざやかに実際の姿を見せているといえるだろう。

一方、そうした検索は有害だという意見もある。人のネット上の経歴を読みすぎることで、新たな相手について発見するという醍醐味を奪われかねないからだ。話を聞いたシングルのなかには、出会いがあっても、さまざまな先入観が固まりすぎていて、それをなかなか頭から閉め出せず、デートを楽しめないという人もいた。

ある紳士は、ネット上でたやすく手に入る個人情報のせいで、人に対してきびしくなりすぎてしまうと打ち明けてくれた。「あれこれ検索して、人のツイートのタイムラインに目を通す。一つでも賛成できないことがあると、心のなかでなんとなく相手を見限ってしまうんだ」

ツイートの一つや二つで人格を判断するのはきびしすぎるかもしれないが、本気で調べたいと思うなら、インターネットからもっとたくさんの情報を得ることができる。初デート前のインターネット検索について、掲示板で質問を投げかけたところ、深刻かつ恐ろしい体験談が出てきた。ある女性は、ほんのちょっと調べてすぐにデートをキャンセルした経験を話してくれた。

デート相手のことをググッてみたんです。とても変わった名前の人でした。出てきた「週刊シナゴーグ《ユダヤ教の礼拝所》便り」によると、彼と奥さんが、自宅で子どもたちのために律法のクラスを主催することになっていたんです。ちょうどわたしたちのデートの日にね。

この日はまた、歴史のなかでただ一度、誰かが「フーッ、週刊シナゴーグ便りを読んでよかった」といった日としても記録された。

これを上回るほど恐ろしいエピソードもある。

ある女性の話。

職場の友人が、数カ月前にバーで消防士と知りあったんです。その晩ふたりはたくさんおしゃべりして、連絡先を交換しあい、翌週メールをやりとりして、初デートの約束をしました。彼はフェイスブックをやっていないというので、彼女が友人たちにその話をすると、気をつけたほうがいい、嘘をついていて、本当は恋人か奥さんがいるんじゃないかって忠告されたんです。そこで彼女が、彼の名前＋ロサンゼルス消防局でグーグル検索してみると、彼に関するニュース記事が出てきました（ビデオつきで！）。彼とその母親が、家の前の道で野良猫にエサをやっていたおばあさんを殴りとばしたという記事でした。彼女はただちにその人と連絡をとるのをやめたそうです。

だからいつもいうんだ。通りで野良猫にエサをやってるおばあさんを殴りにきなさいと母親かららいわれたら——とにかく断ること！　あとあとまで、たたられるからね。

その気がないときにどうするか

もし相手にまったく興味がもてないとしたら、別の難問に取り組まなければならない。その気がないことを、どうやって相手に知らせるべきか。取材の結果、大きく分けて次の方法があるらしい。忙しいふりをする、何もいわない、正直に伝える、の三つだ。

サンフランシスコからロンドン、ウィチタまで、ツアーに行った先々で、どの方法を使うか観客に尋ねてみた。総計一五万人以上、会場ごとに二、三〇〇〇人という規模だが、どこでも反応は同じだった。圧倒的多数が、「忙しいふりをする」か「何もいわない」という方法をとるという。正直に伝えるという人はごくわずかだった。

ところが、設定を反対にしてみると――「よし、それじゃ、立場が逆だと考えてみよう。誰かがあなたに対処しようとしている。あなたなら、どのように対応してもらうのがいいですか？忙しいふりをされるのがいいという人は拍手して」

パラパラと拍手が起こる。

「何もいわず、沈黙されるのがいい人」

もっと小さい拍手。

「そしてもう一つ。正直に伝えてもらうのがいい人」

たいていは観客の全員が拍手をする。

正直なのがいいとみんないうくせに、人にはめったにその礼儀を払わないのはなぜなんだろう？もしかすると、誰もが人に対して正直でありたいと内心では願っているのに、実際にはあまりに難しすぎるのかもしれない。正直になるとは、真っ向からぶつかることだ。〝正直な〟メールをつくりあげるには、時間をかけてじっくり考えなければならない。そして、どれほど細やかな気づかいをしても、冷たい感じがするし、相手を拒絶することになってしまう。相手が状況を理解するまで、何もいわないか、忙しいふりをするほうが、多くの面でたやすいのだ。

だが、我々は相手に拒絶されているとき、冷たくつらい真実を知りたいと本当に望むのだろうか。誰しも拒絶されたらうまく反応できないし、自分から踏みだして相手に対する興味を示したあとならなおさらだ。それに、自分とデートしたくないというメッセージを読むのは心が痛い。

自分自身に正直になれば、とっぴなようでも、本当は嘘をつかれるほうがいいのだ。相手が嘘をついて、つきあっている人がいるとか、まもなく別の町に引っ越すとかいってくれたなら、拒絶されたと感じることもない。もはや自分の問題ではなくなるからだ。

これなら気持ちが傷つかずにすむし、沈黙や〝忙しいふり〟によって混乱したりイライラしなくていい。つまりこういうことだ。今度誰かに誘われて、相手に興味がなかったら、こう返信するのがいちばんいい。「ごめんなさい、明日は食事できないの。宇宙計画の秘密の任務に出発するのよ！　地球に戻ってきてもほとんど年を取っていないけど、でもそのときあなたは七八歳になるのね。わたしにとっていいタイミングとは思えないわ」

それはそうと、ターニャはどうしたんだ？

こうした空騒ぎについて頭に入れておくべきなのは、メッセージの内容やタイミングをいくらあれこれ考えても、こちらの落ち度ではなく、別の要因が働いている場合があるということだ。

僕がターニャ問題を抱えていたとき、ある友だちが、今にして思えば最高のアドバイスをくれた。「そういう状況ってよくあって、自分のいったこと、やったこと、書いたことについて、あれやこれや考えるよね。でも、ときには相手の側の問題にすぎなくて、こっちには見当もつかない場合もあるんだ」

何カ月かして、ターニャにばったり会った。いっしょに楽しく過ごして、しまいに彼女は、あのとき返事をしなくてごめんなさいといった。どうやらその時期、彼女は自分の性同一性に疑問を感じて、自分がレズビアンなのかどうかを突きとめようとしていたらしい。

なるほど、その説はまったく思い浮かばなかった。

その日、僕たちはまた一夜をともにした。そして、今度は駆け引きなどしないと彼女がいった。

数日後、僕はその言葉を確認すべく、彼女にメールした。

返事は――沈黙だった。*


*　誤解のないようにいっておくけど、ターニャと僕は今も友だちだし、彼女はとてもいい人なんだ。

ONLINE DATING

第3章 オンラインデート

僕はいちおう有名人なので、オンラインデートをしようなんて考えたこともない。ひょっとしたらストーカータイプの誰かがそれに乗じて、僕を誘拐して殺そうとするんじゃないかといつも想像してしまう。

計画がどう進められるのかはわからない。たぶんストーカー（きっとインド人の男だ）はプロフィールを見て、こう考える。へえ、あのコメディアンがOkキューピッドにいるぞ。ついに彼と接触して、じっくり殺害を企てるチャンスができたんだ。そいつは女性のふりをしてメッセージを送ってくる。僕はプロフィールを眺める。〝彼女〟はタコスとテレビドラマの「ゲーム・オブ・スローンズ」が好きなんだって。僕は胸をときめかせる。

僕たちはデートの約束をかわす。ドキドキ、ウキウキだ。〝彼女〟を迎えにいく。カツラをかぶった彼が玄関に出てくる。すぐにおかしいと気づくが、

僕を狙うインド人ストーカーってこんな感じだと思う＊

反応するより早く殴り倒されてしまう。気がつくと暗い地下室にいる。あたりは人形だらけで、デュランデュランの〈ザ・ショーファー〉みたいな不気味な曲が流れている。彼は顔の皮をはぐ手術をして、僕の人生を支配する。

僕は苦しみの悲鳴をあげて考える。こうなるとわかってたんだ。

はいはい、そんな展開はまずありえないが、それでも、ためらう気持ちはわかってもらえるだろう。本当のところ、僕は以前から、オンラインデートってすばらしいと思っていたのだ。あるとき、マッチ・ドットコムを利用して奥さんを見つけたという人に会った。彼が検索したのは――聞いたまま引用すると――「ユダヤ人　うちの郵便番号」だそうだ。それって近くのウェンディーズを探すときのやり方だね、と僕は茶化した。「ウェンディーズ、そしてうちの郵便番号を入力すれば、ナゲットを食べにいけるんだ」

そうやって奥さんを見つけたなんて、ちょっとバカげているようだけど、僕には本当に興味深くてすばらしいことに思える。こんな間の抜けた検索のおかげで、人生をともに送る人を見つけたなんて。☆

まったく驚くべき展開だ。彼が単語を二つ入力したら、無作為の要素とアルゴリズムがさまざ

＊　脚注――これはインド人のストック写真にすぎないので、僕のストーカーはたぶんこんな感じだとはいえ、この人は実際にはストーカーではないと述べることが法的には義務づけられている。彼はストック写真用に、ときどきノートパソコンの前でポーズをとって金をもらっているインド人にすぎない。

☆　そこまですばらしくはないが、同じく興味深い話――「ユダヤ人　郵便番号」は、反ユダヤ主義者向けの不動産サイト「アーリアン・ハウス・ハンターズ・ドットコム」でもよく使われる検索フレーズである。

まに働いて、その女性の顔が現れ、そこをクリックしてメッセージを送り、やがてその女性が生涯の伴侶となる。今では結婚して子どももいる。これぞ人生だ。新たな人生が創造されたのだ。数年前のある一瞬に、彼が「ユダヤ人　９００４６」*と入力しようと思いたち、Ｅｎｔｅｒキーを押したがゆえに。

今やこうした結びつきが、ものすごい規模で起こっている。Ｏｋキューピッドだけでも、毎日およそ四万組の新カップルのデートを扱っている。このウェブサイトのおかげで、日々、実に八万もの人たちが初めて会っているのだ。そのうちほぼ三〇〇〇人が長くつきあう関係になり、二〇〇人が結婚し、その多くが子どもをもつ。[1]

オンラインデートが流行るまで

オンラインデートは一九六〇年代、最初のコンピューターによるデートサービスが登場したときに始まった。こうしたサービスは、コンピューターという新たな力を活用して、合理的で効率のよい方法により、恋愛運の悪い人々のパートナー探しを手伝うと謳っていた。お客に長い質問票を埋めてもらい、その答えを部屋いっぱいの大きさのコンピューターに入力した（まあ、すべてのデートサービスがこれを実行していたわけではない。インディアナ大学でつくられた「プロジェクトフレーム」では、学生にコンピューターのパンチカードを打たせたあと、それをコンピューターに入れずに、研究員たちがカードを混ぜて、組みあわせをでっちあげたという）。コンピューターはデータを吟味して、原始的なプログラムに基づき、理論的に相性がよいふたりを導き出す。そしてそのふたりはデートに送り出されるのだった。[2]

こうしたサービスは一九八〇年代までさまざまな形で生き残ってはいたが、本格的に流行することはなかった。うまくいかなかったのには、もっともな理由がいくつかある。一つはきわめて単純な理由だ。自宅にパソコンがある人はまだ少なく、職場にも普及していなかったので、わけのわからない機械が理想の相手を見つけてくれるなんて、とにかく異様に思えたからだった。何千年ものあいだ、人間は電子の助けなど借りずにデートしたり結婚したりしてきたのに、真実の愛を見つけるための手段が、巨大なＩＢＭに相談することだなんて、たいていの人にとって受けいれがたい考えだった。また、コンピューターの仲介に人気が出なかったもう一つの大きな理由は、運営会社がよいカップルの成立条件を知っていることを証明できず、このシステムが本当に効果をあげるという確証がなかったからである。そして最後に、コンピューターデートには不名誉の烙印が押されていて、そんな目的で機械に頼るのは、よほど恋愛に切羽詰まっている証だと考える人がほとんどだったからだ。

一九八〇年代から九〇年代の初めまで、シングルが相手を見つける方法として選んだのは、コンピューターによる仲介ではなく、新聞の案内広告だった。実はこの方式が発明されたのは一六

＊「ユダヤ人９００４６」は、史上もっとも怖くないターミネーターの型番でもある。

九〇年代で、一八世紀までには、結婚相手募集の広告が新聞界の花形になっていた。[3] こうした広告が本格的に伸びたのは、一九六〇年代の性革命後、男も女もこぞって大胆に新たな出会いの道を求めるようになった時期だ。ネットのコミュニティサイト〈クレイグスリスト〉より何十年も前に、新聞、特に週刊新聞の「個人広告」欄は活気に満ちていた。とりわけ、LGBTの人々や、中年（たいていは離婚者）と高齢の異性愛者のような〝閑散市場〟でもてはやされた。

広告はきわめて短く、たいていは五〇語以下で、すべて大文字の太字の見出しから始めて、注目を集めようとした。「赤みがかったブロンド女性から、寂しい殿方へ！」といったものから、「僕はウィリーです！」だけのものまでさまざまだ。

続いてすぐ自分の紹介、そして何を探して

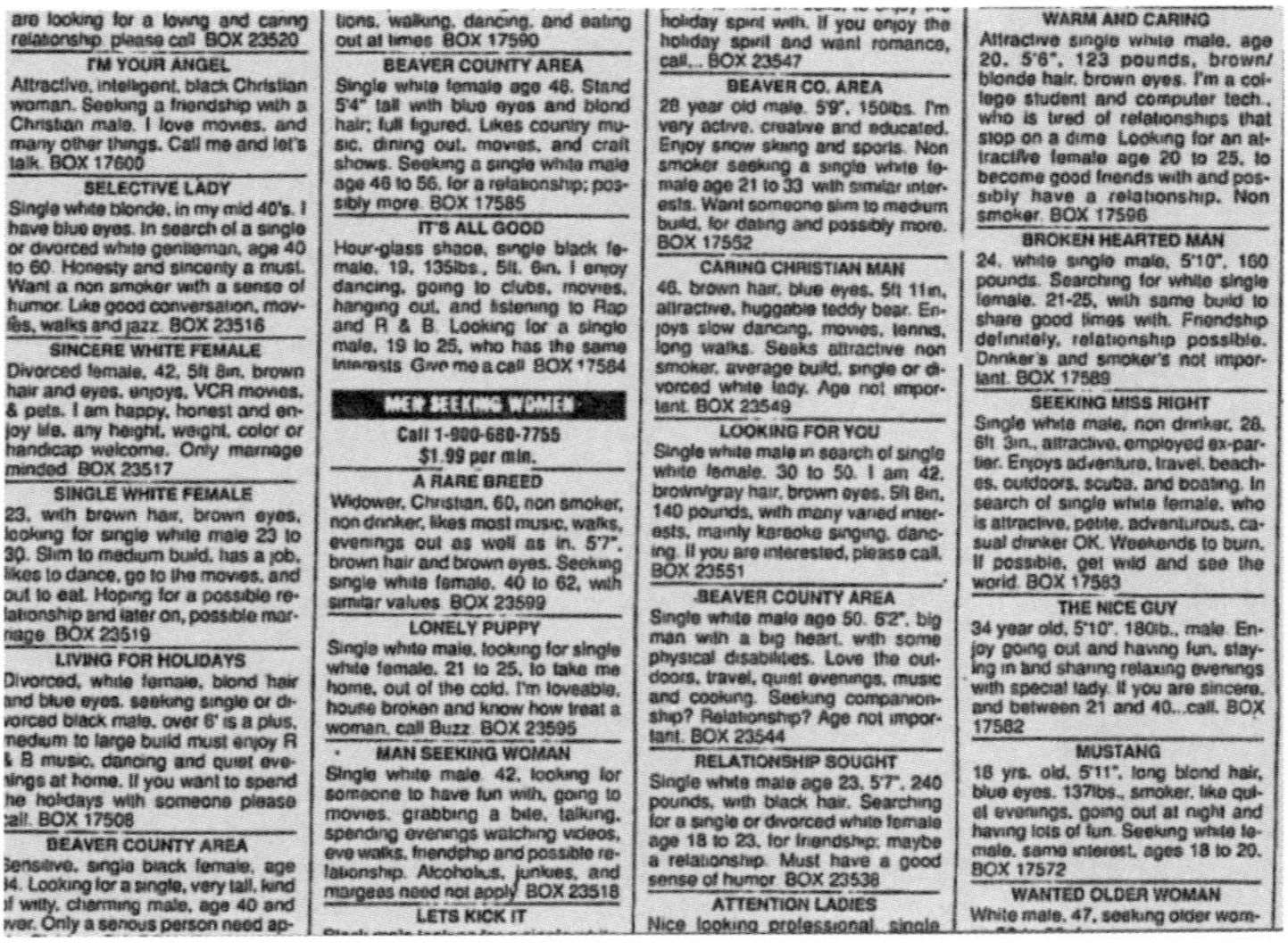
are looking for a loving and caring relationship please call BOX 23520

I'M YOUR ANGEL
Attractive, intelligent, black Christian woman. Seeking a friendship with a Christian male. I love movies, and many other things. Call me and let's talk. BOX 17600

SELECTIVE LADY
Single white blonde, in my mid 40's. I have blue eyes. In search of a single or divorced white gentleman, age 40 to 60. Honesty and sincerity a must. Want a non smoker with a sense of humor. Like good conversation, movies, walks and jazz. BOX 23516

SINCERE WHITE FEMALE
Divorced female, 42, 5ft 8in, brown hair and eyes, enjoys, VCR movies, & pets. I am happy, honest and enjoy life, any height, weight, color or handicap welcome. Only marriage minded BOX 23517

SINGLE WHITE FEMALE
23, with brown hair, brown eyes, looking for single white male 23 to 30. Slim to medium build, has a job, likes to dance, go to the movies, and out to eat. Hoping for a possible relationship and later on, possible marriage BOX 23519

LIVING FOR HOLIDAYS
Divorced, white female, blond hair and blue eyes, seeking single or divorced black male, over 6' is a plus, medium to large build must enjoy R & B music, dancing and quiet evenings at home. If you want to spend the holidays with someone please call. BOX 17508

BEAVER COUNTY AREA
Sensitive, single black female, age 34. Looking for a single, very tall, kind of witty, charming male, age 40 and over. Only a serious person need ap-

tions, walking, dancing, and eating out at times BOX 17590

BEAVER COUNTY AREA
Single white female age 46. Stand 5'4" tall with blue eyes and blond hair; full figured. Likes country music, dining out, movies, and craft shows. Seeking a single white male age 46 to 56, for a relationship; possibly more. BOX 17585

IT'S ALL GOOD
Hour-glass shape, single black female, 19, 135lbs., 5ft. 6in. I enjoy dancing, going to clubs, movies, hanging out, and listening to Rap and R & B. Looking for a single male, 19 to 25, who has the same interests Give me a call BOX 17584

MEN SEEKING WOMEN
Call 1-900-680-7755
$1.99 per min.

A RARE BREED
Widower, Christian, 60, non smoker, non drinker, likes most music, walks, evenings out as well as in. 5'7", brown hair and brown eyes. Seeking single white female, 40 to 62, with similar values BOX 23599

LONELY PUPPY
Single white male, looking for single white female, 21 to 25, to take me home, out of the cold. I'm loveable, house broken and know how treat a woman. call Buzz BOX 23595

MAN SEEKING WOMAN
Single white male 42, looking for someone to have fun with, going to movies, grabbing a bite, talking, spending evenings watching videos, eve walks, friendship and possible relationship. Alcoholics, junkies, and margees need not apply BOX 23518

LETS KICK IT

holiday spirit with. If you enjoy the holiday spirit and want romance, call... BOX 23547

BEAVER CO. AREA
28 year old male, 5'9", 150lbs. I'm very active, creative and educated. Enjoy snow skiing and sports. Non smoker seeking a single white female age 21 to 33 with similar interests. Want someone slim to medium build, for dating and possibly more. BOX 17552

CARING CHRISTIAN MAN
46, brown hair, blue eyes, 5ft 11in, attractive, huggable teddy bear. Enjoys slow dancing, movies, tennis, long walks. Seeks attractive non smoker, average build, single or divorced white lady. Age not important. BOX 23549

LOOKING FOR YOU
Single white male in search of single white female, 30 to 50. I am 42, brown/gray hair, brown eyes, 5ft 8in, 140 pounds, with many varied interests, mainly karaoke singing, dancing. If you are interested, please call. BOX 23551

BEAVER COUNTY AREA
Single white male age 50, 6'2", big man with a big heart, with some physical disabilities. Love the outdoors, travel, quiet evenings, music and cooking. Seeking companionship? Relationship? Age not important. BOX 23544

RELATIONSHIP SOUGHT
Single white male age 23, 5'7", 240 pounds, with black hair. Searching for a single or divorced white female age 18 to 23, for friendship; maybe a relationship. Must have a good sense of humor BOX 23538

ATTENTION LADIES
Nice looking professional, single

WARM AND CARING
Attractive single white male, age 20, 5'6", 123 pounds, brown/blonde hair, brown eyes. I'm a college student and computer tech., who is tired of relationships that stop on a dime Looking for an attractive female age 20 to 25, to become good friends with and possibly have a relationship. Non smoker. BOX 17596

BROKEN HEARTED MAN
24, white single male, 5'10", 160 pounds. Searching for white single female, 21-25, with same build to share good times with. Friendship definitely, relationship possible. Drinker's and smoker's not important. BOX 17589

SEEKING MISS RIGHT
Single white male, non drinker, 28, 6ft 3in., attractive, employed ex-partier. Enjoys adventure, travel, beaches, outdoors, scuba, and boating. In search of single white female, who is attractive, petite, adventurous, casual drinker OK. Weekends to burn. If possible, get wild and see the world. BOX 17583

THE NICE GUY
34 year old, 5'10", 180lb., male. Enjoy going out and having fun, staying in and sharing relaxing evenings with special lady. If you are sincere, and between 21 and 40...call. BOX 17582

MUSTANG
18 yrs. old, 5'11", long blond hair, blue eyes, 137lbs., smoker, like quiet evenings, going out at night and having lots of fun. Seeking white female, same interest, ages 18 to 20. BOX 17572

WANTED OLDER WOMAN
White male, 47, seeking older wom-

いるか、求めているか（ＩＳＯ《in search of》）を述べる。スペース節約のため、略語を使った。たとえば、ＳＷＭ（シングルの白人男性）、ＳＪＦ（シングルのユダヤ人女性）、ＳＢＰＭ（シングル、黒人、専門職の男性）、そしてもちろん、ＤＡＳＰ（離婚したアジア系サックスプレーヤー）などなど。

普通、ある分量までは無料で、それ以上になると支払いが生じた。たとえば、「ＬＡタイムズ」だと、四行まで無料で、それを超えたら一行八ドルだった。

一九九四年一二月の「ビーヴァー・カウンティ・タイムズ」に掲載された広告をお見せしよう。オンラインデートのサイトが初登場する、わずか数カ月前だ。

広告が出たら、興味をもった人は有料ダイヤルに電話をかけて、相手のメールボックスにメッセージを残す。メッセージの代金は、一分間だいたい一ドル七五セントぐらいで、平均的な時間はほぼ三分間だった。相手のメッセージが流れてから、こちらの音声メッセージを残す。それを聞き直して、必要なら再録音する機能まであった。広告を出した側は、録音されたメッセージをじっくりと聞き、関心をもった相手に連絡した。

写真もないし、情報もごくわずかなので、募集広告で恋人を探すのは、ストレスのたまる経験になりかねなかった。とはいえ、ときには、新聞の広告が本当に役立って、恋につながる場合もあった。偶然にも、本書の共著者エリックの父親エドは、一九八〇年代から九〇年代初めにかけて、シカゴで新聞の募集広告を実際に利用しており、そのときの体験を鮮明に覚えていた。エドは地元の週刊新聞「シカゴ・リーダー」に何度か広告を載せた。その最後となった、もっとも成功した広告が、運よく彼の手元に残されていた。

冒険したいですか？
離婚したユダヤ人男性、四九歳。趣味はセーリング、ハイキング、サイクリング、キャンプ、旅行、美術、音楽、フランス語、スペイン語。そのどれかに興味があって、長いつきあいを望む女性を募集中。勇気を出して、今すぐ電話を！　シカゴ・リーダー、私書箱××××

この広告には、現代のオンラインデートをする人にはおなじみの点がたくさんある。エドは自分の境遇、宗教、年齢、趣味を記している。とても国際的な印象を受けるし、勇気を出しさえすれば冒険まで約束されている（よくやった、エド！）。

これに対して三五人ほどの女性から反応があった、と彼は振り返る。応募するには指定された有料ダイヤルに電話をかけ、彼の私書箱コードを入れなければならない。そうすれば、本人の挨拶が聞ける仕組みだ。こんなふうだったと彼が再現してくれた。

こんにちは！　冒険やお楽しみを求めているなら、まさに僕がぴったりだよ！　名前はエド。四九歳、バツイチのユダヤ人、成人した子どもがふたり。リンカーン・パークに持ち家があって、一九六九年から広告代理店を経営している。長年、アマチュアの船乗りをやっていて、モンロー・ハーバーに自分の船がある。それから、サイクリングやハイキング、ランニング、キャンプ、写真も楽しんでるよ。ミシガン大学で英語の学位を取り、卒業後に半年働いて、その給料を全部貯め、ソルボンヌ大学に行った。夏休みにヨーロッパから中東の各地をヒッチハイクで一万マイル回った。つまり、世界中を旅することにとても関心があるんだ！　二つのフランス語サークルで活動しているし、スペイン語も話せるよ。もし僕に興味があって、電話で話してみたいなら、このメッセージに返事して、こちらからかけられるように電話番号を残して。きみからの連絡を心待ちにしてるよ！

こりゃ驚いた、この挨拶からすると、エドは相当なやり手のようだ。船をもっていて、一つどころか二つものフランス語サークルで活動しているとは。エドの話では、だいたい週に一度、電話を入れてメッセージを確認したという――昨今のオンラインデートの利用者とは大違いだ。多くの人が数時間おきに状況をチェックするし、スマホやケータイのプッシュ通知でそのつど連絡を受ける人さえいるのだから。「それぞれのメッセージを数回ずつ聞いて、大事な情報をメモしたよ。そして、興味をそそられた女性たちに電話をかけたけど、なかでもひとり、ものすごく飛びぬけていたんだ」

こんにちは、わたしはアンです。「リーダー」紙のあなたの広告が気に入って、たった今、電話をかけたら、声のメッセージもとてもいい感じでした。わたしは離婚経験のある三七歳の女性で、子どもはいません。そして、そう――冒険を求めているの！　あなたがあげた活動のなかに、わたしも好きなものがたくさんあります。コロンビアとペルーに少し住んだことがあって、あなたと同じようにスペイン語が話せます。会ってみたいと思ったら、どうぞ電話をください。ぜひそうしてね!」

エドは電話をかけて、アンをお茶に誘った。彼いわく、こうしたはじめての対面はうまくいかないことが多かった。新聞広告では相手の容姿がまったくわからず、基本的に電話の印象しか、とっかかりがないからだ。だが、彼とアンはたちまち意気投合し、ふたりの仲は急速に深まった。それから六年間デートを重ねたのち、手づくりの帆をあげてセーリングに出た際、ついにプロポーズした。「アニー、愛してるよ——結婚してくれる?」彼女はオーケーし、まもなくふたりはカリフォルニアに出航して、ともに新たな人生をスタートさせた。

さて、新聞の募集広告を通じて出会ったというのは、すばらしい話のネタになりそうだが、アンは長い間けっしてその件を口にしなかった。彼女は厳格な家庭に育ち、エリート大学で立派な学位を取得し、専門職としてバリバリ働いていて、新聞広告で出会ったカップルに不名誉の烙印が押されることを知っていたのだ。アンは自分とエドがお見合いで知り合ったという話をこしらえて、人に聞かれてどうしても答えなければならない場合に備えた。友だちも家族も、結婚式の当日まで真実を知らなかった。その日、乾杯のときに彼女が打ち明けると、彼女の親はそんな負け犬は勘当するといった。なーんて、それは嘘だけど。でも、そんなことになったら、とんでもなかっただろうね。

エドとアンが新聞広告を通じて恋人同士になった、その数年前、ある起業家たちがビデオによるデートサービスを導入し、結婚の仲介に最先端の技術をもたらそうとした。そのおかげでシングルたちは、必要としていた〝見た目〟という要素を含め、伴侶候補のイメージをより生き生きとつかめるようになった。ビデオデートでは、エドやアンのような人たちが、小さなスタジオに行って数人のスタッフの前に座り、カメラに向かって数分間、自己紹介をした。ときどき、お相手候補の短い録画が入ったVHSのテープが郵送されてくるので、それを見て気に入った人がいたら、デートに誘うことができるのだった。

ビデオデートはさほど流行らなかったが、ユーチューブでちょっと検索すれば、保存されていた貴重なビデオを見ることができる。たとえば下の写真のマイクという男性は、こんなすばらしい先手を打っている。

僕が見たビデオの多くは、男たちが〝楽しんでいる〟ところを見せ、そして〝いっしょに楽しんでくれる誰か〟を探している、という演出になっていた。また、自分について少しだけ語ってもいた。「ピザが好きなんだ」とある男がいう。「太っちょは願い下げ、アル中もダメ」と別の男。「ただいま有害ゴミの片づけをやってます」と職業を述べる男もい

やあ、僕はマイク。もしきみがそこに座ってこのビデオを見ながらタバコを吸ってるんなら、えっと、早送りのボタンを押してくれ。なぜって僕はタバコを吸わないし、吸う人間が好きじゃないからね。

れば、自分のことを「昼は重役、夜は野獣」という男。さらには「データ処理のすべてに夢中です」という者もいた。

　ある紳士が、〝ドンナ・ジュアニタ〟はお断り、と断言していて、ヒスパニック系の女性に対する恐るべき人種差別かと思った。だが、インターネットで調べてわかったのだが、実はこれはドン・ジュアン〔モリエールの戯曲「ドン・ジュアン、または石像の宴」の浮気症な主人公の名〕の女性形らしい。要するに、尻軽女はごめんという意味だったのだ。とはいえ、それが狙いなら、〝ドンナ・ジュアニタ〟ではなく〝ドンナ・ジュアン〟というべきではないのか？　〝ジュアニタ〟というのはどこからくるのだろう？　名字がなぜ変わるのか？　どうやら、この語を思いついた人間は、スペイン語の名字が性によって活用すると思いこんでいたようだ。それじゃ、ホルヘ・ロペスという名の男性の奥さんは、アナ・ロペチータという名前になるのか？　僕のスペイン語はひどいものだけど、そんなのおかしいって僕でさえ知っている。オーケー、話がそれてしまった――あとは僕の別の著書、『ドンナ・ジュアン　人種差別に見る語源』（二〇二三年のいつか刊行）[*]を参照してもらいたい。

　さて、ビデオクリップが一つ終わるごとに、その人のデータが画面に現れる。左ページの写真のような具合だ。

　ある意味、僕はビデオデートが絶滅したことにがっかりしている。発見したビデオクリップがどれも実にすばらしかったからだ。この男性をチラッと見てほしい。趣味の一つがなんと〝冒険〟だ！

ビデオデートが失敗しても、起業家たちは逃げ出さず、別の新しい技術であるインターネットが縁結びに大変革をもたらすかもしれないと考えた。そして一九九〇年代半ば、ユーザーとインターネットをつなぐパソコンとモデムが普及してきた時期に、オンラインデートが急成長しはじめたのだった。

マッチ・ドットコムは一九九五年に始まったが、これはコンピューター・デートサービスの単なる更新版ではなかった。一つ、きわめて重要な改革がおこなわれていた。登録者をプログラムで組みあわせるのではなく、リアルタイムでお互いに選ばせるようにしたのだ。たいていの人が、このサービスで何か変わるのか疑わしく思っていた。だが、この会社を設立し、初代ＣＥＯをつとめたゲイリー・クレメンは違った。テレビの長いインタビューにはじめて登場した際、クレメンは絞り染めのシャツを着て、派手な色のビーンバッグ・チェアに座り、カメラに向かって大胆にいい放った。「マッチ・ドットコムは、イエス・キリスト以来の何者よりもたくさん地球に愛をもたらします」[4]

＊ 最新情報――この文章を友人のマット・マレーに見せたところ、重要な問題を提起された。この節を読んだあと、目からうろこのメモを送ってくれたのだ。「この場合の〝Ｄｏｎ〟は、〝Ｄｏｎ Ｊｕｌｉｏ〟や〝Ｄｏｎ Ｃｏｒｌｅｏｎｅ〟のように、敬称ではないのか？ 彼が間違えているのは〝Ｄｏｎｎａ〟の部分で、これは〝Ｄｏñａ〟にすべきだと思う」わぁ、ありがとう、マット。このウサギの巣穴がどれほど深いか、とても予想できなかった。

とはいえ、最初のうちは手直しが必要だった。マッチ・ドットコムは、以前のコンピューター・デートサービスが人々を遠ざけていたのと同じ、不名誉という烙印に阻まれていた。だが、一九九〇年代のインターネット・ブームのあいだに、コンピューターやオンライン文化と人間の関係が劇的に変わり、より多くの人々が、基本的な用事にコンピューターを使うことに慣れていった。時とともに、メール、チャットルーム、最終的にはソーシャルメディアの登場によって、人々はインターネット上での架空の人物像をつくらなければならなくなった。そして、恋人を見つけるためにコンピューターを使うという発想が、完全に受けいれられるものになったのだ。二〇〇五年までに、マッチ・ドットコムの登録者数は四〇〇〇万人になっている。

しかし、オンラインデート・サービスの市場があることがはっきりすると、競合会社があちこちに登場して、新しい隙間ビジネスを探したり、また、マッチ・ドットコムの利用者を少しずつ取りこもうとしたりするようになった。新しいサイトはそれぞれに、特徴のあるブランド戦略をおこなっている――〈eハーモニー〉はまじめな関係を求める人向け、〈ナーヴ〉は進んでいる人、〈Jデイト〉はユダヤ人向け、などなど。

だが、たいていのサイトが、同じ基本スタイルを用いていた。シングルの人々の膨大なカタログを提供し、もっとも合いそうな相手を見つけるために選択肢をふるいにかけていく、準科学的な方法だ。こうしたプログラムが、コンピューター・デートサービスのプログラムよりも効率的かどうかは意見が分かれるが、コンピューターがとんでもなくスピードを上げ高度になるにつれ、人間はコンピューターによる縁結びをこれまでより信頼するようになったと思われる。

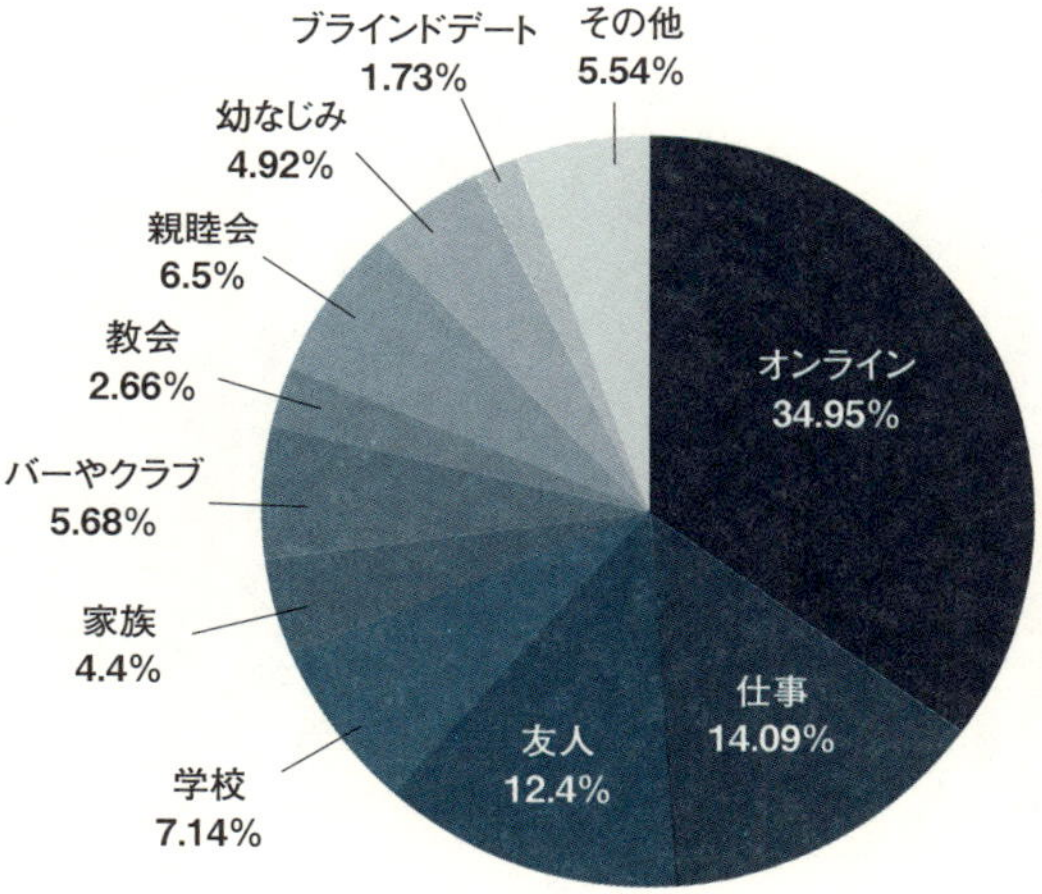

アメリカ人がどのように伴侶と出会ったか
（2005〜2012年）

現代のオンラインデート

オンラインデートが流行っていることは以前から知っていたが、現代の恋人探しにおいてこれほど巨大な勢力になっているとは、最近まで想像もしていなかった。

シカゴ大学の心理学者ジョン・カシオッポの研究によると、二〇〇五年から二〇一二年のあいだに米国で結婚したカップルの三分の一以上が、オンラインデートのサイトを通じて知りあったという。オンラインデートは、伴侶と出会う手段として主流になったのだ。職場と友人と学校を合わせてもかなわない。[5]

カシオッポの調査結果があまりに衝撃的だったので、多くの評論家がその信憑性を疑い、また、オンラインデートの企業が資金を出してい

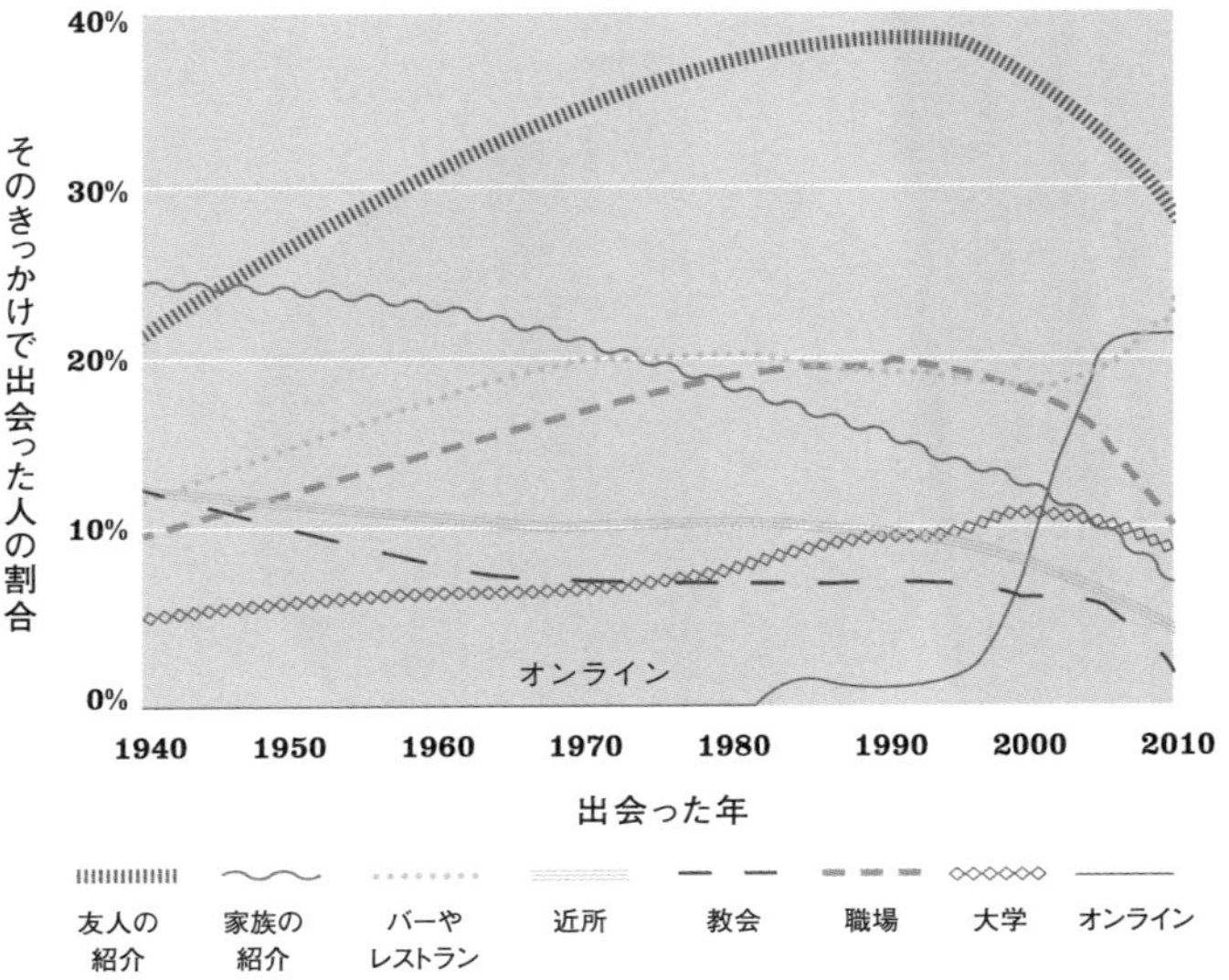

異性愛者のアメリカ人が配偶者や恋人とどのように出会ったか
（1940年〜2010年）

るから研究者たちの見方が偏っているのだとケチをつけたりした。だが、実のところ、この調査結果は、スタンフォード大学の社会学者マイケル・ローゼンフェルトの調査結果とほぼ一致していた。彼はインターネット・デートの隆盛と、ほかの出会いの手段の衰退を、誰よりも立証してきた人物なのだ。

　ローゼンフェルトのおこなった「カップルはどのようにして出会い、いっしょにいるのか」という研究は、四〇〇〇人のアメリカ人を対象とし、全国的な傾向を表している。このうち七五パーセントが既婚または恋人がいて、二五パーセントがシングルである。調査ではすべての年代の成人に、パートナーとどうやって出会ったかを尋ねた。回答者には高齢者も含まれているため、この結果から、時代による変化がよくわかる。[6]

特に有益なのが、一九四〇年と、オンラインデートの人気が出る直前の一九九五年との比較。そして、一九九五年と現在との比較だ。

まず、一九四〇年と一九九五年の違いを見てみよう――ちょうどオンラインデートが流行するまでの時期だ。一九四〇年には、恋人に出会うもっとも一般的な手段は家族の紹介で、次いで二一パーセントが友人の紹介だった。約一三パーセントずつが教会または近所で出会い、バーかレストラン、また職場の割合もほぼ同じだった。大学での出会いはわずか五パーセントだが、これは高等教育を受ける人の数が多くなかったという単純な理由による。

一九九五年になると、がぜん状況が違ってく

＊脚注――本グラフの数字を足して１００を超えるのは、多くの人が複数の方法で出会っていて――たとえば、家族の知り合いで学校も同じだったとか、バーで会った大学生同士など――二つ以上の回答にチェックしたからである。

異性愛者のアメリカ人が配偶者や恋人とどのように出会ったか＊

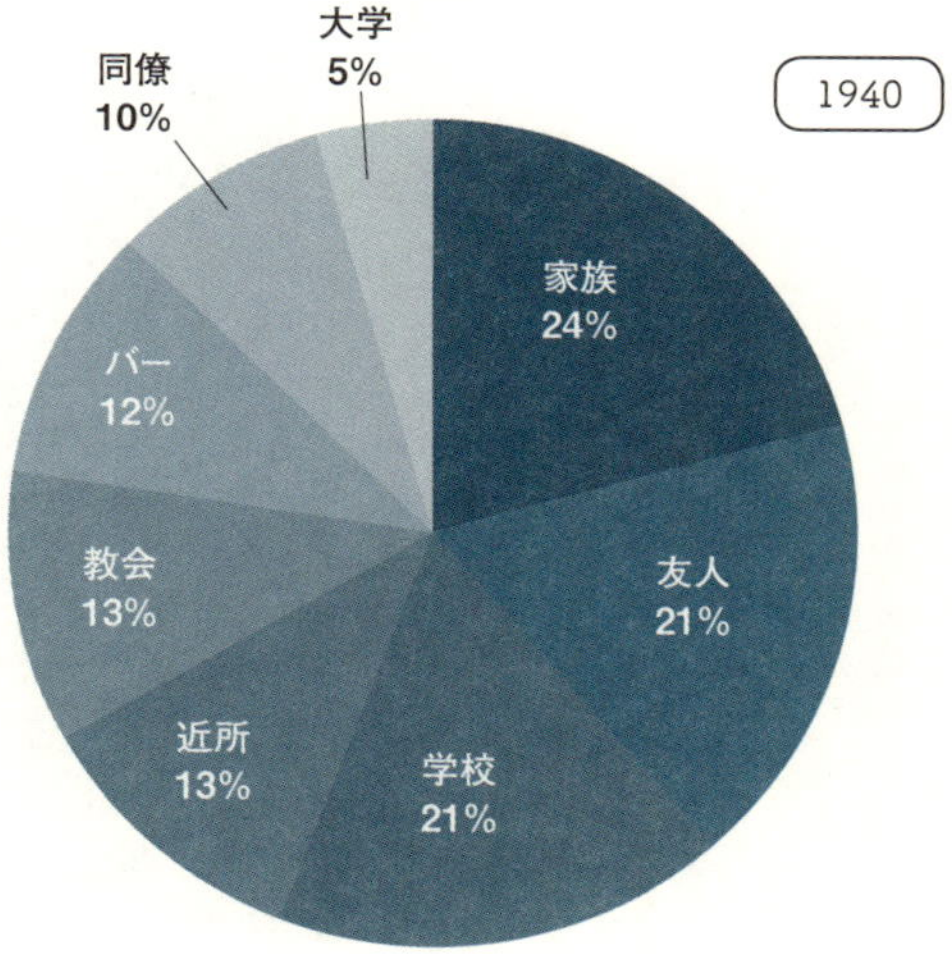

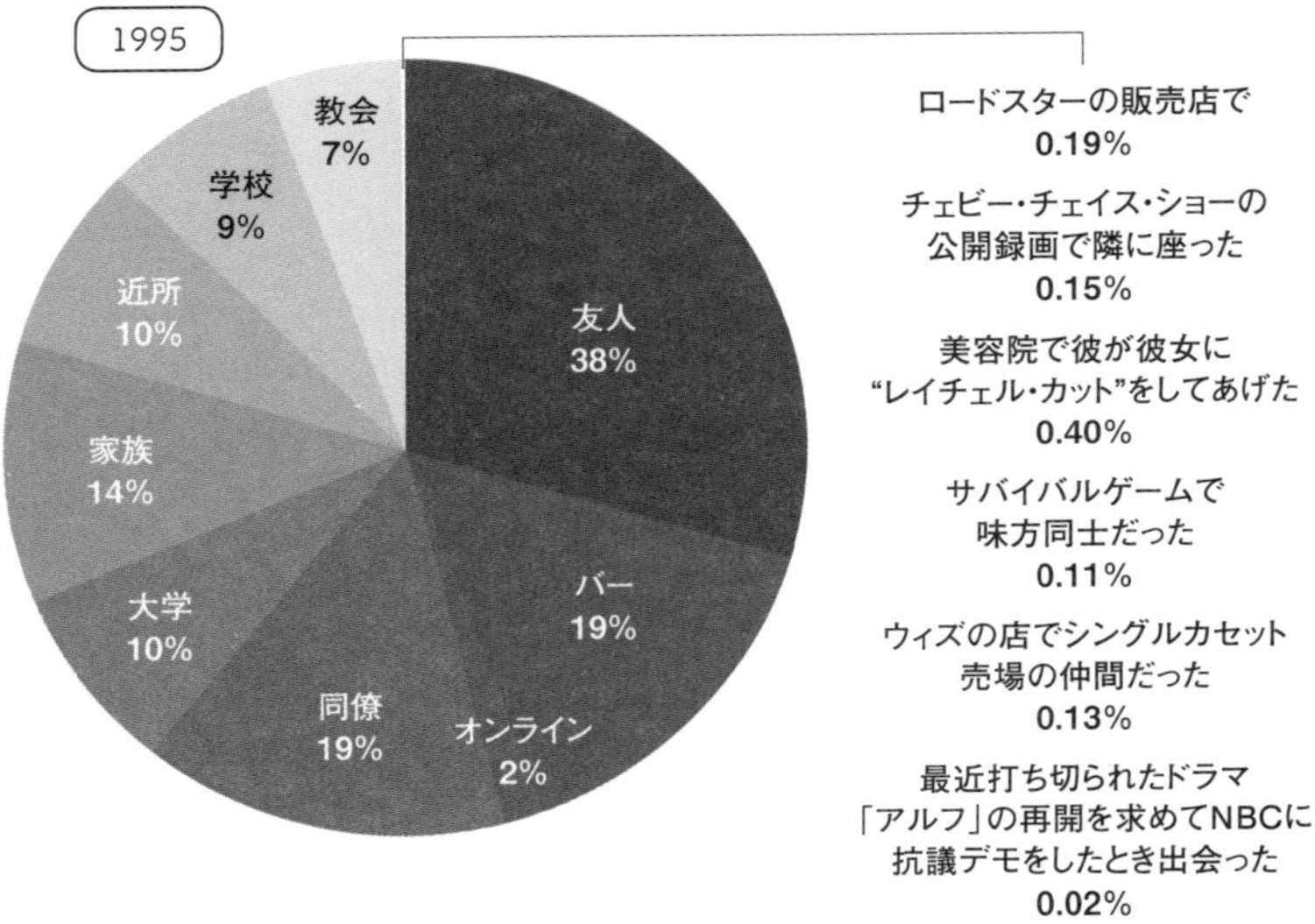
1995
教会
7%
学校
9%
近所
10%
家族
14%
大学
10%
同僚
19%
オンライン
2%
バー
19%
友人
38%
ロードスターの販売店で
0.19%
チェビー・チェイス・ショーの
公開録画で隣に座った
0.15%
美容院で彼が彼女に
“レイチェル・カット”をしてあげた
0.40%
サバイバルゲームで
味方同士だった
0.11%
ウィズの店でシングルカセット
売場の仲間だった
0.13%
最近打ち切られたドラマ
「アルフ」の再開を求めてNBCに
抗議デモをしたとき出会った
0.02%

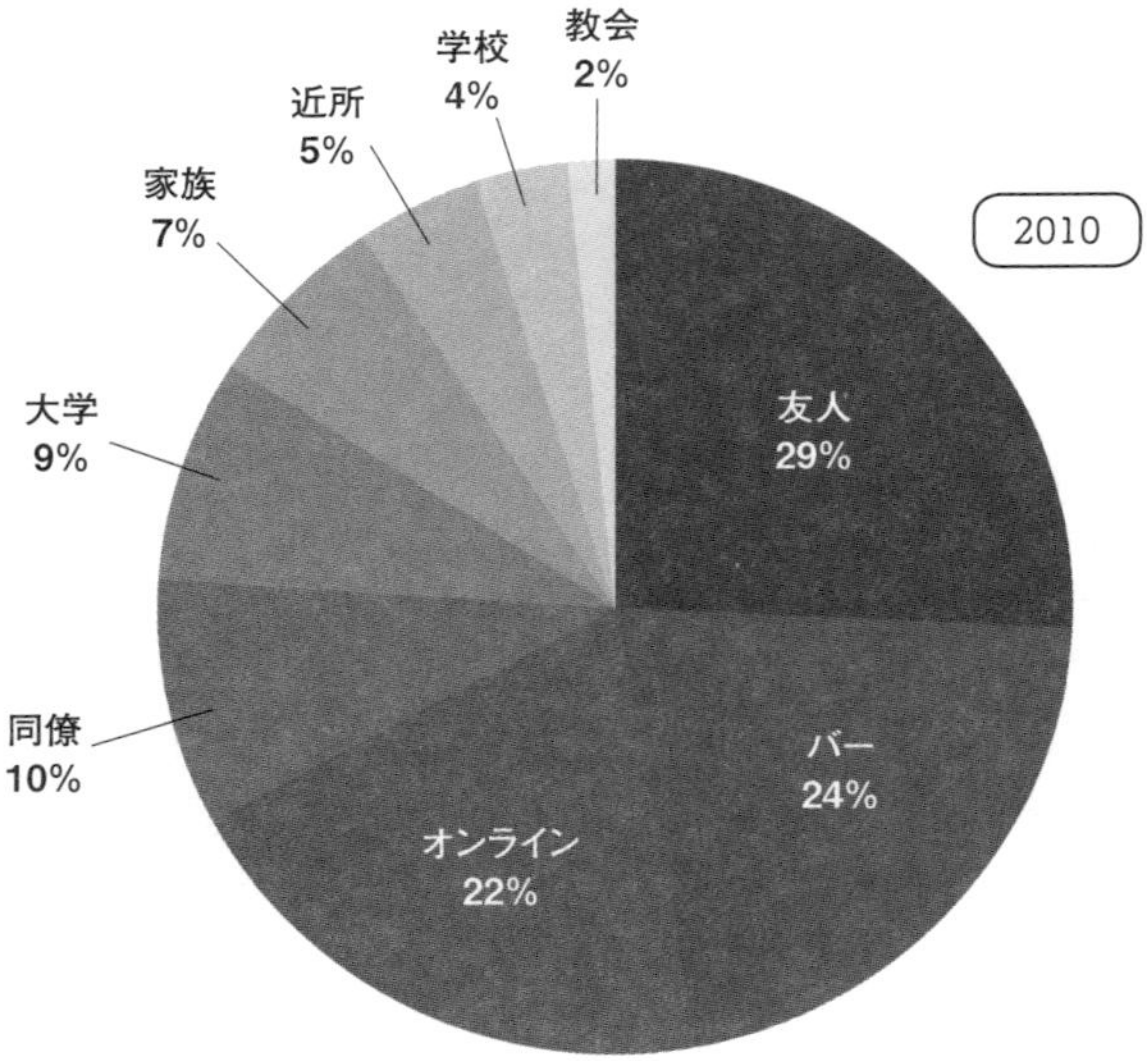
教会
2%
学校
4%
近所
5%
家族
7%
大学
9%
同僚
10%
2010
友人
29%
バー
24%
オンライン
22%

る。仲介者としての家族の影響力が大幅に下がり、一四パーセントしか成立していない。教会も同様で、七パーセントに急落している。ロマンスへの王道はなんといっても友人の紹介で、カップルの三八パーセントがそのようにして出会っている。

バーで出会ったという人の割合も増えて、一九パーセントに上がった。大学で出会った人の割合は一〇パーセントに増えた一方、近所での出会いは一九四〇年よりわずかに減っている。

一九九五年にパートナーと出会うもう一つの方法として人気があったのは、男がこんなことを叫ぶ手だ。「ねえ彼女、アシッド・ウォッシュド・ジーンズのかわいいお尻でこっちにおいで。スピン・ドクターズ（またはベター・ザン・エズラ）のコンサートに連れていってあげるよ」女はちやほやされてうれしくなり、時代の先端を行く音楽シーンを見る機会に心惹かれていそいそとついていく。こうして六パーセントのカップルが成立した。なーんて、お察しのとおり、これは僕なりの推測にすぎず、ローゼンフェルト氏の研究とはまったく関係がない。

オンラインデートのサイトが出現したことにより、恋愛関係の始め方が変わった。マッチ・ドットコムが生まれてからわずか五年後の二〇〇〇年には、パートナーのいる人の一〇パーセントがインターネットで相手と出会い、二〇一〇年までにその数は四人にひとりに迫っている。恋愛関係を築く方法で、これほど急激かつ大幅に増えたものはほかにない。[7]

二〇一〇年になると、大学とバーだけが、一九九五年とほぼ同じくらい重視された。その一方、友だちの紹介で出会う人の割合は急激に落ち、三八パーセントから二九パーセントに減った。また、家族や職場の関係、あるいは近所での出会いはもっと少なくなり、それぞれ約一〇パーセントか、それをはるかに下回っている。そして教会は、スピン・ドクターズやベター・ザン・エズラと同じ運命をたどり、ほぼ脱落してしまった。

現代のシングルにとって、今やオンラインデートは必須といってもいい。これを執筆している時点で、〝シングルで相手を求めている〟と自己申告するアメリカ人の三八パーセントが、オンラインデートのサイトを利用したことがあるという。[8]

オンラインデートと閑散市場

インターネットによるデートは、ローゼンフェルトが呼ぶところの〝閑散市場〟において、いっそう劇的な変化をもたらした。これにもっとも該当するのは、同性に興味のある人たちだが、最近では中高年の異性愛者も増えている。この変化の理由ははっきりしている。そう、恋人候補の対象者が少ないほど、友だちの紹介にしろ、学校や公共の場にしろ、じかに恋人を見つける可能性が低くなるからだ。確かに、ゲイ地区が発展してきた町もあるにはあるが、そこで暮らして出歩いていたら、しょっちゅう顔を合わせることになる。しばらくすると、選択肢をひととおり見てしまい、新たな候補を求めるようになる。

それも原因となって、今日、ＬＧＢＴのカップルがバーや近所で出会うことは以前よりはるかに少なくなり、七〇パーセント近くがオンラインで出会っているのだ（ちなみにＢＬＴカップル

——ベーコン、レタス、トマトの組みあわせ——は無生物で、恋の探求には関わっていない）。

ＬＧＢＴの人々に話を戻そう。ローゼンフェルトの研究によると、オンラインデートは、「同性カップルのあいだで飛躍的に普及している。過去において、異性同士でも同性同士でも、出会いの手段がこれほど広く行きわたった例はない」。そして、最近の傾向では、高い年齢層の人たちもインターネットを使うようになっており、オンラインデートは高齢者の世界をも支配しそうな勢いとなっている。

社会的不名誉

オンラインデートのサイトは、いまだに社会的不名誉のレッテルを貼られる場合が

同性カップルはどのようにして恋人と出会ったか

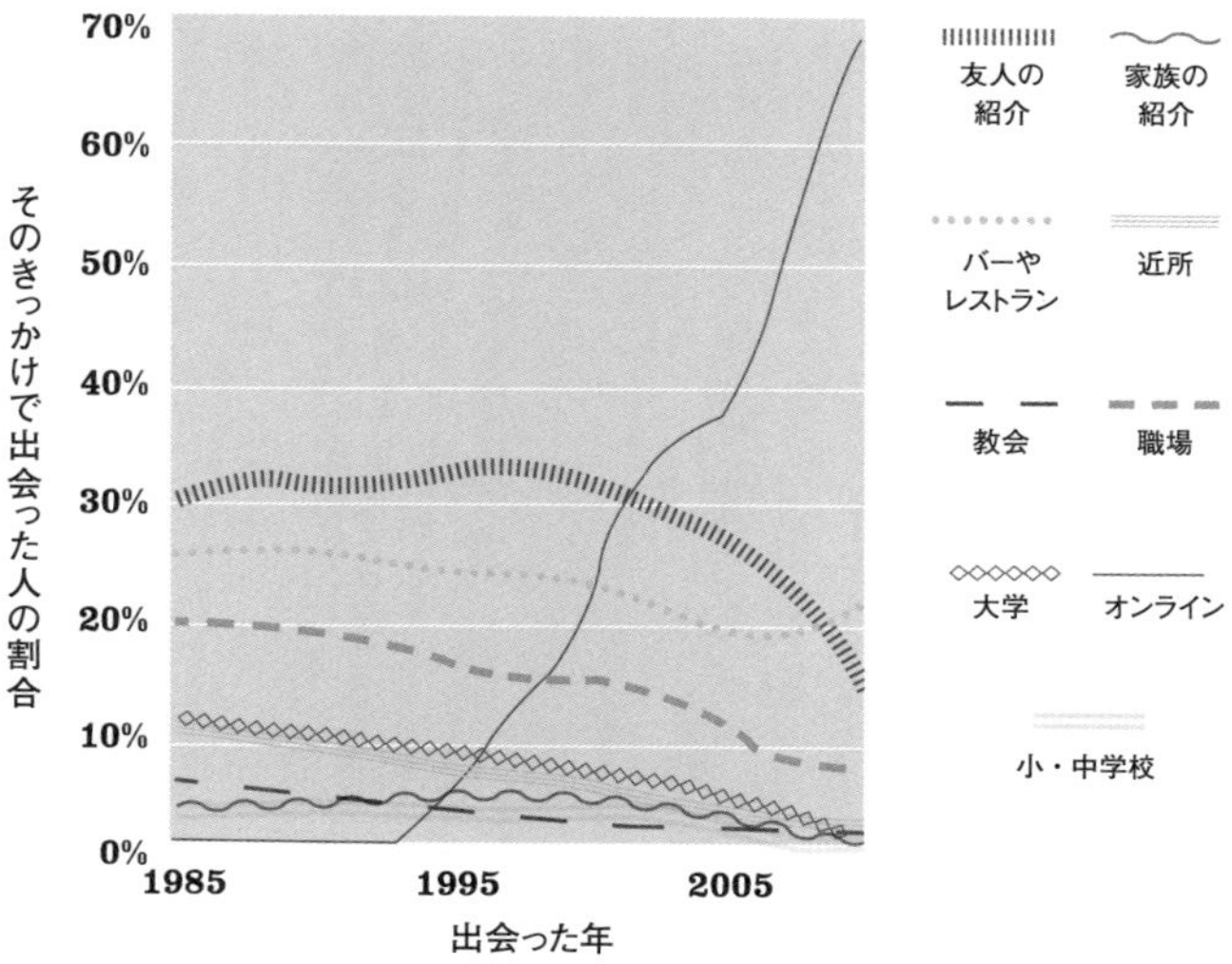

あり、そこでパートナーと出会ったと認めることを不安がる人もいる。オンラインデートを利用するのは、魅力がなくモテないせいで、従来の方法ではパートナーと出会えないからだ、と人に思われることが怖いのだ。だが、近年、こうした心配は減ってきたように見える。とはいえ取材中に時折、オンラインデートで出会ったことを恥じて、友だちや家族向けに〝ダミーのなれそめ〟をこしらえたという話を聞いた。ここでお伝えするオンラインデートの普及ぶりによって、受けいれてもらえないという読者の不安を打ち壊せればいいと願っている。あなたがウェブサイトを通じて大事な人と出会ったと聞いて、友だちや家族がなんといおうと、そうした手段でパートナーを見つけた仲間は実際いくらでもいるのだ。それでもまだ不安を感じ、〝ダミーのなれそめ〟をでっちあげる手伝いが必要なら、いくつかお試し版をお見せしよう。

冬の雨が降る日曜日の午後、映画に行くことにしたんだ。どれも満席で、残っていたのは、クリスマス特別上映、アーノルド・シュワルツェネッガーの『ジングル・オール・ザ・ウェイ』だけだった。館内を見渡すと、もうひとり客がいた。それがジャニーンだった。彼女の隣に座って、おしゃべりしはじめた。シュワちゃんが息子ジェイミーのために、ターボマンのフィギュアをようやく手に入れる頃には、僕たちはもうコトを済ませていたよ、二度もね。

アパートメントの廊下でゴミの袋を出してたら、子犬が近づいてきたの。お互いを見たあと、わたしが後ろを向いたら、その子が前足でトントンってたたいてきた。振り向くと目と目が合ったわ。子犬はお年寄りみたいなしゃがれ声で話しだした。強い南部訛《なま》りで、『ハウス・オブ・カード　野望の階段』のケヴィン・スペイシーがしゃべってたみたいな感じ。それでこういったわ。「キャサリン……キャサリン、聞きなさい……おまえはダニエル・リースを探しにいかねばならない。彼がおまえの夫になるであろう」って。それっきりその子犬を見ることはなく、それにダニエル・リースとも会わなかったけど、でもその晩、市内のバーで、デイヴとめぐりあったの。

アトランティック・シティでボクシングの試合会場にいたときのことだ。とつぜん銃声が響いて、僕が警護にあたっていた国防長官が殺された。もちろんすぐさま会場の封鎖を命じ、プロの推理で出した結論は、この企ての黒幕が僕の相棒ケヴィン・ダンにほかならないということだった。あの野郎。ボクサーのひとりと闘ったあと、ようやく逃れたちょうどそのとき、ハリケーン・イザベルが襲ってくる。やがて、ダンは計画が失敗したことを悟り、テレビカメラの前でピストル自殺する。そのとき僕はシンディと出会った。

（注意：この話を使うのは、ニコラス・ケイジの映画『スネーク・アイズ』を聞き手が確実に見ていないときだけにすること）

オンラインデートがこれほど人気になった理由は簡単だ。デート相手を求めているシングルの対象者が、無限とも思えるほど供給されるからだ。ふるいにかける手段もあり、まさに望みどおりの相手が見つかる。友人や同僚といった第三者にきっかけをつくってもらう必要もない。サイトはいつでもやっているので、時と場所を選ばず参加できる。

たとえばあなたが女性で、望みの男性が、二八歳、身長一八〇センチ、髪は茶色、ブルックリン在住のバハーイ教徒で、ノーティ・バイ・ネイチャーの音楽のファンだとしよう。オンラインデート以前なら、しょせん叶わぬ願いだったろうが、今では、いつでも、どこにいても、画面をほんのいくつか進めるだけで、自分好みの夢の男性にメッセージを送れるのだ。だが、もちろん、オンラインデートには不都合な面もある。

オンラインデートの問題

ここまで僕は、多くの人々が数回のクリックで愛を見つけたという、だいぶいいイメージを描き出してきた。理論的にいってオンラインデートは、出会いの手段として、伝統的な方法よりも大きく進化している。きわめて規模が大きく、より効率がよくて的確だし、いつでも利用できる。ローゼンフェルトの研究によると、うまくいっているカップルのうち、七四パーセントがまったくの他人としてスタートしている。つまり、もしオンラインデートがなかったら、出会うこともなかったというわけだ。

しかし、こうした数字が成功をはっきりと示しているにもかかわらず、僕がおこなったり読んだりした研究によると、新たな出会いの技術が、それなりに新たな問題を生み出していることも間違いない。オンラインデートの世界を真に知るには、数字の向こうにあるものを見る必要があった。そこで、オンラインデートをする人たちが現実にどんな経験をしているか、探りはじめた。オンラインデートについて知るために見つけたもっとも役に立つ方法の一つは、うまくいったことがいまだに信じられないほどだが——コンピューターをプロジェクターにつなげて、シングルの若者に自分のアカウントにログインしてもらい、オンラインデートが実際どういう感じなのか、示してもらったことだ。彼らは受信トレイと、ログイン中にふだんどんなことをするかを見せてくれた。

ロサンゼルスのスタンダップ・ショーではじめてこれをおこなったとき、ひとりの魅力的な女性がOkキューピッドにアクセスし、それを大きなスクリーンに映して会場のみんなに見せることを許してくれた。彼女は一日に五〇通もの新着メッセージを受信しており、受信トレイには誘いのメッセージが何百通も未読のままたまっていた。彼女がメッセージを次々にスクロールしていくのを観客の男たちはゾッとしながら見つめていた。その量の膨大さがまず信じがたかった。彼女は、メッセージの多くをそのまま削除するのが申し訳ない、すべてに返信する時間がないので、といった。観客の男たちは、そろって苦悶のうめきをもらした。どこで聞いてもそうだったが、オンラインデートでは、女性のほうが男性よりもはるかに多くの関心を寄せられるのだ。

Okキューピッドの創設者クリスチャン・ラダーは、著書『Dataclysm』のなかで、Okキューピッドのユーザーのデータを次のページのようなグラフにして、寄せられる関心の男女差を解

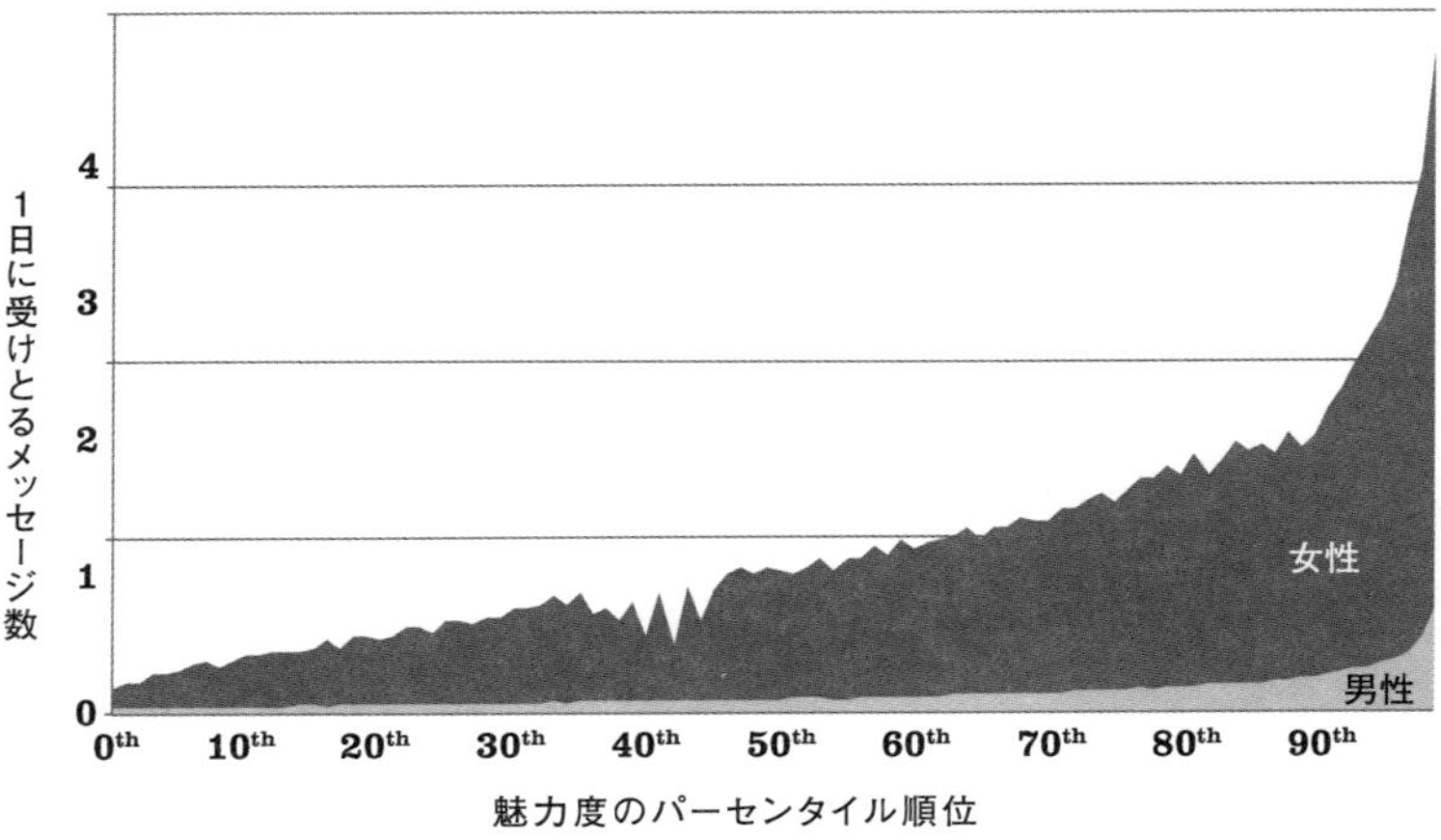

Okキューピッド会員が一日に受けとるメッセージ数と魅力度のグラフ

説している。これは、一日に受けとるメッセージ数と、ユーザー評価に基づく魅力度を、それぞれ座標に置いた図である。

魅力度が最高の男性でも、受けとるメッセージの数はほとんどの女性に及ばない。

だからといって、男性がオンライン上で、バーの隅っこにぽつんと立っているような状態になるわけではない。オンラインには、孤独な隅っこなどないのだ。どこもかしこも、つながろうとする人々であふれている。

バーではほとんどモテなかった男性でも、メッセージで受信トレイを満杯にできる。メッセージの数が、サイト上で特別に魅力的な女性たちほど多くはないにしても、昔ながらの環境で払われる関心の程度と比べたら、大変なものだ。

基本的に、すべての男が、いまやモテ男になれるのだ。

デレクの例を見てみよう。ニューヨーク在住で、Ｏｋキューピッドをいつも利用している。これから話すことは、だいぶ意地悪に思われるだろうが、デレクはひどく退屈な白人男性だ。中背で、薄くなりかけた茶色の髪。身なりはきちんとして、人好きのするタイプだが、特に目立って人を惹きつけるとか、チャーミングというわけではない。魅力がなくはないが、バーやパーティーの場で注目を集めるほどではない。

マンハッタンで開いたオンラインデートに関するグループインタビューで、デレクはＯｋキューピッドにアクセスして、候補の女性たちを吟味する様子を見せてくれた。彼のプロフィールとサイトのアルゴリズムに基づいて、Ｏｋキューピッドが恋人候補として選んだ女性たちだ。彼が最初にクリックした女性は、とても美しく、プロフィールもウィットに富み、よい仕事に就き、スポーツ好きなど共通する趣味も多かった。一分間ほどざっと目を通したあと、デレクはいった。

「うーん、まあまあかな。とりあえずほかをみてみよう」

どこが気に入らないのか尋ねると、彼は答えた。「彼女、レッドソックスが好きなんだ」

僕は激しくショックを受けた。彼がさっさと次に進むのが信じられなかった。想像してみよう、デレクがもし二〇年前に、この美しくて魅力的な女性が自分とデートしたがっていると知ったらどうだったろう。彼女がバーにいてほほえみかけてきたら、一九九三年のデレクはきっとメロメロになっただろう。まさか、つかつか歩み寄って「いや、待てよ、レッドソックスのファンだって？　願い下げだね！」といって背を向けたりしなかったはずだ。ところが二〇一三年のデレクは、ブラウザのタブの×をクリックするだけで、ためらうこともなく彼女を削除してしまった。まるでＪクルーのスウェットシャツが、写真を拡大してみたら期待に沿わなかったときみたいに。

次の女性も同じくらい魅力的だったのに、デレクはやはり気に入らなかった。そうやって一〇分か一五分ぐらい、サイトをあちこちのぞいていた。大勢のとてもステキな女性たちがすぐそこでロマンスを求めているのに、彼は熱意のかけらさえ見せなかった。やがて、ようやくひとりに決めて、簡単なメッセージを打ちこむと、ほかの女性たちを彼のブラウザの歴史のなかに埋もれさせてしまった。

さて、ちょっといわせてもらうと、僕はデレクに好感をもっていた。いい人だし、退屈な白人男なんて呼んで申し訳ないと思う。僕がいいたいのは、彼はべつにモテ男には思えなかったってことだ。ところがなんと、女性たちのプロフィールをチェックしているとき、彼はモテ男の心理になっていた。彼と似たようなたくさんの男たちが、オンラインデートではほかの場よりもずっとよろしくやっているのだと、想像せずにはいられない。デレクはじめオンラインでデートする人はみな、男女を問わず、かつてないほどたくさんの恋の可能性を与えられていて、そのことが恋人候補を探すためのアプローチをがらりと変えつつあるのだ。

掲示板ではこの現象の驚くべき例がほかにも出てきた。ある青年は、魅力的な女友だちが、ティンダーでモテまくっているのを見て衝撃を受けたそうだ。「九五パーセントの確率で成立するんです」と彼はいう。「二〇分間に一五〇件近くですよ。確かに実物はすごくステキだけど、まさかそこまでになるとは予想しませんでした。彼女は一時間のうちに、僕が四カ月かかったのと同じ数だけ、デート相手を見つけました」ある意味、この男性は、オンラインデートの世界において男であることの問題に不満をこぼしている。魅力的な女性をめぐる闘いは数知れず、そして女性のほうが男性よりはるかに打率が高い。確かにそうだ。だが、この話のなかで、彼はこんな信じがたいことも明かした。「僕は五カ月でせいぜい三五〇人でした」つまり月あたり七〇人ということだ。もし二〇年前に、先月は自分に気がある女性に七〇人会ったという男性がいたら、よほどのモテ男だと思っただろう。今日では、スマホと、それをちゃんとスワイプできる指さえあれば、誰でもそうなれる可能性があるのだ。

極度の疲労　――アーパン対ディネシュ

デレクのような人たちは、デート相手の候補を大幅に増やしたが、その代償はどうなっているのだろう。ロサンゼルスのグループインタビューで、まったく違うタイプの興味深い男性ふたりに出会い、オンラインデートがもたらす弊害についてよくわかった。

土曜日の朝、ウェストサイドのオフィスビルでインタビューをおこなうことになっていた。駐車場ビルから入ってエレベーターに乗りこむと、インド人の男性がふたりいた。ひとりがアーパン、もうひとりがディネシュだった。僕は一瞬ビビッた。このどちらかが、僕を狙うインド人ストーカーなのか？　いやまさか、ふたりとも平然として見えた。

最初の挨拶だけで、どちらが恵まれたデートライフを送っているか当てなければならないとしたら、すぐにアーパンと答えただろう。彼のほうが服装もちょっとおしゃれだし、自信と魅力を兼ねそなえ、知らない人たちといっしょでも動じないように見えた。一方、ディネシュは少し内気で、服装もあまりパッとせず、陽気でもなかった。ところが、いざグループインタビューが始まると、違うイメージが浮かびあがってきた。

ディスカッションの始めに、みんなが何を求めているかを尋ねた。座って背を丸めたアーパンが口を開いた。

「アーパンです。二九歳で、ロスのダウンタウンに住んでます」と切りだした。「僕はまじめな交際を望んでいます。ここ数年は彼女なし。まあ、最初のうち、もう少し若くて、そう、二六ぐらいのときは、気にならなかったんだけど。いくらでも候補はいたからね！」しばらくは近所に住むシングル女性の世界に出入りするのが面白かった。オンラインでプロフィールを眺めて何時間も過ごしたり、気軽にちょっかいを出したりしていた。しょっちゅうデートして、しだいに慣れていった。

それからアーパンは、暗闇に転落した話に移った。最初のうちは長い時間をかけて、相手の気を引く個人的な文章を練りあげたという。彼の論理によると、女性はたくさんメッセージを受けとるので、受信トレイに山ほどあるメールのなかで目立つように手を打たなければならなかった。だが、結局、そうした時間とエネルギーをかけたことを納得するには、投資の見返りはあまりにもわずかすぎた。いくら時間を使って考えぬいても、女性たちは見た目やらなにやらで自分をはねつけるだけだ、そんな気がしてきた。

そして、たとえ女性から返信があっても、そう簡単に事は運ばなかった。「ようやく彼女が返事をよこす。やったぁ、って感じで、有頂天な瞬間だね」彼がいう。それからその相手と、行ったり来たりのやりとりに引きこまれる。しばらくそれが続き、やがて、彼にいわせると「フェードアウトするか、じかに会ってひどい目にあうか。とにかく時間の無駄づかいさ」

そんなこんなが負担になって、アーパンは別人になってしまった。時間がもったいないから、心のこもったメッセージを送るのはやめることにした。本人が〝ゴミみたい〟と認めるメッセージを大量に送るようになった。

「とにかく疲れてうんざりしちゃって、ろくに時間もとらなくなった。『やあ、かわいいね。一杯どう？』みたいなくだらないメッセージを送るんだ。二〇人とか三〇人とか、本当に大量に送る。くたびれたせいだ。どのみち向こうは顔で決めるんだから」メッセージに気配りをしなくなったら、ものごとが簡単になり効率もよくなった。「手間いらずさ」と彼がいう。「しかも返事をもらう確率が上がったんだ。すごく奇妙だよね」

確かに奇妙だが、事実でもある。それについてはクリスチャン・ラダーが『Dataclysm』のなかで、Ｏkキューピッドの実際の利用者データを使って示している。基本のメッセージをつくっておき、コピペして会話を始めると、オリジナルで何か書くより、七五パーセントも効果がアップする。しかも負担もかからないので、ラダーいわく「労力と成果の観点からしたら、常に勝利する」のだ。[9]

つまりアーパンは、自分に都合のいいようにシステムを利用したわけだが、最初のメッセージを統一しただけではなかった。デートについても定型をつくったのだ。オンラインデートを始めた頃は、よく女性を食事に連れていったが、ある時点で、これは〝初心者のミス〟だと思い直した。もし相手と気が合わなかったら、長時間しばられ、永遠に続くかのような食事をするはめになる。だから飲みにいくだけに切り替えた。また、ほとんどのデートが失敗に終わることを考えると、面白そうな行き先を探すのに時間をかけるのも、労力の無駄に思えてきた。そこでデートの行き先を、自分のアパートから歩いていけるバー数軒に限定した。

ということは――飲むだけだから、彼のほうは最小限の労力で、しかも相手はわざわざ彼の近所まで足を運ばなければならないのだ。女性のみなさん、これを読んだだけで、その気になるだろうか？

ここ二回のデート相手をどこへ連れていったか、彼に訊いてみた。どちらもオンラインのサイトを通じて出会った女性だ。「ボルケーノ。うちから五ブロックの店だ」では、もうひとりは？「ラッキー・ストライク・レーン。うちから六ブロック」だが、ボウリング・デートだと思ってワクワクしたお相手の夢は砕かれる。アーパンによれば「本当にボウリング場だけど、ラウンジとバーのエリアがあって、ボウリングをするわけじゃないんだ」おやまあ。なんたるオトリ商法だろう。「やあ！　ボウリングに行こうぜ！　冗談だよ、ラウンジで飲むだけさ」

これに関連して、ボウリング場のラウンジほど女子をゾクゾクさせるものはないというのは常識だ。太った男たちがボウリングのボールを投げるのを眺め、ゲーム機の心地よい音色を耳にしたら、これはもう、最後はめくるめく長い夜にならないわけがない。

「デートなんて疲れるだけだよ、間違いないね」アーパンがいう。「大仕事だ。それにほら、僕はくたびれ果てちゃって、うんざりだから、もうたいして時間もかけないんだ。『僕に誰か見つけて！　何とかしてくれ』って、そんな感じさ」だが、僕の見たところ、彼のやり方はうまくいっていない。

アーパンは、一見、快活で自信に満ちた男なのに、デートのせいで気力をなくして、それが話題になっただけで顔を伏せ、疲れた退役軍人のように話をする。オンラインデート界の過酷さが、以前は胸ときめかせていた若者を、あわれな阿呆に変えてしまった。デートといって考えるのが、なるべく早く家に帰れるように、ボウリング場でボウリングもしないことなのだ。

グループインタビューのほかの参加者たちからも、よくわかるという声があがった。オンラインデートによって新たに与えられる膨大な選択肢をふるいにかけることが、まるで副業のようになりつつあるのだ。どの討論会でも〝消耗する〟という言葉が飛び出し、みんなの体験を聞くと、なるほどと思えた。

デート相手をひとり見つけるにも、大変な手間がかかる。メッセージに目を通し、気に入ったメッセージを選び、プロフィールをクリックし、プロフィールを選り分け、それをすべてこなしたうえで、さらに、ひとしきりやりとりをして相性を確かめ、それから実際に会う計画を立てる。これは相当な負担だ。

限界に達してしまった人もいる。二七歳のプリヤは、最近ティンダーとOkキューピッドのアカウントを削除したという。「最初のデートにこぎつけるだけでも、とにかく時間がかかるんだもの。それに、社交の場を利用するほうが、はるかに効率がいい気がするわ。オンラインで消耗するより、普通に社会のつきあいをするほうがマシって感じね」

プリヤにとって、そして各地で話した多くの人々にとっても、オンラインデートの過程が、心ときめく楽しいものから、新たなストレスと不安のもとに姿を変えてしまったのだ。

さて、もうひとりのインド人、ディネシュの場合はどうだろう？

ディネシュはデートに対してまったく違う取り組み方をしていた。「僕はデートサイトには入っていません」その日のグループインタビューで、話の流れにちょっと戸惑った様子で切りだした。

「いちばん最近の初デートはどんなふうに？」僕は尋ねた。

「教会で知りあった子と、つい最近、映画に行きました」と彼はいった。

その答え方は自信にあふれ、猛烈にカッコよかった。たった今のアーパンの発言と比べて、ディネシュの「教会と映画」は、まるで「オートバイレースと激しいファック」のように聞こえた。

「その前のお相手は？」とさらに尋ねてみた。

「ボランティア活動で出会いました」ディネシュは答えた。

部屋にいた男たちは、美しいうえに慈善活動にもはげむ優しい女性とデートする夢を思い描き、うっとりした様子になった。

さらに前の相手とは、休日のパーティーで出会ったという。「ロスのあちこちに、とてもいい仲間たちがいて、おかげで大勢の人たちと出会えるんです」

ディネシュいわく、大事なのは、さまざまな場所、さまざまなグループで活動する友人たちをもつこと、そしてその全員とともに過ごせるよう、みんながいっしょに集まる機会をつくることだ。教会でもボランティア活動でも、職場のパーティー、あるいはスポーツの場でも、それがいつも、人々が組織的に出会う場所なのだ。

「ロスでは、いつでも素敵な催しがたくさんあります」と彼は説明した。「新しい人たちと出会うのは、楽しいし興味深いですね。じかに会えば、また会おうという気持ちになってもらいやすいし。僕自身そうです。進んで早く出勤し、五時とか六時に帰宅して、自分から行動を起こすんです」彼はアーパンのほうをちらっと見てから、こちらに視線を戻した。「しかも、僕は疲れてなんかいません」幸い、このときアーパンは椅子にぐったりと座りこんでいて、その言葉が耳に入ってさえいないようだった。

ディネシュは禅の雰囲気をただよわせていて、部屋にいた誰もかなわなかった。その朝集まったほかのシングルたちが、くたびれてイライラしている様子なのに対して、ディネシュはもっと気楽にゆったりとデートを楽しんでいるふうに見えた。それは彼がオンラインデートに近づかなかったおかげなのか？　それとも、オンラインデートをしている人たちの要領が悪いせいなのか？

専門家たちと何度も長い時間をかけて話した結果、後者が重要な原因だと推測される。

みんなオンラインデートが下手である

オンラインデートは、めったに使うことのない知識と技術を必要とする副業のようなものだ。それどころか、たいていの人が、何をやっているか自分でもさっぱりわからずにいる。相手に何を求めているか必ずしもはっきりしないからだ。洗剤を選ぶのとはわけが違う。

我々は自分の望みをわかっていると考えがちだが、そうではない場合が多い。ダン・スレイターがオンラインデートの歴史について書いた『*Love in the Time of Algorithms*』によると、初期のオンラインデート・サービスは、ほとんど会員の希望だけをもとに相手を見つけようとした。会員はパートナーに求める特徴を調査票に記入して申告する。たとえば、ある男性の希望が、長身のブロンド女性で大卒、子どもなし、だとしたら、オンラインデート会社はこの条件にあてはまる全員を男性に紹介した。だが、まもなく、これではうまくいかないと会社は気づいた。二〇〇八年、マッチ・ドットコムは新しい〝アルゴリズム主任〟としてアマーナス・トンブレを雇った。トンブレがまず取りかかったのは、マッチ・ドットコムのアルゴリズムによれば完璧な相性のカップルが、初デートでダメになることが多いのはなぜか、その理由を突きとめることだった。データを探るうちに、彼は驚くべき事実を発見した。会員が求めているという相手のタイプが、実際に関心のあるタイプと一致していなかったのだ。

トンブレがそのことに気づいたのは、会員が恋人に求める特徴として申告した内容（年齢、信仰、髪の色など）と、デートサイトで実際に接触した相手の特徴との食い違いを、単純に分析したことからだ。「人間はしょっちゅう自分のルールを破るものだということがわかってきたんです」彼はスレイターに語った。「閲覧の習慣を観察すると――サイト上の実際の動きから――申告した希望とはぜんぜん違うほうへ進む様子が見てとれます」[10]。

オンラインデートにまつわるスタンダップのネタを書いていたとき、僕もデートサービスのいくつかに、ダミーのアカウントで登録してみた。質問項目とプロセスがどんな感じか、ちょっと知るためだ。僕が見つけたいと申告したのは、少し年下、小柄で黒髪の女性だった。現実に今つきあっている彼女は、友だちの紹介で知りあったのだが、二つ年上で身長は同じくらい――わかったよ、ちょっと向こうのほうが高い――そして髪はブロンドだ。僕がオンラインデートのプロフィールに設定した条件だと、彼女は通らないだろう。

だが、オンラインデートの主な部分は、このプロセスに費やされる――条件を設定し、大勢のプロフィールを調べ、自分が求めていると思う必須の〝チェックリスト〟を検討する。人々はこうした条件をきわめて真剣に考えている。パートナーになる人の条件は、「犬が好きであること」または「『犬が好きであること』〔邦題『理想の恋人』〕という映画が好きであること」だと宣言する。この映画では、主演のダイアン・レインが離婚したばかりの女性の役で、友だちの勧めでオンラインデートに登録するのだが、相手の条件は「犬が好きであること」とプロフィールに記入する（ウィキペディアのこの映画のページに心から感謝、あらすじを思い出させてくれてありがとう）。

しかし、プロフィールを選り分けるこうした努力は、実際に役立っているのだろうか？

プロフィールにあれこれ情報を書きこんでも、デート相手を選ぶ際に人々がもっとも頼りにする要素は、見た目なのだ。ラダーの話では、データをあらためて見直したところ、オンラインデートでは行動の九〇パーセントを写真が決めていると推定できるという。

プロフィール写真――なぜ今すぐ子犬を連れて洞窟探検に行かなければならないのか

運命の九〇パーセントが写真の選び方で決まるなんて一大事だ。では、どうすればいいのか？　ラダーは、Okキューピッドでどのような写真がもっとも成功するか、そして成功しないかを調査し、驚くべき発見をした。[11]

まず、女性にとって効果的な写真について考えてみよう。多くの女性（五六パーセント）

正面を向いて笑顔の写真

が、正面を向いた笑顔の写真を選ぶ。だが、それよりも〝カメラに向かって誘いかける〟感じの写真を選んだ九パーセントの女性たちのほうが、わずかに成功率が高いのである。下に例をあげておこう。

さて、こうした結果はさほど驚くにはあたらないが、奇妙なのは男性の場合だ。なんと、笑わず目線を外しているほうが、成功につながりやすい。女性の場合はカメラ目線でないとうまくいかないのに、男性は視線をそらしているほうがずっと効果をあげるのだ。どうもピンとこない。次ページの写真を見てほしい。これがよい写真なのか？　いったい何を見ているのだろう？

さらにラダーが発見したのは、女性にとってもっとも効果的な撮影アングルは、正面からの〝自撮り〟で、ちょっとはにかんだ表情を浮かべ高い角度から撮るのがいいらしい。

カメラに向かって誘いかける写真

笑っていない、視線をそらした写真

「まいったな。俺のキッチンにいるの、アライグマじゃね？」

「僕が見つめているのは弟だ。ちょうど今、ヤツの片脚を食ったところ。砂漠に迷いこんで、三週間も飲まず食わずだったんだ。あとは、写真やギターも好きだよ」

「この橋の前で写真を撮ってくれ――うわ、あれ蜂じゃない？早く撮って！　ボク、蜂毒アレルギーなんだよ！」

プロフィールに目を通すと、人々が選ぶ写真の傾向が見えてきた――友だちと飲み歩いている写真、山などの屋外写真。ラダーのデータによれば、女性に飛びぬけて効果的なのは、高い角度からの自撮り写真。次がベッドでの写真、そしてアウトドアと旅行の写真。もっとも効果が低いのは、飲酒の写真と、動物といっしょにポーズをとっている写真だ。

不思議なことに、男性の場合もっとも効果的なのは、動物といっしょの写真だという。次が筋肉ムキムキの写真（腹筋が割れている様子など）、続いて、何か面白いことをしている写真。もっとも効果が薄いのは、アウトドア、飲酒、旅行の写真だ。

だが、僕が何よりも興味をそそられたのは、どんな写真がもっとも良好な会話

につながったかというデータだった。〝谷間写真〟の女性たちは、新たに受ける月あたりのアプローチ数が平均より四九パーセント多い一方、いちばん会話に結びつきやすかったのは、興味深いことをしている写真だった。顔が見えなくてもかまわない場合もあった。スキューバダイビング中に親指を立てている男性。不毛の砂漠に立っている女性。ギターを弾く女性。こうした写真

は、その人の興味や暮らしについてさらに深い部分を明らかにし、より意義深い交流につながっていくのだ。

最適なプロフィール写真

つまり、以上のデータに基づけば、答えは明らかだ。女性なら、高い角度からの自撮りで、胸の谷間が見える写真。水中にもぐり、埋められた宝のそばにいるところがいい。

男性なら、子犬を抱いて洞窟を探検している写真を撮ろう。

メッセージ作戦

こうして相手があなたの写真に興味をもったとしよう。さて、次は？　メッセージのやりとりが始まるわけだ。

携帯メールと同じく、デートサイトで通信するときも、ありとあらゆる戦略が使われている。ただ、ＳＭＳと違って、デートサイトのメッセージには、どうすれば効果が上がるか、実際のデータがある。

ラダーによると、返信をもらえる率がもっとも高いのは、四〇〜六〇文字のメッセージだという。また、メッセージ作成に費やす時間の長さを分析してわかったこともある。もっとも返信率の高いメッセージは、いずれも作成に二分ぐらいしか、かかっていなかった。考えすぎて書くのに時間がかかると、返信率が下がってしまう。

アーパンのようなコピー＆ペースト作戦はどうなのだろう？　アーパンのメッセージの問題点は、コピペであることが歴然としていて、思いやりも私的な感じも伝わらないことだ。本当に有効だと思われるのは、時間をかけて、心からのメッセージに見えるものを書き、それを一斉に送ることだ。ある男性が四二人に送ったメッセージを紹介しよう。

僕も喫煙者です。五月にバックパックで旅をしていたときに吸うようになったんだ。以前は

酒を飲んでいたけど、今は目が覚めるとタバコを吸いたくなる。ときどき広告代理店で働いていればよかったって思う。近代美術館のル・コルビュジエ展は見た？　なかなか面白そうだよ。先週モントリオールで、フランク・ゲーリーの展覧会を見たところ。彼はオハイオの精神病院を設計するのに、コンピューターモデリングを使ったんだって。

一見すると、ちょっとでたらめに感じられる。あまりにさまざまな関心事についてしゃべりすぎているからだ。しかし、全部を頭に入れれば、この男性が求めているのは、美術に興味があってタバコを吸う女性だということがよくわかる。そして、彼が一斉に送ったメッセージは、読んだ女性のうち少なくとも五人の共感を呼ぶぐらい具体的だった。というのも、それが返信をよこした人数だったからだ。

アルゴリズム

赤い糸の相手探しを手伝ってくれるはずのアルゴリズムは、どうなっているのだろうか？　オンラインデート利用者がパートナー候補者の海をかき分けていくとき、アルゴリズムが助けになっているのは確かだし、そういう意味でおそらく役立ってはいるのだろう。だが、それを動かすための計算をしている設計者たちでさえ、完璧とはほど遠いと認めている。

二〇一二年、ノースウェスタン大学のイーライ・フィンケル率いる心理学教授五名のチームが「サイコロジカル・サイエンス・イン・ザ・パブリック・インタレスト」誌に論文を発表し、どんなアルゴリズムも、ふたりの人間が似合いのカップルになるかどうか、前もって予測することはできない、と唱えた。「数学アルゴリズムが有効だとする紹介サイトの主張を裏づける有力な証拠はない」としている。サイトがみずから設定した任務――このうえなく相性がよい相手を選び出すこと――は「事実上、不可能」と結論づけた。[12]

フィンケルのチームの説によると、オンラインデートのほとんどは、プロフィールで見られる類の情報が、その人がよいパートナーになるかどうか判断するうえで本当に役立つという誤った概念に基づいている。だが、プロフィールに出ている情報――職業、年収、信仰、政治的見解、好きなテレビ番組など――は、その人について知りうる唯一の情報なので、つい過大評価してしまう。実際、そのせいで、誰とデートするか決める際に、非常にまずい選択をするはめになりかねない。

「オンラインデートのプロフィールを通してパートナー候補と出会うことは、つまり、三次元の人間を二次元のディスプレイに情報として押しこめることである」論文にはそう記され、さらにこう続く。「そのため、多数のパートナー候補から選ぶ際、うっかりと軽率な判断をすることにもなりかねない」

コロンビア大学の教授で選択の研究を専門にしているシーナ・アイエンガーが、別の観点から説明してくれた。「人間は商品ではありません」彼女はずばりといった。「けれども、たとえば、『身長一八〇センチで、ああでこうでこんなタイプの男性がいいの』などというとき、実質上、人を商品のように扱っているのです」

鋭い指摘だが、そうはいっても、オンラインデートを利用する人は、何らかの方法で候補者を絞らざるを得ないのだ。そして、たとえば、居住地と職業で選ぶのが妥当だと考えるなら、近くに住んでいる医者を選ぶことが浅薄だと誰にいえるだろうか。オンラインデートのサイトが、お互いを商品のように扱わせる場合があるというアイエンガーの説を認めるとしても、じゃあ、ほかにどんな手があるのだろう。

生物人類学者でマッチ・ドットコムの相談役であるヘレン・フィッシャーによると、その答えは、与えられたプロフィールを深読みしすぎないこと、そして初デート前にオンラインで長々とやりとりしたくなる気持ちを抑えることだという。フィッシャーの考えでは、その相手との未来があるかどうかを決める手段は、ただ一つ。じかに会うことだ。それ以外に、相手が実際にどんな人物か、ふたりがビビッとくるかどうか、感じとる手段はない。

「脳は最高のアルゴリズムです」フィッシャーは論じる。「ふさわしい相手を見つけることに関して、人間の脳にできることを代行できるデートサービスは、地球上に存在しません」

おそらくこれがいちばん僕の心に響いた意見だ。今の恋人の好きなところを検索しろといわれても、どうすればいいかわからない。ちゃんと分類できるようなものではないのだ。

僕が心から誰かに恋したとき、それは相手がこんな外見だからとか、このテレビ番組のファンだからとか、この料理が好きだからとか、そんな理由ではなかった。それよりも、その人といっしょにその番組を見たとき、その料理を食べたとき、ものすごく楽しかったからなんだ。

なぜかって？　理由は言葉にできない。

だからといって僕がオンラインデートに懐疑的だというわけではない。それどころか、これまで調査をしてきて、何百万もの人たちが、一夜限りの関係にしろ、結婚して子どもをもつにしろ、自分の求めるものを見つけるために、オンラインデートを利用してきたのだということがよくわかった。だが、この調査によって、もう一つわかったことがある。それは、あまりに多くの人たちが、オンラインデートのうち、〝デート〟の部分ではなく、〝オンライン〟のほうに時間をかけすぎているということだ。フィッシャーは、長年にわたり人々の行動を観察し、またマッチ・ドットコムの顧問をつとめてきた結果、同じような結論に達した。だからこそ、オンラインデート利用者に、メッセージのやりとりは最小限にして、できるだけ早く現実の世界で相手と会うように勧めているのだ。

「それもあるから、こういう仕組みを〝デートサービス〟と呼ぶのは間違っているんです」と彼女はいう。「むしろ〝紹介サービス〟と呼ぶべきなんです。出かけていって、相手に直接会えるようにしてくれるのですから」

『*Love at First Click*』の著者で、オンラインデートに関するコンサルタントもつとめるローリー・デイヴィスは、直接会うまでに交換するメールを多くても六通までにするよう、クライアントにアドバイスしている。それだけやりとりすれば、相手とデートする気になるかどうか判断するために、じゅうぶんな情報が得られるはずだからだ。たいていの場合、そこから先はすべて、避けられないことを先延ばしにしているにすぎない。

「オンラインデートは、より多くの人に会うためのただの手段なんです」と彼女はいう。「実際にデートする場ではありません」

このアドバイスには納得がいかないという人もいる。特に女性はそうだ。インターネットはあまりにも急速につながりを進めてしまうので、安全面の不安から、相手のことが本当によくわかったと思えるまで、出かけていってじかに会う気になれないのだ。グループインタビュー参加者の多くが、パートナー候補と実際には会わないまま、メールのやりとりを何週間もすると話していた。ニューヨークのキムという女性は、Ｏｋキューピッドで知りあった男性との通信内容を見せてくれた。二〇分のあいだに、何度かメッセージをやりとりしただけでお茶に誘ってきたので、そこで終わりにしたという。

ふたりはインスタントメッセージで愉快に会話していた。キムが、オンラインで人と知りあってきまりが悪いわ、と書いた。男性が返信してきた。「僕はオンラインなんかより、じかにきみとつながりをもちたいな。きみと同じく、こんなの〝きまりが悪い〟からね」

これを読んでキムはものすごく心配になった。

「あいにくわたし、コーヒーは飲まないの」と彼女は書いた。だがそれから、本当の不安を明かした。「実は、あなたが連続殺人犯じゃないかどうか、わからないから」

男性はすぐに返事をよこした。「こっちも、きみがそうじゃないって確信はないけど、でもそのほうがワクワクしない？　もしきみが連続殺人犯でも、僕は喜んで冒険するよ。ココアはどう？」

それほどたいしたことではなさそうに思える。彼女は人と出会ってデートするためにデートサイトを利用しているのだから。公共の場でココアを飲むだけの話だ。相手はなにも、「トゥーノッチ通りのベストバイの店裏にある大型ごみ箱あたりで会おうか」といっているわけではない。

しかしキムは受けいれなかった。そして終わりにしてしまった。「さあね。メッセージをたくさんもらえばもらうほど、相手に対するよい感情が増すの。デートで失敗したくはないでしょう。だから、メッセージをやりとりして、その一つひとつでちゃんとつながっていれば、相手への好感が増して、ふたりの仲がうまくいく可能性が高くなるのよ」

キムの意見に共感する女性はきっと多いだろう。実際、世間には女性を悩ませる不気味な男がいるから、こうした考え方を責めるわけにもいかない。だが、ヘレン・フィッシャーのいうように、いくらメッセージをやりとりしても、心の奥底の不安が和らぐわけではない。結局のところ、直接会うことが、その先うまくいくかどうかを知るための唯一の方法なのだ。

スワイプ ――ティンダーとその先にあるもの

こういう本を書くときに厄介なのは、書き終えてしまってから状況がどう変わるか、見当がつかないことだ。だが、とにかく今の時点では、ティンダーのようなスマートフォンのデートアプリほど、急成長しているものはないと思われる。

従来のオンラインデートは利用者にとって手間のかかるものだったが、それに反して、スマホのデートアプリはたいていもっと簡単に、そしてすばやく作動できる。現時点では、ティンダーが業界のトップを独走中で、模倣者も生まれている。ここではティンダーを例にして、この現象全体を論じたいと思う。

ティンダーへの登録はほとんど瞬時にできる。アプリをダウンロードして、フェイスブックのアカウントから入るだけだ。アンケートもアルゴリズムもない。サインインしたとたん、ティンダーがあなたのGPSの位置情報を使って、近くにいる会員を探し、パートナー候補の写真を無限に思えるほどたくさん見せてくれる。写真を一枚ずつパッと見て、関心をもったら右にスワイプし、そうでなければ左にスワイプする。プロフィールをもっと読んだり、基本的な情報を見たりすることもできるが、会員が基本的におこなうのは、誰かの写真を見て、好きかどうかによって、さっさっと左右にスワイプすることだ。

あなたと別の会員がお互いに関心をもったら、つまりお互いに相手の顔を右にスワイプしたら、成立したことをアプリが知らせてくる。するとアプリ内で個別にメッセージのやりとりができるようになり、デートでもそれ以上でもなんでも約束すればいい。二〇一四年一〇月までに、ティンダーのアプリ会員は五〇

〇〇万人以上、企業価値は七億五〇〇〇万ドルから一〇億ドルと見られる。

ティンダーは二〇一一年、南カリフォルニア大学の学生、ショーン・ラッドとジャスティン・メイティーンの思いつきから始まった。ふたりは、「オンラインデートっぽくないオンラインデート体験」を生み出そうと試みたのだった。トランプを見本にしてインターフェイスをつくり、ティンダーをゲーム仕立てにして、利用者がひとりでも仲間同士でも遊べるものにしたいと考えた。コストがかからず使いやすく、うまくすれば、数時間のうちに誰かとくっつくことも夢ではない――ピリピリして神経をすり減らすような運命の相手探しとは正反対のものだ。「何かを求めてティンダーに参加する人なんていません」ラッドは「タイム」誌で語っている。[13]「楽しみたいから参加するんです」そして、名前がショーン・ラッドだけに、そう語ったあと、カッコいいサングラスをサッとかけて、スケートボードに飛び乗り、猛スピードで去っていったことだろう。フェイスブックと同じく、ティンダーも大学生まれである。だが、フェイスブックがアイビーリーグで始まったのに対し、ティンダーはUSCやUCLAといった有名な〝お遊び学校〟をターゲットにした。

ちなみに、多くのインタビューで、メイティーンはパーティー企画者としての経歴をもっとされているが、履歴書の項目としてはなんだかバカげている。

「あなたはこのポジションに向いていますか?」

「ええ、私はパーティー企画でかなりの経験を積んでますからね。約束しますよ、このパーティーを始められるって」

メイティーンはティンダーを流行らせるために、これまでのような広告ではなく、社会的に影響力をもつ人に使ってもらい、口コミで広めたいと考えた。みずからかけ合って、モデル、女子学生クラブのお嬢様、エリート大学出身の社長たちといった、オンラインデートなど必要のない人々の契約を取りつけた。メイティーンと、ティンダーの当時のマーケティング担当副社長ホイットニー・ウルフは、各校の学生社交クラブを一つひとつ訪ねて、スマホによる出会いの福音を説いてまわった。二〇一二年九月にティンダーが創設されてから――USCで派手な祝賀会が開かれた――このアプリはたちまち人気になり、野火のようにキャンパス中に広がっていった。数週間のうちに、何千人ものユーザーが登録し、その九〇パーセントが一八歳から二四歳だった。

しばらくはティンダーが、長年にわたりオンラインデート業界に立ちはだかっていた難問を解決したと見られた。どうやってGrindr《グリンダー》の異性愛者版をつくるかという問題である。

グリンダーは、二〇〇九年に始まるや、ゲイのコミュニティをとりこにした画期的なアプリで、数年のうちに一〇〇万人を超える人々が日々利用するようになった。ティンダーの先駆者として、グリンダーは最初にメジャーになったデートサイトで、写真つきの簡単なプロフィールとGPSを使って、人を引きあわせるスマホアプリだった。

ティンダーを知るより何年も前に、ゲイの友人とスシ・レストランにいたとき、彼がグリンダーのアプリを起動して、ハンサムな男性のプロフィールを見せてきたのでギョッとしたことがある。「この彼が五メートル先にいるんですって。わあ、大変。ホラ、すぐそこにいる」友人はそういって、カウンター席に座っている男性を指さした。

　実に衝撃的だったが、各社はそれを異性愛の世界にもちこもうと躍起になった。これまでの常識からいって、異性愛の女性はグリンダーのようなアプリは決して利用しない。安全に対する不安もあるし、行きずりの相手とのセックスにさほど関心がないという理由もある。グリンダーのチームは、Blendr《ブレンダー》というアプリでこれを試みたが、流行らなかった。だが、ティンダーには、グリンダーに——ついでにいうならブレンダーにも——なかった重要な特徴が加えられた。〝相互関心条件〟だ。これは僕が今つくりだした用語だが、ティンダーでは、お互いに相手を右にスワイプして関心を示さなければ、つながることはできないのだ。

　オンラインデートに関するここまでの話からすれば、その魅力は明らかだ。たとえばアーパン。長いメッセージを書いたあげく、外見でフラれるという心配は無用になる。メッセージを送る対象は、すでにこちらに関心を示している相手だけなのだから。逆に、女性にとっては、相手を右にスワイプしなければ、煩わされることはない。これで女性たちはもう、無数のダメ男たちに悩まされずに済むようになった。自分が関わろうと決めた相手とだけ関われればいいのだ。この変更

だけでもじゅうぶんな改善なので、二〇一三年一〇月、「ニューヨーク」誌は、ティンダーが女性にとってのオンラインデートの問題を解決した、と宣言した。[14]

また、われらがデレク流に、人のプロフィールを排除していくストレスからも解放される。顔をスワイプするだけでいい。まるでゲームだ。ユーザー体験としてこの点はポイントが高い。

会員登録がきわめて簡単であることも、大変革をもたらした。Ｏｋキューピッドをちょっとのぞいてみようとして、ダミーのアカウントをつくったときのことを思い出す。ものすごく時間がかかった。質問項目があまりにも多いので、しまいには助手に答えさせたほどだ。まるで雑用をやらされている気分だった。一方、ティンダーについて調べたときは、タクシーに乗っていたのだが、フェイスブックのアカウントからすぐに会員になれた。わずか数秒のうちに、スワイプを始めて、友だちといっしょにアプリを楽しんでいた。写真一枚ごとに、その人物について友だちとふたりで意見を交わし、ほかにも写真がないか調べてみたりした。たまに、会員が共通の友人だったりして、するとまた話に花が咲くのだった。

否定しようがなかった。ティンダーには妙に面白くてゲームめいたところがある。どのグループインタビュー参加者の人たちも、このアプリがはじめて出現したとき、楽しみのために、あるいはジョークとして登録し、仲間うちでいっしょにプロフィールをスワイプしたという。みんながいうには、このアプリを使うのは実に楽しくて、人とつながる感じがある。ほかのオンラインデートのサイトについて話したときには、まったく聞かれなかった言葉だ。

だが、一方で、ティンダーに対する人々の態度は奇妙である。二〇一三年の終わり頃、ティンダーについて話を聞きはじめたとき、デートや、ましてセックスのために参加していると答える人はいなかった。おもしろ半分で登録したという。まるでパーティーのゲームのような扱いなのだ。本気で利用している人はみな、基本的にセックスの相手探しのアプリとして使っていた。二〇一三年一二月に開いたグループインタビューでは、こんな声が多く聞かれた。

こんにちは、わたしはリーナ、二三歳です。ティンダーに登録したのは、えっと、三カ月前で、酔っぱらっていて友だちといっしょだったからなの。

どうも、ジェーンです。二四歳。わたしも同じような感じでティンダーに入ったの。パーティーで仲間といっしょにいたとき、みんなが「最高に面白いゲームだよ。これで遊ぼう」って。だからダウンロードしたわけ。そうしたら知り合いだらけだった。だから削除しちゃった。

実際にティンダーを利用していると認めた人々は、ちょっと恥ずかしく感じていた。「ティンダーで出会った男性と結婚するつもりはないわ」とある女性はいった。「ええ、ティンダーってすごく軽薄なナンパって感じ」と別の女性もいった。

もしティンダーで本当に好きな人と出会ったらどうするか、訊いてみた。ある女性は、ティンダーで知りあったなんて、きまり悪くてとてもいえない、と答えた。ほかのサイト、たとえばJデートなら大丈夫なのに、と。

だが、二〇一四年の終わりまでに、ティンダーに対する人々の態度はがらりと変わった。特に、真っ先に人気が出た大都市ではそうだった。ニューヨークとロサンゼルスで話をした人々は、ティンダーをデートに行くためのアプリとして使っていた。ただのセックスアプリではない。ゲームでもない。結びつきとデートを求めて、人と会うために利用しているのだ。認識の変化は目を見張るほどだった。

二〇一四年一〇月、掲示板の参加者に、ティンダーやその他のスワイプ・アプリでの体験を教えてほしいと投げかけた。もちろん、酔っぱらってナンパ目的でサイトを利用したという人の話も届いたが、次のような話も多く聞かれた。

わたしはアトランタに住んでて、ちょうどドラゴン・コン〔コスプレの祭典〕があったので、浮かれ騒ぐにはぴったりの機会だと思ったの。親友といっしょにサイトを使いはじめて、不気味なメッセージやプロフィールがあったらスクリーンショットで送りっこしたわ。そのうち、まともでステキな男性たちとの出会いがあって、同じ趣味だったり、楽しい会話ができたりして、ぐんと真剣に考えるようになったの……。

実は今、ティンダーで出会った人とつきあってるの。お互いに相手をひとりに絞ってから、一カ月ぐらいになるかしら。うまくいってるし、彼のことがすごく好きで、とても幸せよ。ほかの人とはやりとりしないってふたりで決めたあと、ティンダーから退会したわ。

得られた回答によれば、おもしろ半分にティンダーを始めた人の多くが、どうやら予想以上に意義のあるものを見つけることになったようだ。ある男性はこう書いてきた。

はじめてまともにティンダーを利用したとき、今は恋人になっている女性と出会った。特に真剣なつきあいを求めてたわけじゃなくて、ただなんとなく入ったんだ。なんていうか、ティンダーに悪いことしたって気がするよ。だって、結局ただのナンパに終わらず、その彼女と本気でつきあうようになったんだからね。夏のはじめにデートして以来、アプリは利用していないよ。

ティンダーは明らかに人々の役に立っている。立ち上げからわずか二年のうちに、二〇億回もスワイプがおこなわれ、一日に一二〇〇万組が出会っている。それも大学のキャンパスだけではない。現在、利用者の平均年齢は二七歳で、たちまち全世界で流行しはじめている。[15] 二〇一四年の終わり頃、ティンダーが発表したところによると、平均的な利用者は、日に一一回ログオンし、一度のセッションに約七分を費やしている。つまり、毎日一時間一七分をティンダーに使っていることになる。何かをするのにかける時間としては驚くべき長さだし、小さな画面上で指を動かすのだからなおさらだ。

模倣版も出ている。Ｏｋキューピッドは会員に向けて、スワイプ式のアプリを開発した。ティンダー方式で出会わせるHinge《ヒンジ》というアプリも人気があるが、利用者はフェイスブック上に共通の友人が必要だ〔二〇一六年七月現在、日本未対応〕。ほかにも新しいアプリが生まれつつあるに違いない。

ティンダーのようなスワイプ・アプリこそ、オンラインデートの向かう先に違いないと思える。おかしなもので、こうしたアプリは、今の時代にシングルでいることの意味について、妙な感慨をもたせるようにもなっている。取材で出会った、パートナーのいる三〇代から四〇代の人々は、〝ティンダーの時代〟にシングル生活を経験できなかったことを残念がっていた。ティンダーはまさに、いつでも望むときに素敵な相手と出会ったり、デートしたり、関係をもったりするチャンスを象徴している。

本当にそうなのか？　ある意味ではそうだろう。ティンダーは、恋愛のための心ときめくすばらしい機会を一瞬にして与えてくれるという点で、魔法のようなものといえる。思えばほんの二〇年前は、新聞広告なんか見てたっていうのに！

取材したある男性は、ティンダーをどうしてもやめられなくなったという。膨大な数のシングル女性たちにとつぜん近づけるようになって、すっかりハマってしまったのだ。「文字どおり中毒になっちゃって」と彼は語った。「削除しなければなりませんでした」別の女性もこう振り返る。ティンダーに熱中しすぎて、デートに向かう途中も、その相手とうまくいかなかったとき、ほかにもっと素敵な男性に会えるのではないかと、スワイプして探すほどだったという。

だが、どのデートサービスもそうだが、スワイプ式アプリにも落とし穴がある。利用者は楽しい時間を過ごしたい魅力的なシングルだけではなく、ゲスな連中もたくさんいるのだ。共通の関心があるかと思いきや、「ストレート・ホワイトボーイズ・テクスティング」に取りあげられたティンダー上の会話を見ると、不快な発言をする連中があふれている。また、多くの男性が、トラブルメーカーの女性や、ひどい場合は金目当ての女や売春婦におびきよせられた経験をもつ。

スワイプ式アプリに対する最大の批判は、外見的な魅力だけで判断するため、オンラインデート利用者のあいだに広がる浅薄さをティンダーなどが象徴しているということだ（「ティンダーは史上もっとも底の浅いアプリか？」と「ガーディアン」紙が問いかけている[16]）。

だが、それはあまりにもひねくれた見方だと思う。バーやパーティー会場に入ったとき、当てにできるのは人の顔だけで、勇気を出して話しかけるかどうかを決めるにも、それしか判断材料がないということがよくある。スワイプ式アプリも、顔がたくさん並んでいて、右にスワイプすれば話しかけることができる、巨大なパーティーにすぎないのではないだろうか。

僕が今つきあっている彼女の場合、まず顔を見て、それから近づいていった。くわしいプロフィールも、すばらしいアルゴリズムも、もちあわせていなかった。ただ彼女の顔を見て、おしゃべりを始めて、そしてうまくいっただけだ。そういう経験は、ティンダーでスワイプすることと、そんなに違うだろうか？

「ティンダーはすばらしいものだと思います」デートについて研究している人類学者のヘレン・

フィッシャーはいう。「ティンダーがやっているのは、近くにいる誰かを見せることだけ。すると、優れたアルゴリズムを備えた脳がカチカチと作動して、目にしている対象をチェックするわけです」

そういう意味でティンダーは、我々の祖父母の世代がやっていたこととさほど違わないし、僕の友人がオンラインデートを利用して近所に住むユダヤ人の女性を探したのとも似ている。無限の可能性がある世界で、近くにいて魅力を感じる人たちに対象を絞っただけなのだ。

テクノロジーを利用して恋愛の自由を得る

無限の可能性がある世界で暮らしていない人々にとって、デジタル技術は別の恩恵をもたらしている。世界でもきわめて独特なデート文化をもつ人たちに話を聞くまで、そこには考えが至らなかった。取材したのはカタールだ。

その恩恵とは、プライバシーである。開かれていない社会において、電話とインターネットの秘密の世界が、シングルの人々にある程度の自由と選択権を与えている。

いうまでもなく、カタールのシングル事情は、よその国で見られる状況とは違っている。信心深い伝統的な家庭に生まれた者は、気軽なデートなど断じて許されない。若者が公の場でイチャついたりしたら、ものすごく厄介なことになる。特に若い女性にとっては危険きわまりない。結婚まで純潔であることを求められているので、男性を誘っているところなど見られようものなら、自分も親も面目丸つぶれとなる恐れがある。

こんなふうに警告しているオンラインガイドもある。「人前で愛情を表現してはいけません。キスやハグ、そして場所によっては手をつなぐことも……刑務所行きとなります」[17]

ずいぶんきびしい監獄物語だ。

「やあ、きみ、何で入ったの？」

「公園で手をつないで五年くらった」

「きみは？」

「終身刑……キスをしたせいで」

カタールでは、カジュアルなデートが禁じられているため、家族——主に母親——が仲介役をつとめる。結婚はお膳立てされるもので、取材した女性たちにとって、結婚の動機は、老人施設で取材したアメリカのおばあさんたちの言葉を妙に思い出させるものだった。

二七歳のアミラが話してくれた。「ここでの結婚について、何よりも理解する必要があるのは、契約を結ぶのがたいてい当人同士ではないということです。家庭同士、一族同士なんです」

「なんていうか、結婚シーズンみたいなものがあって」とアミラ。「最初のふるい分けをするのは母親です。男の子の母親が一軒ごとに訪ねていく。家庭環境と教育レベルが釣りあう女性を探すんです。一族の運命にふさわしい結婚を探すんですね」

「結婚について知っておくべきことがもう一つ」アミラは続けた。「若い娘にとって、結婚は魅力なんです。家を出て自由を手に入れたいから」いっしょにビデオチャットに参加していた、アミラの友だちで二六歳の弁護士リーラもうなずいた。「大学を卒業してドーハに戻ってきたとき、アミラの家に遊びにいったんです」とリーラが話しだした。「母が電話をかけてきて、こういうの。『もうじき九時よ、帰ってきなさい』って。わたしが出かけるとかならず電話してきて、どこにいるか詮索して、いつ帰るか訊くんです。ショッピングに行けば、『やめなさい。うちにはちゃんとメイドがいるんだから！』って。友だちといっしょだと、『帰ってきなさい！』親はとにかくわたしを出かけさせたくなかったんです」

大学を卒業すると、リーラはここまで親に監視されることに耐えられなくなった。「いつもいつも家族といっしょに家にいるなんて嫌でした」と彼女はいう。「自由を取りもどしたかった。でも、カタールでは、伝統的な家庭に生まれた女性はひとり暮らしができないんです。親の家を出るには、結婚するか死ぬかしか道はないの」

僕はリーラに、別の点を指摘した。「結婚するか死ぬか」は、ラップ歌手としてのデビューアルバムにぴったりのタイトルになるよ、って。

とうとうリーラは結婚しようと決意した。嫁ぐ気持ちになったと母親に伝えると、ふさわしい男性をすぐさま見つけてきた。電話で話し、お互いの家族といっしょに何度か訪問しあったが、ふたりだけで過ごすことはなかった。リーラは神経をとがらせていた。それでも、「本当に愛されている」という印象を受けていた。それ以上に重要だったのは「彼はわたしが自分自身の人生をスタートさせる機会を与えてくれる」ということだった。

だが、残念ながら、彼が与えてくれた新しい人生は、前よりそれほどよくもなかった。夫は基本的に、彼女の両親と同じくらい支配的だった。彼女が断らずに出かけると、夫は激怒した。リーラは現代的で自立した妻になるつもりだったのに、夫が望んでいたのは昔ながらの奥さんだった。リーラにとっても夫にとっても、幸せな状況ではなく、そしてある日、帰宅した夫が離婚したいと切りだした。「わたしが決めたわけではないの」とリーラはいった。「それに、簡単じゃなかったわ。両親は結論を先延ばしにした――わたしが離婚届にサインするのを許さなかったの。ヨリが戻るかもしれないと考えていたのよ。わたしは実家に戻らなければならなかった。また門限にしばられた。父の気分しだいだけど、だいたい一一時頃ね。どこに行くか知らせなきゃいけなかったし、しょっちゅう電話をかけてきたわ」

リーラはにっちもさっちもいかなくなった。夫は彼女が戻ることを望んでいない。両親は娘を離婚させたくないので、別の男性を見つける手助けをしようとしない。「それで、実は、親が町の外へ出かける機会を待って、裁判所に行き、こっそり離婚したの」彼女は打ち明けてくれた。「親はカンカンになって、わたしをほとんど外出禁止にしたわ。何カ月も自宅軟禁状態だった。今は、前の夫が再婚することになったので、うちの親も諦めがついたみたい」

外出禁止だって？　僕なんて、真っ赤なレースカーみたいな形のベッドに寝ていた頃以来、親から外出禁止にされたことなんてない。そんなに厳しい管理のもとに置かれるなんて、想像もつかない。そこから逃げ出すためなら、何だってやるだろう――カタールの人たちも同じだ。

カタールの女性たちが家に閉じこめられていると感じ、大人としての基本的な自由を与えられていないという話は、ニューヨークの高齢者施設で取材したアメリカのおばあさんたちの話と、驚くほど似ていた。そして、アメリカ人と同じく、カタールの女性たちにとっても、結婚は逃げ道を与えてくれるものだった。だが、現代のカタール人には、自由を味わうための方法がほかにもある。デジタル技術だ。

スマホやソーシャルメディア、インターネットの流行にともない、カタールの若者たちはこうした抑圧的なルールに逆らうべく、デジタル技術を活用している。たとえば、公の場で異性と交流することは許されていないので、カタールの人たちはインターネットを使って、内輪だけの小さなパーティーを開いている。取材した若い女性のひとりによると、ホテルはカタール文化の重要な部分を占める。バーやレストランがあるからだ。そして、最近では、仲間うちでホテルの一室に集まる知らせをグループメッセージで受けとることも珍しくないという。ホテルのロビーに着いたら、女性はブルカに包まれているおかげで素性を知られることなく進み、どこでも目指す先へ行くことができる。古いものであるブルカと、新しいものであるインターネットを混ぜあわせることで、カタールの若者たちは、つながるための独自の斬新な方法を生み出したのだ。

カタール人はインターネットの恩恵をすべて受けているわけではない。オンラインデートの普及はまだまだだ。インスタグラムは広まりつつあるが、少しでも私的な写真を撮ることに眉をひそめる文化なので、かわりに外で見た興味深いものを撮影して共有しあう。「ここは昔から光を避ける社会なんです」インタビューしたカタール人のひとりはそんな言い方をした。「公の場にいる自分の記録を残したがりません。クラブやショッピングモールに出かけたときは特にそうです。家族がカンカンになるかもしれませんから」そうした写真の記録は、大問題になる可能性があるのだ。

そこに登場したのがスナップチャットだ。このアプリは、送った写真が数秒で相手の画面から消える約束になっている。そのおかげで、カタールのシングルの若者たちは、電話の世界でこっそりと冒険している。このアプリがなければとても考えられなかったことだ。

「みんな実にさまざまな写真を送ってるわ。きわどいものから何気ないものまで」ある若い女性が教えてくれた。「この技術のおかげで、みんな度胸がすわってきたみたい。つながる手段ができたのね」もちろん、たまにはうまくいかない場合もある。情けないことだが、「ときには男性が女性の名誉を傷つけるような写真を［スクリーンショットで］撮って、それを使ってゆすろうとする場合もある」らしい。だが、全体として、我々の会った若者たちいわく、ソーシャルメディアはカタールやアラブ首長国連邦の人々に、出会いと自己表現の新たな手段を与えてくれている。

アラブ首長国連邦のほか多くの場所で、ソーシャルメディアとインターネットは、さまざまな新しい選択の自由を、社会生活と恋愛生活に広めつつある。そして、選択肢が増えることは刺激的だし、ときには心が浮き立つほどだが、かといって、必ずしもそれが人生を楽にしてくれるとはかぎらない。

CHOICE AND OPTIONS

第4章 選択肢は多いほどいいのか

僕の両親は見合い結婚だった。そのことにはいつも興味をかきたてられた。自分はごく日常的なことでさえなかなか決められないので、これほど大事な選択を人に任せるなんて想像もできなかった。そこで父に経緯を話してほしいと頼んでみた。

事のなりゆきは以下のとおり。

父はまず両親に、そろそろ結婚しようと思うと告げた。そこで両親は、近所の三家族と会う手はずを整えた。最初の娘は、父いわく〝ちょっと背が高すぎ〟で、次の娘は〝ちょっと背が低すぎ〟だった。次に僕の母と会った。パッと見てちょうどいい背丈だと推測し(やっとか!)、三〇分ほど話をした。お互いうまくいきそうだと判断し、一週間後にふたりは結婚した。

それから三五年後の今もいっしょにいる。しかも幸せそうだ――僕の知りあいのお年寄りで、恋愛結婚したほとんどの人たちよりも、おそらく幸せだろう。

父はそんなふうにして、一生をともに送る相手を決めた。何人かに会って、身長を見きわめ、三〇分話したあとで、そのひとりに決めたというわけだ。

まるで、MTVのデート番組「ネクスト」に出て、母と結婚したみたいなものだ。

一方、そこまで重要な決断ではないけれど、僕の場合を考えてみようか。たとえば、二〇一四年の春のツアーでシアトルに行き、どこで夕食をとるか決めなければならなかったときのことはどうだろう。

まず、友だち四人にメール。いずれも旅行と外食の達人で、食べ物を評価させたら間違いなく当てにできる連中だ。彼らのオススメを待つあいだ、〈イーター〉というウェブサイトを開き、町の新しくて美味しいレストランが載っている〈ヒートマップ〉をチェック。また、シアトルの主要なレストラン三八店のリスト、〈イーター38〉もチェックした。それから〈イェルプ〉のレビューを調べて、みんなの意見を確認した。さらに「GQ」誌によるシアトルのオンラインガイドも開いてみた。これらのリコメンドをすべて参考にしてから、検索条件を絞りこみ、それからレストランのウェブサイトでメニューを調べた。

この時点で、おいしさと店の場所、おなかが欲しているものによって、すべての選択肢をふるいにかけた。

さんざん熟考したあげく、やっと選んだ。〈イル・コルヴォ〉にしよう。美味しいイタリアンの店で、すごくよさそうだ。つくりたての生パスタ。一日三種類しか出さないんだって。ああ、ワクワクする。

あいにく、店は閉まっていた。ランチしかやっていなかったのだ。

このときにはすでに時間切れ。ショーの出演に間に合わないから、結局、ピーナッツバターとバナナのサンドイッチをバスのなかで食べるはめになった。*

＊　筆者註・翌日、〈イル・コルヴォ〉でランチを食べたが、実に美味しかった。

僕はさまざまな決断をするとき、ついこんなふうに厳密になってしまう。どこで食べるか、どこへ旅行するか、そして何かを買うときも、自分が確実に〝最高〟のものを得られるよう、とことん調査しなければ気が済まないのだ。

だが、こうした「最高でなくちゃ」という考え方にげんなりすることもある。僕だって、適当によさそうな店で食事して満足できればいいのにと思う。ところがそうはいかない。問題は、どこかに自分にぴったりの食事があるとわかっていて、それを見つけるためにはとことんリサーチしなければならないということなのだ。

それこそがインターネットである。最高のものを見つける手伝いをしてくれるだけではない。どこかに必ず最高のものがあり、ちゃんと努力すれば見つけられるという考えを植えつけるのだ。一方で、劣ったものもたくさんあり、うっかり選びかねないという不安も。

僕が少なくとも五分から一〇分は調査に費やしたものを、思いつくだけざっと並べてみよう。

・かんきつ類の電動絞り器（到着を待っているところ。選び損ねていませんように。ジュースに果肉はあまり入ってほしくないんだ！）
・剥製（最初はシカかクマを探していたのだが、しまいにパリの美しいペンギンにたどりついた。名前はウィンストンだ）
・次にまとめて見る名作ドラマをどれにするか（「ジ・アメリカンズ」か「ハウス・オブ・カード　野

望の階段」か「オーファン・ブラック　暴走遺伝子」か？　結局——この本を書いていると出版社にいいながら、全部見てしまった）

- ノートパソコン用のカバン
- ノートパソコン用の保護ケース
- ノートパソコンの使いすぎを止めるために、インターネットをブロックするプログラム
- 美術館（わざわざ出かけていく前に、ネットで展示の様子をのぞいておかなくちゃね）
- ジェットコースター（よく調べれば、恐竜仕様のカッコいいコースターがあるかも！）
- バニラアイスクリーム（ブレイヤーズより高級なのを。アイスクリーム・ファンのコミュでは大変な論争中——その手の掲示板では激しい議論がくり広げられるものだ）

だが、これは僕に限ったことではない。確かに僕はときどきやりすぎるかもしれないが、なんといっても我々は最高のものを求め、それが当然のように手に入る文化のなかで生きているし、今やそうできるだけのテクノロジーも手にしている。考えてみればいい、できるだけ最高のものを追い求めるために捧げられたウェブサイトが、どれほど絶大な人気を誇っているか。レストランを探すなら〈イェルプ〉、旅行するなら〈トリップ・アドバイザー〉、映画を観るなら〈ロッテン・トマト〉と〈メタクリティック〉がある。

二、三〇年前、バニラアイスクリームについて調査したいと思ったら、どうしただろう？　太っちょの友人にいきなり近づき、話題をじわじわとアイスクリームに向けて、意見を聞き出すと

な？　カンベンだね。

昨今では、インターネットが僕にとって太っちょのお友だちだ。それどころか、世界中にとって太っちょのお友だちだ。

〝最高〟の恋人？

最高を求める心理がこれほど意思決定を左右するなら、もちろん恋人探しにも影響するし、長くつきあおうとするならなおさらだ。ある意味、すでに影響は色濃くなっている。思い出してほしい。我々はもはや〝まあまあ婚〟の世代ではない。運命の相手を求めているのだ。そして、たとえそんな相手を見つけても、不満を感じるようになったら離婚してしまう。

もし運命の相手を探しているなら、今こそそれにふさわしいときだ。町にはバーやナイトクラブやレストランといった豊かな環境が整っている。そのうえオンラインデート産業が花盛りだ。さらに、現代の人々はかつてないほど婚期が遅くなり、二〇代を〝成人早期〟として過ごす。その期間はだいたい恋の相手を探し、前の世代には想像もできなかったような経験に費やされる。

大学進学、就職、独立してよその町への引っ越し――成人早期は、新たなときめきの対象と出会いつづける。

ここ数年だけでも、とんでもない進化だ。スーパーのレジに並んで、ハンバーガーのバンズを買うのを待ちながら、ティンダーで六〇人の顔をスワイプできる。僕の父が結婚相手を探すときに会った人数のなんと二〇倍だ。（筆者註・お迷いの方のために。最高のハンバーガー・バンズは、マーティンの店のポテトロールだ。本当だよ！）

こうした現状を考えると、重要な事実を認めざるを得ない。人類の歴史のなかで、今ほど恋の選択肢が多い時代はかつてなかったということだ。

理論上はすばらしいことに違いない。選択肢は多いほどいいはずだから。

しかし、実際にはそう簡単ではないのだ。

スワスモア大学の心理学教授バリー・シュワルツは、選択肢が多すぎることから生じる厄介な問題について、長年研究してきた。

シュワルツの調査と、ほかの社会科学者たちによる多くの研究成果によると、選択肢が多くなるほど満足度が下がり、選択すること自体が難しくなる場合さえあるという。

我が身を振り返り、シアトルで食べたピーナツバターとバナナのみじめなサンドイッチを思うにつけ、この説には共感を覚えた。

選択に関するシュワルツの考え方は、『なぜ選ぶたびに後悔するのか』〔瑞穂のりこ訳、武田ランダムハウスジャパン〕の出版後、よく知られるようになった。だが、それまで長年にわたり、多くの人はその反対だと思いこんでいた。選択肢が多いほど、幸福感をより強く感じやすくなるはずだ、と。

一九五〇年代、この分野の草分け的な学者ハーバート・サイモンが、シュワルツたちに先立って道を開いた。人間はほとんどの場合、最高の選択をすることにそれほど興味がないと示したのだ。サイモンの説によると、人も組織も、〝最高〟を追求するだけの時間、知識、意欲を欠いており、意外にも次善の結果で満足するものだという。最高にはとても手が届かないので、〝サティスファイサー（満足型）〟（〝satisfy〟［満足する］と〝suffice〟［じゅうぶんである］を合わせた造語）になるわけだ。最高のものを得たいと夢見たとしても、普通は〝まあまあ〟で幸せなのだ。

サイモンによれば、人は状況によって〝追求型〟になったり〝満足型〟になったりする。たとえば、えーと、タコスに関していうなら、僕は追求型だ。間違いなく最高のタコスを食べるために、徹底的に調査する。僕にとって、タコス経験には大きな違いがあるからだ。これがもし満足型なら、手頃な屋台を見かけたらそこでタコスを買っておしまいだろう。そんな連中といっしょにタコスを食べるなんてごめんだ。まずいタコスを味わうがいい、負け犬ども。

けれども、車のガソリンを選ぶとなると、僕はむしろ満足型だ。どこでもいいから近くのガソリンスタンドに乗りつけて、いちばん安いガソリンを入れて、さっさと引きあげる。愛車に対して冷たいようだが、ガソリンの質なんて本当にどうでもよくて、性能の違いなんてさっぱりわからない。ごめんよ、プリウス。

さて、わかっている。ほどほどのタコスを選ぶなんて、と僕がゾッとするように、世の中には〝カーキチ〟の人たちがいて、僕のガソリンの選び方に怖気をふるうだろう。それに対してはこういわせてもらおう。ガソリンなんか気にするのはやめちまえ！　普通の善人らしく、美味しいタコスにその金を注ぎこめよ。

しかし、サイモンの時代から、文化、経済、技術が変化したために、選択の背景も変わったのだとシュワルツは指摘する。スマホとインターネットによって、我々の選択肢はもはや、物理的に自分の今いる店にあるものに限られない。あらゆる場所の、あらゆる店にあるものから、選ぶことができるのだ。わずか二、三〇年前と比べても、追求型になる機会は格段に増えている。そして、その新しい選択の背景が、我々が何者であるか、どのように生きるかを変えつつある。

僕自身、クリスマスの飾りに関してそれを実感する。クリスマスの飾りなんて、満足型でいるしかないんじゃないか？　ありきたりのものでいい。丸い飾りや、連なったライトなど。ところが、ちょっとネット検索すると、びっくりするような飾りが見つかる。『バック・トゥ・ザ・フューチャー』のデロリアン、小さな大恐竜（！）、オートバイに乗った変なヤツ。僕はそれをみんな注文した！

こういう類の飾りものは、インターネットによってほかの選択肢があると知るまで、脳裏をかすめさえしなかった。今や、クリスマスの飾りに対する僕の基準はぐんと高まり、最高のものを望むようになったのだ。残念ながら発送が遅れて、注文した飾りのほとんどが一月下旬になって届いたが、二月には僕のツリーは猛烈にすばらしくなった。

ガソリンは別として、最高のものを見つけるために僕が時間を惜しまない対象なんて、思いつきそうもない。僕はほとんどすべてのものに対して追求型だ。ボトル入りのミネラルウォーター？ああ、いい加減なメーカーのを買ってみろよ、水道水をボトルに詰めただけのやつを飲まされるぞ。ポテトチップス？　ラッフルズの？　いや、けっこう。スイート・オニオン・ケトル・チップスにしてくれ。キャンドルだって？　うちのキャンドルがどんなにいい香りがするか、教えてやりたいなぁ。

最高のものを見つけて手に入れるのは実に簡単だから、やってもいいだろう？

では、最高のものを探す人々に、何が起こるのか？　うーん、また悪い知らせだ。シュワルツが、ビジネススクールの教授ふたりとともに、就職をひかえた大学四年生を対象におこなった研究がある。[1]研究者たちは、大学四年生が新しい仕事を志願し、働きはじめるまでの半年にわたって調査した。それから学生たちを、追求型（最高の仕事を探す学生）と満足型（最低限の条件を満たす〝まあまあ〟の仕事を探す学生）に分類した。

そこからわかったことは以下のとおり。だいたいにおいて、追求型は、職探しに時間と労力をたっぷり注ぎこんでいた。より多くのリサーチをおこない、より多くの友人にアドバイスを求め、より多くの面接に出かけた。そのおかげで、よりよい仕事に就いた。初任給は満足型と比べて平均二割高かった。

しかし、対象者が働きだしてから、シュワルツと共同研究者たちが満足度を尋ねてみたところ、驚くべき結果が出た。追求型は満足型よりよい仕事に就いたにもかかわらず、どの心理尺度で測っても、自信を失っていたのだ。全体として、追求型のほうが仕事への満足度が低く、そもそも自分にふさわしい仕事を選んだのか確信できなくなっていた。それとは対照的に、満足型は仕事や職探しの過程、自分の人生全般に対してもっと前向きだった。

満足型は給料が少なくても、なぜか自分に自信をもっていたのである。大学生の職探しというのは、典型的な状況とはいえないので、ひょっとしてこの研究は特殊なケースにすぎないのではないかと、シュワルツに質問してみた。そうではなかった。

シュワルツは、選択の問題に関する心理学的研究の生き字引である。もし本の裏表紙に、彼について一言寄せてほしいと頼まれたなら、こう記すだろう。「この男は選択とは何かを知っている」

彼の説明によると、職探しの実験における追求型は、追求型がやりがちなことをそのままおこなっている。実際の職業を、よい点と悪い点で比較するのではなく、頭のなかでそれぞれの特徴を選び出し、〝夢の職業〟をつくりあげてしまったのだ。これは究極の理想にすぎず、自分も、そしておそらくはほかの誰も、手にすることができない。

満足型のジョニーは、ハンパ仕事をダラダラこなし、まずいタコスを食い、ありきたりなクリスマスの飾りをあとで吊るそうと考えている。だが、それで幸せそのものなのだ。

一方、僕は、何時間もかけて調べたタコスの店が、日曜日は閉まっていることを知ったところだ。そして、今年はすばらしいクリスマス飾りを手に入れたにもかかわらず、まだ知らないもっとよい飾りがどこかにあるのではないかと気になって、家族ではなくインターネットとともに休暇を過ごしている。

恋愛における選択の矛盾

選択についてのこうした考え方が意味することを現代の恋愛にあてはめると、ちょっと恐ろしい話になる。

我々が、選択肢を最大に与えられている世代だとすると、意思決定に何が起こるのだろうか。シュワルツの論理によれば、我々は〝最高〟を求め、それどころか運命の人を探してもいる。見つけることは可能なのか？「最高の人を見つけたと思うまで、何人に会わなければならないのでしょう？」シュワルツが問いかける。「その答えは、ありとあらゆるすべての人です。そうでなければ、どうやってその人が最高だとわかるのでしょう？ 最高の人を探しているなら、それこそ完全なる不幸に至る道です」

完全なる不幸！（ここは、ボクの恐ろしいささやき声を想像して読んでほしい）*

大都市に住んでいたり、オンラインデートのサイトを利用したりすると、選択肢がいくらでもあふれている。職探しの学生たちの例と同じように、我々はそうした選択肢を前にして、恋人候補をほかの恋人候補と比べるのではなく、この世に存在しないような理想の人と比べているのではないだろうか？

そして、もし、運命の人を探しているわけではなく、ただ誰かとデートしたい、恋人とつきあいたいだけだったとしたらどうだろう。選択肢の増加が、決まった相手とつきあう能力にどう影響しているのか。正直いって、シアトルではランチの店を決めることさえ困難なのだ。

職探し中の学生たちのように、もし何もかも望みどおりの〝夢の人〟を思い描いているとしたら、インターネットなどで恋の相手の候補が無限に広がったことで、その夢の人が現実に存在するという錯覚に陥るのではないか。そうなると、それ以外で手を打てるだろうか。

グループインタビューでこうした考えをもち出すと、たちまち反応が返ってきた。おそらくもっとも選択肢の多い都市ニューヨークでは、角を曲がるごとに新たな出会いの可能性があるので、なかなかひとりに決められないという声があがった。

僕自身もそれを感じている。ここ数年はだいたい、ニューヨークとロサンゼルスを行ったり来たりする暮らしだ。今の彼女とつきあいはじめた頃、ニューヨークにいるときは、至るところでいろんな人に会っては、しまった、どうしてシングルの世界から抜けてしまったんだろう、人間はこんなにたくさんいるのに！　なんて思った。だが、やがてロサンゼルスに戻ると、出会いが山のようにある街角や地下鉄の駅を歩くかわりに、ひとりでプリウスに乗って、ポッドキャストを聴く。すると、早く家に帰って彼女を抱きしめたくてたまらなくなるのだ。

だが、選択肢の急増は、ニューヨークの人々に限ったことではない。シュワルツが話してくれたとおりだ。「三〇年前、人はどこで恋人候補に出会ったのか？　職場です。何人ぐらいか？

＊　オーディオブック版では、「ボクの恐ろしいささやき声を想像してほしい」なんていわないし、この註もつけない。本物の声でそうするからね。きっとゾッとするはずだよ。

魅力を感じ、年齢も釣りあう相手、せいぜい二、三人でしょう。あるいは友人に、職場の同僚を紹介してもらうとか。だから、実際に恋人候補となる相手は、ごく少数だったのです。

それは、食べ物があまりない環境でエサを与えるのに似ているように思われます。相性がよさそうな誰かを見つけたら、親しくなるためにできるだけ努力する。その人を逃したら、しばらく出会いがなさそうだから。かつてはそんな感じでした。でも今は」と彼はいう。「その気なら、全世界に手が届くのです」

全世界に手が届く、だが、それが問題なのかもしれない。

我々が会ったコロンビア大学のシーナ・アイエンガー教授は、バリー・シュワルツによる就活中の学生に関する研究の協力者で、彼女もまた選択については知りつくしている。一連の実験を通して、アイエンガーが証明したのは、選択肢が多すぎると、優柔不断や思考停止の状態になりかねないということだ。彼女はもっとも重要な研究のなかで、共同研究者とともに、高級食料品店にテーブルを出し、買い物客にジャムのサンプルを勧めた。[2]ジャムを六種類出すときもあれば、二四種類出すときもあった。二四種類のときのほうが、足を止めて味見をする人は多かった。だが、不思議なことに、実際にジャムを買う可能性ははるかに低かった。少ない種類のジャムを味見した人は、多い種類を味見した人と比べて、実際に購入する確率がほぼ一〇倍になった。

我々の身に起こっていることが見えてこないだろうか？　とにかくジャムがたくさんありすぎるのだ。あるジャムとデートしていても、集中することさえかなわない。だって、トイレに立ったとたんに、ほかの三つのジャムからメールが届く。ネットにつながれば、もっとたくさんのジャムが目に入る。完璧なジャムを探そうとして検索条件を増やす。その瞬間にも、iPhoneのアプリが、食べられたがっているジャムがすぐそばにいることを教えてくるのだ。

限られた選択肢　――ウィチタとモンローを訪ねて

古い世代のように、少ない選択肢から選ばざるを得なければ、本当に幸せになれるのだろうか？

うちの親父の例にならって、理想的な身長の誰かを見つけ、一丁上がりとすべきなのか？　僕はニューヨーク市を出て、選択肢の限られた土地を調査してみることにした。目的地は二つ、ニューヨーク州モンローと、カンザス州ウィチタだ。

モンローはニューヨーク市から九五キロメートルほど離れている。人口およそ八〇〇〇人。小さな町で、多くの人が互いを知っている。小規模なショッピングセンターと、よそでは見かけない二流のスーパーチェーンがあるだけだ。

もし〈トリップアドバイザー〉でモンローのページを開いて、〝観光名所〟のタブをクリックしたら、こんなメッセージが飛び出すだろう。「恐れ入りますが、何かの手違いでこちらをクリックなさったのではないでしょうか。〝観光名所〟目当てでモンローへの旅を考えるなどありえません。あなたがなぜモンローへ行きたいのか、察しがつきます。さあ、自殺を防ぐサイトへ、ご案内し直しましょう」

つまり、たいしたことは起こらない町なのだ。

一方、ウィチタはモンローよりはるかに大きい。人口はおよそ三八万五〇〇〇人。グーグルでちょっと検索すれば、ウィチタは国内でもっともデートに向かない町の一つだという記事がたくさん見つかる。こうした説にはなんの科学的根拠もないが、確かに、このランク付けに使われた条件には納得できる。シングルの人の比率が低いし、彼らが集まれる場所、バーやコーヒーショップなどがほとんどないのだ。この町はひどく孤立していて、近くの町から訪れる人もさほど多くない。

選択肢の限られた土地で暮らす人たちについて、一つ特記すべきなのは、その多くが若くして結婚するということだ。ニューヨーク市やロサンゼルスのような都市では、初婚年齢がだいたい三〇歳なのに対し、もっと小さくて人口の少ない町では、女性の初婚年齢が低く、二三歳（ユタ州）、二四歳（アイダホとワイオミング）、二五歳（アーカンソー、オクラホマ、アラスカ、カンザスを含む多くの州）となっている。これらの州で、男性は女性より一年か二年だけ遅れて結婚することが多い。

この人たちは、選択肢が少ないゆえに、早くして真剣な関係を結ぶしかないのだろうか。そうかもしれないが、必ずしもそれでうまくいくとも限らない。近年、小さな町や農村部での離婚率が急激に上がり、大都市でふつうに見られるレベルに迫っている[3]。ウィチタで会った多くの人が、二五歳前に結婚してすぐに離婚してしまった友だちの話をしていた。たとえばヘザーはまだ二四歳だが、「女子学生クラブの会員仲間が何人も、結婚して一年足らずで離婚したの」という。一年足らずとは。まいった。

そんな結末を迎えないことを祈ろう、慎重に調べて買ったばかりの電動ジューサーと僕との関係が。

取材をする前は、選択肢の少ない町での恋愛を美化して考え、互いを知りつくした、幸せでこぢんまりしたコミュニティを思い浮かべていた。最高のパーティーを見つけようとして飛びまわったりせず、みんなが地元に一つだけのたまり場に行って楽しく過ごすのだ。

僕の想像では、どの男にも隣の女の子がいて、いっしょに成長する。生まれてからずっとお互いを知っていて、深い絆で結ばれている。やがてふたりは男女の関係になり、そして結婚する。べつに根拠はないけれど、そんな感じがしないか？

ところが、モンローとウィチタのたくさんのシングルたちと話してみたら、小さな町ではものごとが単純で心地よいという幻想は、たちまち打ちくだかれてしまった。彼らは選択の自由がないことと、それにともなう問題にうんざりしていた。

町の規模が違うにもかかわらず、ウィチタとモンローにおける恋愛の問題は、かなり重なっていた。どちらの町でも、シングルの人々は、身を固めなければというプレッシャーを感じ、二〇代後半になっても独身でいることに疎外感を覚えていた。二〇代後半に未婚であることを不名誉とする意識は、大都市のグループインタビューではいっさい話題に出たことがなかった。

厄介なのは、誰もが、選択肢の全員をすでによく知っていることだった。二二歳のジョシュによると、恋人候補のほとんどが、自分と友人たちが高校時代から知っている顔ぶれにかぎられる。

「バーで女の子を見かけて、知らない子だとしても、まわりに訊くだけで、三〇秒から一分のうちにどこの誰かわかるんだ」と彼はぼやいた。「生い立ちも、誰とつきあってきたかも。相手について、何もかも知ってしまうんだよ」

こうした人々の話から察するに、これまで知らなかった相手についての〝何もかも〟とは、「ああ、彼／彼女は最高だよ。有能だし、面白いし、これといった問題も、込みいった過去もないし。きみと会ったことがないなんて不思議だね！」というようなことではない。いや、おそらくはこんな感じだろう。「ああ、彼？　タイヤを盗んではイーベイで売って、コーンチップスを買ってるようなヤツだよ」

ウィチタで会ったミゲルは、シカゴから引っ越してきたという。彼は新しい人との出会いがいっさいなくなってしまったことを嘆いていた。シカゴでは、実にさまざまな人たちと出会う機会があった。友だちの友だち、同僚、同僚の友だち。バーやカフェ、交通機関でも、知らない人たちと話が盛りあがった。ところがウィチタでは、主に会うのは職場のわずかな同僚だし、夜は同じ顔ぶれの友人たちと過ごすだけだという。

こうした排他的な気分については、モンローとウィチタのいずれでも耳にした。ウィチタのある男性は、まるで映画『ウォリアーズ』のギャングのようだと評した。人々は徒党を組み、めったにそこから抜け出して新しい人と出会おうとしない。そのため多くの人が、同じ小さなグループのなかで恋人を取っかえ引っかえし、みんなとつきあってしまったあとは、もうどうにもならなくなる。新しい人間が町に来ない状況では、新たな相手を見つけるのは容易なことではない。

たまに新しい人と出会ったと思っても、実は想像以上につながりがあったことがわかるだけだ。モンローでもウィチタでも、新たな出会いだと思ったのに、フェイスブックを見たら共通の友人が四八人もいた、というような話を耳にした。

ヘザーという女性はこんなことを打ち明けてくれた。あるとき、それまで見たことのない男性と出会い、恋の予感にときめいたけれど、結局、彼女の大嫌いな女性と寝ていたことがわかった。おかげで何もかもぶち壊しになったという。

その女性が誰かって？　女優のグウィネス・パルトロウだってさ。

まさかね、でもありそうな話じゃないか？

それに続いて、グレッグという男性が、ある女の子とつきあったときのことを語った。デートのとき、お互いの初体験について打ち明けあった。すぐにわかったのは、彼女の処女を奪った相手が、自分の職場の親しい友人だということだった。

その友人？　元NFLのスター選手、O・J・シンプソンだって。

これまたまさかね。でもやっぱり、ありそうな話かも。なんと不気味なことか、O・J・シンプソンに処女を捧げた女性と寝るんだって？　ゾッとする！

「まるで肥だめだよ」モンローに住む二六歳のマイケルがいった。「みんながお互いに寝てるなんてさ」

さらに、これほど相手が限られる場所で誰かとつきあうとなると、僕など想像もしなかったような問題がもち上がってくる。

第一に、デートに出かけると、知りあいにかたっぱしから出くわすので、シングルはささやかなプライバシーを求めて遠くへ出かける。「昨夜はデートだったけど、ぜんぜん違う町へ行ったの」モンローに住む二一歳のエミリーが話してくれた。「自分の町で初デートは絶対にしないわ。だって、ウエイターはみんな知りあい。バーテンダーもみんな知りあい。誰も彼も知りあいなんだもの」

第二に、すでにじゅうぶんなじみがあるので、少しずつ相手を知っていく新たな発見の時期を失う。このことはメリットにもデメリットにもなりうる。よい面としては、友だちやその友だちを通して相手を選別できる。一方、不利な面としては、誰かを少しずつ知る楽しみを味わえないことだ。モンローのエミリーはこう話す。「相手の生い立ちをすでに知ってるから、初デートに行くまでもないの。つきあいもしないうちに、先入観が植えつけられているのよ」

そしてもう一つ。誰かとつきあってうまくいかなかった場合、この先もずっとその人と顔を合わせることに耐えなければならない。これがロサンゼルスのような場所なら、二三歳のライアンがいうとおり、デートしてうまくいかなくても、間違いなく二度とその相手と会わずにいられる。「相手はもう死んだも同然さ。まあ、ある意味、頭のなかで殺しちゃうようなものだね」という。まいったね、ライアン。脳内殺人とは恐ろしや！　だが、その気持ちはよくわかる。

インターネットやソーシャルメディアを使って、選択肢を広げるのはどうなのか？　こうした土地でオンラインデートを利用しているシングルはいるのだろうか。スマホのスワイプ・アプリはどうだろう？

ウィチタの人々は、オンラインデートに尻込みしていた。いまだに悪いイメージがあるし、これだけ人が少ないと、知人にプロフィールを見られて批判される恐れもある。

モンローのジョシュは、ちょっとティンダーを試してみることにした。「最初は手っとり早くしたくて、範囲を一〇マイル圏内に設定したんだ。まずふたり出てきたので、ノー［指を左へスワイプ］、ノー［ふたたびスワイプ］、そして……それでおしまい。こう思ったよ、ちくしょう、もっといると思ったのに。もう一度やり直せないのか、って」

もう少し運に恵まれた人もいた。ウィチタでオンラインデートを試したことがある少数派のひとりマーガレットはこう語った。「オンラインデートって、やってみてわかったのは、とてもたくさん選ぶ余地があるってことね。まあ大変、この人たち、きっとみんなステキだわ、って感じだった」

ほかにもティンダーを試した人がいる。「ウィチタで始めたけど、一週間かそこらで相手がいなくなった。それでペンシルヴァニアに行って、州立大学のそばで何日か、試してみることにしたんだ。何年でも人の顔をスワイプしていられそうな気がしたよ。おかげでわかったのは、カンザス州では選択肢がどれだけ限られているかってことだった」

もちろん、こうした小さな町で選択肢が少ないことに、みんながみんな失望しているわけではない。

モンローのグループインタビューに参加した二四歳のジミーは、もっと前向きだった。恋愛の対象が限られていることについて誰かが不満をこぼすたび、ジミーは、相手を本当によく知るためにはとにかく時間をかける必要があるのだと力説した。

「辛抱強く、そして自分が何を望むかちゃんとわかっているなら、相手のいいところが見えてくるはずです。そりゃあ気に入らないところも出てくるでしょう。足の爪を切らないとか、靴下を洗わないとか」

僕はジミーに、きれいな靴下をはいて足の爪をちゃんと切っている人だって見つかるはずだよ、基準がちょっと低すぎるんじゃないの、といってみた。

「問題は、かならず何かしら気になる点が出てくるってこと。でも、それは自分しだいなんです」と彼はいった。

こうした前向きな姿勢は、ウィチタでも見られた。「僕はウィチタについて楽観的なんだ」と二六歳のグレッグはいう。「ここにだって、思いがけない人たちがいる。恋愛関係も、もう少しだけ努力しなくちゃ。それでもとにかく、どこかに出会いはあるよ」

「同感だな」二四歳のジェームズもうなずいた。「この町にもステキな人はいる。しっかり目を凝らせばいいのさ」

実にすばらしい話ではないか。彼らの姿勢は人類に希望を与えてくれた。彼らはたくさんのジャムを試食するかわりに、一つのジャムに集中し、立ち去る前にちゃんと味わうすべを身につけたのだ。

恋愛に対するこうした態度は、考えれば考えるほどすばらしく思えてきた。どんなにたくさん選択肢があっても、本当の課題は、それをきちんと評価する方法を会得することなのだ。

モンローとウィチタでの聞き取り調査のあと、僕が考えたのは、ニューヨークとロサンゼルスでオンラインデートがどれほど普及しているかということだった。グループインタビューの参加者のほぼ全員がサイトを利用していた。デートに向かいながら、もっといいデート相手がいないかティンダーで探す女性の話も聞いた。

もしや僕たちは、けっして手の届かない夢の仕事に就こうとしていた例の学生たちのようになっているのではないだろうか。

もしや、最高の人をモノにしたと確信するために、シングルの人すべてと会おうとしているのではないか。

もしや、なにかひどい思い違いをしているのではないか。

もしや、ウィチタとモンローの前向きな彼らのように、もう少し人間を信じるべきなのではないか。

僕の父を見てみよう。見合い結婚をして、とても幸せそうだ。よく調べてみたが、これはなにも珍しいことではない。見合い結婚をした人たちは、最初のうちそれほど情熱がなくても、時とともに本気でお互いを想うようになり、うまくいく場合が多いのだ。運命の人を見つけようとしてひとりであくせくするより、今の人間関係に深く関わることに力を注いでいる。そうでないと、〝自分にはもっとふさわしい人がいるのではないか〟という心理状態に陥りかねない。

恋人候補の分析

デートしようと決める前でさえ、恋人候補の分析の仕方は、手きびしくなってきている。ロサンゼルスのある女性が、オンラインデートで目にする大量の恋人候補について語ってくれた。「確かに楽しいけど、一方で、もっともっともっと分析して、選り好みするようになっていくわね。ある男性とメール交換していたら、朝は「ケヴィン&ビーン」を聴くっていうの。わかった、もう用はないわ、って感じだった」

一つのラジオ番組の選択が、ふたりの結ばれる可能性をつぶしてしまったのだ。その男性がひとりで車に乗り、「ケヴィン&ビーン」を聴きながら、この女性との最後のやりとりを見つめて考えこむ。**どこで間違ったんだろう。**

当然ながら、こんなふうに水を差す要素は、たとえ初デートにこぎつけたとしても、結局その場に入りこんでくる。「初デートの問題の一つは、相手についてごくわずかしか知らないために、そのわずかな知識を重視しすぎることです」人類学者でデートの第一人者、ヘレン・フィッシャーはいう。「茶色の靴をはいているのを見て、自分が茶色の靴を好きでなかったら、もうおしまい。また、相手がこっちの髪型を気に入らなければ、それだけで去っていく。でも、お互いにもっとよく知りあえば、細かい特徴はそんなに重要ではなくなってくるかもしれない。ユーモアのセンスがすばらしいことに気づいたり、カリブ海へいっしょに釣りにいきたいと思ってくれていることがわかったりするんです」

脱・退屈なデート

我々は恋人候補をどのように分析するのだろうか？　デートにおいて。それも、たいていはつまらないデートにおいて。お茶、お酒、食事、映画。ときめかせてくれる相手、本当につながっていると感じさせてくれる相手をみんな探している。誰もがやっているようなありきたりの退屈なデートで、そんな高いハードルを越えられるだろうか？

本書の執筆の相談をした社会科学者のひとりが、スタンフォード大学の社会学者ロブ・ウィラーだ。ウィラーによると、デート相手をモンスタートラック・ラリーに連れていった友人が何人かいるという。ご存じない方のために説明すると、モンスタートラック・ラリーとは、スカル・クラッシャ

これはグレイヴ・ディガー（墓掘り人）という名前のモンスタートラック。あなたが殺し屋かギャングなら、ご注意いただきたい。グレイヴ・ディガーの掘る墓は、戦う相手のトラック用に限られる。当局から死体を隠すための墓は掘らない。

ー〔脳天割り〕とかリジュー・ヴィネター*〔同音語のrejuvenatorは「回春剤」の意〕とかいう名前の巨大なトラックが、大きな泥山を登って、とんでもないジャンプをするのだ。小さい車や、スクールバスの上を越えたりもする。もっとイカレると、そういうトラックを組み立ててつくった、文字どおり車を食らう巨大なロボットトラックが登場する。冗談ではない。トラックジラと呼ばれていて、ひと目見る価値がある。本当にカッコいいんだ。ちょうど手元に、今度見にいくときのチケットがある。

とにかく、ウィラーの友人たちは、皮肉めいたゲテモノ趣味なことをやろうというつもりで、このデートプランを始めた。べつに大型車やトラックのファンではなく、ただ、面白そうで奇妙なサブカルチャーだと関心をもったにすぎない。結果としてこれがすばらしいデートになった。楽しくて、面白くて、ドキドキするし、変わっている。いつもの退屈なプロフィールの交換のかわりに、カップルは興味深い状況に置かれ、互いの親密さをひしひしと感じられる。そのうち二組のカップルが、今も幸せにつきあっているそうだ。悲しいことに、もう一組は、小型車のなかでイチャイチャしていて、キング・クラッシュというモンスタートラックに踏みつぶされてしまったという。実に不運である。

掲示板のスレッドで、最高の初デートについて教えてほしいと問いかけてみた。意外だったのは、回答の多くが、簡単で身近なことなのに、ただの食事と映画よりほんのちょっとだけ独創性が加わっている、という点だった。

ある男性はこんな話を寄せてくれた。

彼女をアルパカ牧場に連れていったんだ。アルパカって最高にカワイイって彼女がいってたから。牧場主をおだてて、納屋に入れてもらった。最初は怯《おび》えていたちっちゃなアルパカたちが、そのうちこわごわ僕たちに群がってきて、それがとんでもなく愛らしいんだ。鼻をすり寄せられたりして一時間ぐらい過ごしてから、〈タコベル〉に行った。僕はアップル・エンパナーダで大やけどしたけど、おかげで彼女が大笑いしたので、ポイントが稼げたと思う。まだ一八歳で、デートにかかった費用は七ドル。彼女をたくさん笑顔にできたから、そうだね、すばらしかったな。

動物ネタがもう一つある。

彼の両親はマスコミ関係の仕事をしていて、彼は毎年、マディソン・スクエア・ガーデンで開かれるウェストミンスター・ドッグショーに行っては、複雑な通路をうまくすり抜けて舞台裏にもぐりこむの。親に用意してもらった報道身分証をちらつかせながら。記憶に残る初デートの話よね！　わたしたち、そこでワインを買ったの。蓋付きのカップで売ってるのよ。そして、ドッグショーを見ながら飲み比べをしたの〈ジャンプするはずじゃないところで犬がジャンプ

＊　はいはい、リジュー・ヴィネター（ReJEWvinator）は僕の創作デス。でも、ユダヤ人〔ＪＥＷ〕っぽいモンスタートラックが活躍したら面白そうじゃないか。

するたびに飲む、とかね)。

デートはさておき、ウェストミンスター・ドッグショーの飲み比べに、できるだけ早く、ぜひとも参加したい！　すごく楽しそうじゃないか！

それから、想像しうるもっとも典型的なデートでありながら、衣装を一工夫しただけですべてが変わった例もある。

食事して飲むだけってことで……レストランに行くと、彼が養蜂家のフル装備で、ゆうゆうとテーブルについて待っていたの。

とたんに緊張がほぐれちゃった。わたしはすっかり大笑い（親しみをこめた笑い方でね）。お店の人は戸惑ってたようだけど、そばのテーブルでも笑っている人がいたわ。同世代の男性から、リアリティー番組を撮ってるのかって聞かれたりしてね。わたしたちは、彼の立ちあげた養蜂ビジネスについて、ハチやらハチミツやらの話をした。わたしに味見させようと、ハチミツのサンプルまでもってきてくれてたの！　アハハ！（味見したら、とても美味しかった）。食事もすばらしく、会話も盛りあがった。彼はすごく楽しいといって、今度飲みにいかないかと誘ってくれたので、もちろん、と答えたわ。彼はケータイを引っぱり出すと、テーブルでメールをくれたの。「ねえ、今夜、飲みにいけるかな？」って。とてもロマンチックだし愉快だったので、わたしもメールを返して、ふたりで飲みにいったのよ。

さて、当然ながら、誰もが養蜂家の格好をしてデートに行くべきだなどといっているわけではない。退屈でないデートは、特にとっぴなものとは限らないのだ。共通していえるのは、お酒や食事の席で経歴を披露しあうだけではないということ。面白い体験を共有し、新たな相手といっしょに過ごすのがどんな気分か味わえる、そうした機会をいうのだ。

退屈ではないデートの効果

このように面白いデートほど恋愛を成功に導きやすいことが、社会科学によって証明されている。一九七四年にアーサー・アーロンとドナルド・ダットンがおこなった有名な研究「強い不安状態において性的魅力が高まることの証明」で、カナダのバンクーバーのキャピラノ川に、魅力的な女性を送りこんだ。[4] この川は深い渓谷を流れていて、そこに橋が二つかかっている。一つの橋――制御ブリッジ――はとても頑丈にできている。厚いシーダー材を使い、手すりも高くて、水面からの距離もわずか一〇フィートほどである。もう一つの橋――実験ブリッジ――はもっとずっと恐ろしい。木の板をワイヤーケーブルにくっつけたもので、すぐに傾いたり揺れたりする。手すりは低く、万が一落ちたら、二〇〇フィート下で岩と浅い急流が待ち受けている。

二つの橋のうち、後者だけが、神経学的にいって興奮をかきたてるものである。研究者たちは、それぞれの橋を渡る男性に、魅力的な女性を近づかせた。彼女は心理学の研究をしているといって、簡単な調査に協力してほしいと頼む。そのあと自分の電話番号を教え、もし実験についてもっと聞きたいことがあったら電話するように告げる。研究者たちは、不安定な橋の男性のほうが電話をかける可能性が高いと予測した。実際は恐怖によって引き起こされた興奮なのに、その女性への関心によって起こった性的興奮と勘違いするからだ。案の定、電話をかけてきたのは、不安定な橋の男性のほうが多かった。

だが、その男性たちは、さぞがっかりしたに違いない。

「こんにちは、シャロン？　橋の実験のときのデイヴだよ。変に思われるだろうけど、えっと、その……よかったら今度お茶でもしない？」

「いえ、デイヴィッド。すみません、シャロンじゃないんです。マーティンです、研究助手の。実はこれも実験の一部でして。不安定な橋の上にいた場合、シャロンに電話する確率が上がるかどうか。で、そのとおりでした！　すばらしい結果です」

「ああ、そうなんだ……シャロンに連絡とる方法、知ってる？」

「いえ、知りません。これはみなさんに渡したオトリの番号なんで。いやあ、でも、彼女はなかなかのもんですよね？　［長い間］……さてと、本当にありがとう。それじゃ、デイヴィッド」

「どうも」［トホホ］

アーロンはほかに「カップルによる未体験の刺激的な活動への共同参加とそれにともなって経験された人間関係の質について」（ちょっと、タイトルをもっと短くしてくれよ！）と題する研究も発表している。ここでは六〇組の円満なカップルを次の三つのグループに分けている。

（a）未体験の刺激的な活動をしてもらう（スキー、ハイキングなど）
（b）よくある楽しい活動をしてもらう（ディナー、映画など）
（c）なんの活動もしない（対照群とする）[5]

このうち、未体験の刺激的な活動をしたカップルは、ふたりの関係の質がはっきりと向上した。

さて、おそらく読者の多くが、これは映画『スピード』のラストでキアヌ・リーヴス演じる主人公が引用する言葉とまったく矛盾するじゃないか、と思っているに違いない。「強烈な体験から始まる関係はうまくいかないって聞いたことがあるよ」と彼はいう。「いいわ」とサンドラ・ブロック演じるヒロインが答える。「それじゃ、セックスから始めましょ」

キアヌの演じたジャック・トレイヴンが、どこからその言葉をもち出してきたのかはわからないが、アーロンと共同研究者たちがホラを吹いているのではないと信じるなら、どうやら未体験の刺激的な活動をすることによって、相手に対する関心が高まるらしい。普段あなたがしているデートは、ありふれた退屈なものか、それとも刺激的で目新しいものだろうか？　僕自身、これまでしてきたデートを振り返ると、ただ地元のバーで飲むだけなんて野暮な真似をせず、何か刺激的なことをしていれば、僕も（そして相手も）お互いもっとうまくいっていただろう。

そんなわけで、次のデートに備え、よく考えて完璧な計画を立ててみよう。

おしゃれなレストランで食事をするだけではなく、おしゃれなレストランに行くことは行くけれど、八〇年代の映画『ダイ・ハード』に出てくるテロリストに似せて、ひどいドイツ語訛りをしゃべれる役者を何人か雇っておき、店を乗っ取らせて、揺れる橋の研究に見られた危機効果を生み出す。あわやのところで逃げ出して外に出ると、行く手は険しく危険な道だ。そこであなたがいう。「車に乗ったほうがよさそうだな」彼女に自分の車を指してみせる——ご明察、モンスタートラックのグレイヴ・ディガーだ。それに乗って家に帰るあいだに、何十台もの車を飛びこえ、タイヤから火を噴く。

デート相手はたちまち興奮するだろう。

もっと退屈なデートとは？

デートの質はさておき、量のほうはどうだろう？　その問題について考えると、僕自身、あるとき、自分なりにデートの方針を変えたことを思い出す。選択肢の街ニューヨークでシングルだった頃、僕も多くの友人たちも、できるだけたくさんの相手を求めていた。初デートは山ほどあったが、三度目のデートはあまりなかった。一つの関係を深めようとするのではなく、常にできるだけ大勢の人と会うほうを好んだ。とりあえず目指していたのは、たちまち心を奪ってくれる誰かと出会うことだったが、そんなことは起こりそうになかった。本当に心から好きになれる人と出会うことなどないのではないかと感じていた。誰も彼もがダメなのか？　それとも僕がダメなのか？　ひょっとしたら僕は大丈夫だけど、デートの戦略がダメなのか？　あるいは僕がちょっとダメで、デートの戦略もちょっとダメなのか？

ある時点で、個人的な実験として、デートの戦略を変えることに決めた。相手への投資に努め、ひとりにじっくり時間をかけるのだ。四人とデートするのではなく、ひとりと四回デートしてみたらどうだろう？

女の子と出かけて、そのデートが六〇点という感じのとき、それまでなら二度目のデートには進まなかった。かわりにケータイでほかの候補を当たり、なかなか見つかりそうにない九〇点か一〇〇点の初デート相手を見つけようとしたものだった。だが、この新たな発想によって、二度目のデートに行くことにした。それでわかったのは、初デートが六〇点でも、二度目のデートはたいていい八〇点になるということだった。前回よりも相手をよく知るようになり、お互いに親密さがどんどん増していった。相手について、最初は見えなかったことを発見した。気心が知れてくれば、たいていは内輪のネタも増え、うまくつきあえるようになっていく。

気軽に大勢とデートするだけでは、めったにこういう発見には至らない。過去に除外したなかには、機会さえつくれば、長いにしろ短いにしろ、実りあるつきあいができた人がいたのではないだろうか。モンローに住む賢明な友人と違って、僕は人間を信頼しきれていなかったのだ。

これでぐっと気分がよくなった。たくさんの人たちとデートしたり、メールの駆け引きにイライラしたりするかわりに、限られた人数の相手とじっくり向きあい、心地よい時を過ごせるようになった。

この本のために調査をしたり、「カップルによる未体験の刺激的な活動への共同参加とそれにともなって経験された人間関係の質について」なんていうクソ長いタイトルの論文を読んだりしたおかげで、僕は自分の個人的な実験の結果が、予測どおりのものだったことに気づいた。

誰しもはじめは、相手の見た目と、すぐわかる特徴に引きつけられる。だが、本当に惚れこむ要因となるのは、もっと深い、その人ならではの性質であり、それは普通、長くつきあってみてはじめて表れるものなのだ。

「ジャーナル・オブ・パーソナリティー・アンド・ソーシャル・サイコロジー」誌に掲載された、テキサス大学の心理学者ポール・イーストウィックとルーシー・ハントの興味深い研究によると、たいていのデートの状況において、〝相手としての価値〟は〝その人ならではの価値〟より重要ではないという。[6]

筆者たちの説明によると、〝相手としての価値〟は、その人がどれくらい魅力的かという平均的な第一印象と定義される。これはおもに、外見や人を引きつける個性、職業的な成功といったものに基づく。一方、〝その人ならではの価値〟は、誰かがその相手を、平均的な第一印象より上または下に評価する度合いを指す。たとえば、ニールという男性の〝その人ならではの価値〟についてはこんなふうに説明される。「ニールが平均で六点だとしても、女性によって彼に抱く印象はさまざまでしょう。アマンダは彼のあいまいで文学的な話に魅力を感じず、三点だと考えます。一方、アイリーンは九点をつけます。彼の思わせぶりな口調に魅了されるのです」ほとんどの場合、その人だけに特有の個性や価値は、初対面ではなかなか気づかないし、まして、よさをわかるなんて無理というものだ。あまりにもいろいろなことが頭のなかを駆けめぐり、相手のどんなところが特別で興味深いか、じゅうぶんに理解することなどできない。人間のより深く独特な性質は、経験を共有し、親しくつきあうなかで、しだいに見えてくるものだ。そうした関係は、じっくりと育ててつくりあげるもので、次々と初デートをくり返しているのではかなわない。

イーストウィックとハントが報告しているとおり、「お互いに第一印象をもってからすぐに恋愛関係になる人はほとんどいない」というのも当然だ。そのかわり時間をかけるうちに、予期しない、あるいは長く待っていた火花が、友だちや知りあいという関係を、性的で真剣なものに変貌させるのだ。最近のある研究によると、恋愛関係にある若者のうち、出会ってすぐに結ばれたという人は、わずか六パーセントだという。[7] この数字は成人では確かに高くなる。今やオンラインデートがこんなに普及しているのだから、なおさらだ。だが、ティンダーやＯｋキューピッドで出会う人たちでも、モンローのわが友ジミーの「誰にでもその人ならではの価値がある」というアドバイスにしたがえば、行き当たりばったりの初デートを意義ある関係に変える可能性がぐっと高くなる。それを見つけるために時間とエネルギーをかけるなら、もっと幸せになれるだろう。

だが、冗談抜きで、もし相手が足の爪を切らないとか、きれいな靴下をはかないという場合は、よそに目を向けよう。
選択肢はたくさんあるのだから。

第5章 愛に関する国際的な調査

INTERNATIONAL INVESTIGATIONS OF LOVE

この本を書こうと決めたとき、ぜひ探ってみたいと思ったことの一つが、よその国では現代の恋愛についてどんな問題があるのかということだった。そんな興味が芽生えたのは、ニューヨークの小さなクラブでスタンダップのステージに立っていたときだ。メールにまつわるネタをしゃべり、最近出会った相手とやりとりをしている人に協力を求めた。ある男性の見せてくれたメールを僕が読みあげ、誰もがこの手の無駄なやりとりに追われていることをジョークにした。

すぐに気づいたのは、観客の女性のひとりが非常に困惑しているらしいことだった。なぜそれほど戸惑った顔をしているのか尋ねてみた。彼女の説明によると、母国フランスでは、そんなことは起こらないのだという。

そこで質問した。「なるほど、それじゃ、フランスの男はどんなメールを？　バーで出会ったとしたら」

彼女はいった。「そうね、たとえば……『ファックしたい？』とか」

そこで僕が「へえ。あなたはどんな返事を？」。

彼女は答えた。「したいかどうかによって、イエスかノーで答えるわ」

僕は驚愕した——それはある意味すごく理にかなっているじゃないか？

国際的に見ると、実にさまざまなデート文化があって、それぞれに変わったところや問題がある。ドーハでの取材が興味深かったので、ほかの文化における恋愛についてもぜひ調査してみたくなった。もちろん、すべてを調べるわけにはいかないので、エリックと僕は行き先を厳選しなければならなかった。さんざん議論した末に、パリ、東京、ブエノスアイレスに落ち着いた。

パリを選んだ理由は明らかだ。愛の街とかなんとかいうじゃないか。それに、パリにおけるデートは、ほかのヨーロッパ諸国の状況と似通っていそうなので。ものの本によれば、そこでは、我々がアメリカで見知っているデートなるものは文化のなかにないらしい。人々は仲間といっしょにブラブラして、誰かとつきあいたいと思ったらそうするだけ。セックスについてもちょっと大らかだし、不貞に対する姿勢も違っている。それは次の章でお話ししよう。

東京が、次に僕の提案した場所だ。これは本のためというよりも、美味しいラーメンを食べるためである。とはいえ、このアイデアをエリックと話しあった結果、東京はすばらしい取材先だと気づいた。というのも、日本は今ちょっとした危機のさなかにあるからだ。結婚と出産が激減し、多くの若者が恋愛に関心を失っているし、それになんといっても僕はラーメンに目がない。間違いなく東京は最高の選択だ。本のためにも――僕たちの胃袋のためにも。*

日本で性的な関心が衰退している一方、その正反対の場所もあるということで、恋愛に積極的なブエノスアイレスの文化も探りにいった。ブエノスアイレスが世界でいちばんデートにふさわしい街と呼ばれるのも、もっともである。[1] ところかまわずカップルがイチャイチャしている。人々

＊　アジズ・アンサリ著『僕は東京で美味しいものを食いまくった』（二〇一四年、未刊）。

は汗臭いクラブで朝の八時や九時まで踊りまくる。どこを見ても性があふれている。
そんなわけで、行き先が決まった。すべての土地を訪ねることはできなくても、これらの場所へ行けば、世界各地の現代恋愛について、特別に興味深い見解が得られるだろう。よし、いざ出発だ。最初の訪問地、東京へ！

東京——草食動物と〝テンガ〟の地

僕は当初、東京ではきわめて活発なデートシーンがくり広げられているのだろうと考えていた。

景気のいい大都市であり、おそらくニューヨーク以上に、生命とエネルギーが脈動しているはずだ。何だってそろっている——最高に美味しいレストラン、最高にカッコいい店、最高にめずらしい品々など、世界のどこでも見つけられないものがあふれている。写真撮影ブースだけがひしめきあうゲームセンター？ あるよ。新鮮なレタスを育ててまるごと売る自動販売機？ あるよ。ビキニ姿の

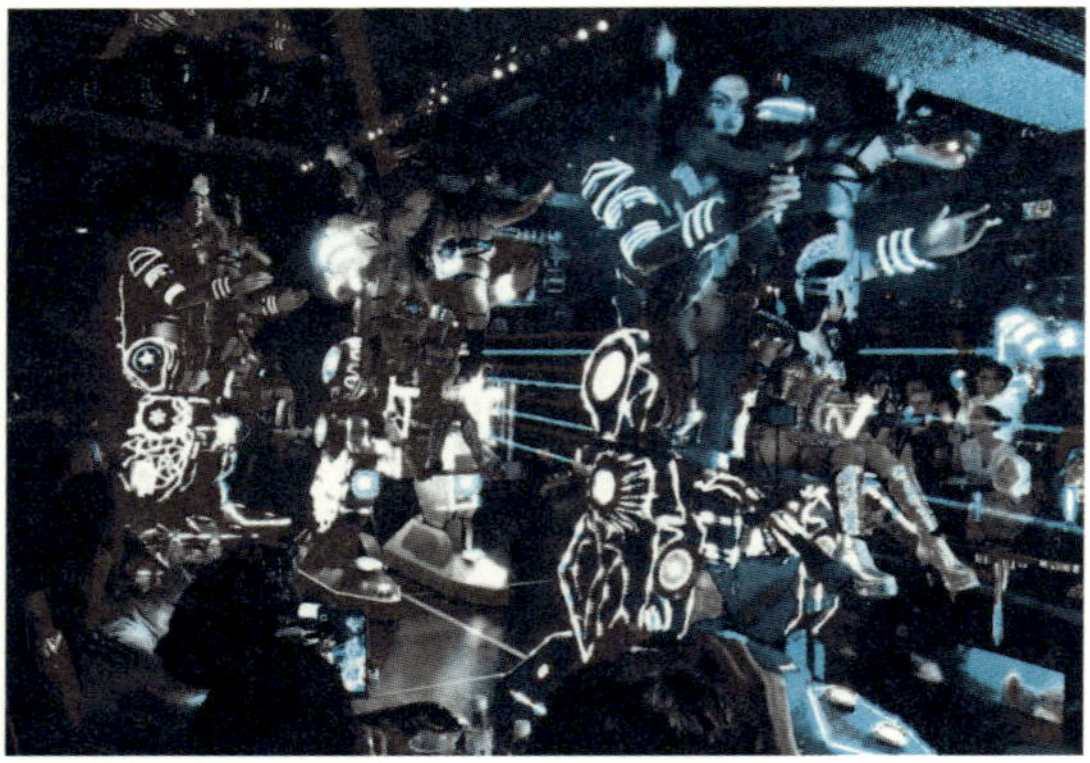

東京の「ロボット・レストラン」。マジだ。実在の店である。いったいこの写真のなかで何が起こっているのか？ どうやら、三人のアジア系女性が、巨大なアジア系女性のロボットの上で踊っているらしい。メタすぎる？ 写真の人々は間違いなく楽しんでいるようだ。

ダンサーが巨大なロボットや戦車に乗って踊るディナーショーつきのレストラン？　新宿のロボット・レストランで、ほかに何をやってるっていうんだ？

それに、〝ラブホテル〟の噂も聞いていた――その名のとおり愛しあうためだけに建てられたホテルである。だが、もちろん、そこは日本だ。ときにはギョッとするような装飾がほどこされていて――『ジュラシック・パーク』をテーマにしたものさえある。本当にこれは実在するんだ。冗談ではない。

夜にはネオンサインが、街を大人のアドベンチャーランドに変える。通りもバーもクラブも、はなやかににぎわう。楽しいこと、面白いことが、いたるところに潜んでいる。オフィスビルの三階に迷いこむと、ドアの向こうに最高級のカクテルバー、また別のドアの奥にはレコード店がある。廊下の先には風変わりなナイトクラブがあり、日本人の男たちがビル・クリントンのお面をかぶって、犬の背中をマッサージしている。

大きな住宅地をいくつも抜けていくと、隠れた狭い一角にぶちあたり、そこにはアダルトショ

メモ：ネットでは写真が入手できなかったので、これは本書のために僕が注文した想像画である。願わくは、こんなふうにイカした部屋がいい。空港へは90年代のド派手なジュラシックパーク仕様のフォード・エクスプローラーで迎えにきてほしい。

ップや前述のラブホテルが並んでいる――実のところ、ちゃんとした清潔なホテルで、時間貸しになっており、カップルが立ち寄って好きなように過ごせる。どうやらデートのインフラに関して、東京にもっとも近い都市はニューヨークのようだ。

　また、テクノロジー好きの日本人のことだから、デート関連のウェブサイトやアプリもおそらく次の段階に進んでいるだろうと推測した。なにしろ絵文字を発明した国民なのだ！　メールを書いていてこう思ったのだろう。なるほど、これは便利だ、でも、小さなコアラの絵も送れたら、もっとすばらしいだろうな、と。* 彼らのメールのやりとりは一体どうなっているのか？　取材に出かけ、どんなことが起こっているか、目にするのが待ち遠しかった。

　デートにふさわしい街として何もかも理想的かと思いきや、とんでもない勘違いだった。僕の思いこみはすべて外れていたのだ。日本と恋愛についての調査にちょっと取りかかっただけで、とたんに深刻な危機を告げる刺激的な記事が目に入る。人口統計学者、ジャーナリスト、さらには日本政府までが、〝ホット・ポテト〟〔厄介な問題〕として取りあげている。

　失敬、〝危機〟を別の言葉で表現したくて、類語辞典のサイト〈Thesaurus.com《シソーラス・ドットコム》〉で〝crisis〟と入力してみたら、同義語として〝hot potato〟が表示されたのだ。〈シソーラス・ドットコム〉が〝危機〟の同義語として〝ホット・ポテト〟を挙げていることをみなさんにお伝えしないことには、執筆を先に進められなかった。

「ねえ、イスラエルとパレスチナがどうなってるか聞いた？　マジでホット・ポテトになってきてるよ」

とにかく、日本に話を戻そう。そうした記事を読むと、ただもうパニック状態の言葉があふれかえっている。「誰もセックスしていない！」「誰も結婚して子どもをつくろうとしない！」「若者はもはやエッチに興味がない！」

そのまま引用したわけではないが、だいたいそんなところだ。

僕には取り越し苦労に思えた。若者がセックスに興味がないだって!? まさか、そんなことがありえるだろうか？　日本の恐ろしい統計データをいくつか抜き出してみよう。

・二〇一三年、一六歳から二四歳の女性のなんと四五パーセントが、「性行為に興味がない、あるいは嫌悪している」。そして男性の四分の一以上が同様に感じている。[2] 僕は以前から、統計を〝なんと〟と表現してみたかったが、これこそまさに〝なんとなんと〟だと誰もが同意すると思う。〔冗談抜きで、この数字をもう一度よく見てみよう。性行為を嫌悪しているとは！

・一八歳から三四歳の男女で、異性の恋人がいない割合は、一九八七年と比較して、男性は四九パーセントから六一パーセント、女性は三九パーセントから四九パーセントに増加している。[3]

・三〇歳以下の日本人のなんと三分の一が、デートしたことがない。[4] そして三五歳から三九歳を対象にした調査では、四分の一以上が一度もセックスをしたことがないという[5]（よし、これで〝なんと〟を使うのはおしまいにしよう）。

＊　ｉＰｈｏｎｅの絵文字をつくっている日本人がもしこれを読んでいたら、ターバンなしの茶色い肌の男の絵文字をぜひともお願いしたい。ターバンをしている男の絵文字や、実際にターバンをしていてあの絵文字の存在に感謝している人には、気を悪くしないでほしいんだけど。

・二〇〇五年、三〇代前半の日本男性のほぼ半数、女性の三分の一が独身だった。[6]
・二〇一二年、四一・三パーセントの夫婦が過去一カ月セックスをしていない。これは二〇〇四年に調査が始まって以来もっとも高い数字である。二〇〇四年には三一・九パーセントだったが、この一〇年間、増えつづけている。[7]
・日本の出生率は二二四カ国中で二二二位である。[8] 二年前に政府協力によりまとめられた報告書では、二〇六〇年までに日本の人口は現在の一億二七〇〇万人から八七〇〇万人に減少し、そのうちおよそ四〇パーセントが六五歳以上になると警告している。[9]

このうち最後の数字が特に気にかかる。日本人が絶滅を危惧されるのにはちゃんと根拠があるのだ。ラーメンが食べられなくなる？　スシも？　日本製の高級ウイスキーも？　ほら、これはまさに〝ホット・ポテト〟ではないか。

事態は政府が介入しなければならないところまで来てしまった。二〇一〇年から、日本は子どもひとりあたり月額一〇〇ドルから一五〇ドルの手当を支給し、子育ての経済的負担を減らそうとしている。だが、子どもをもつ前に、愛しあい結婚する相手を見つけるのが先ではないか？日本の安倍晋三首相は、二〇一四年度予算で、政府資金による出会いの斡旋も含め、結婚と出産を推進するための政策に二五〇〇万ドルを割りあてた。二〇一〇年におこなわれた公式調査によると、全都道府県の六六パーセントおよび市区町村の三三パーセントが、なんらかの形の結婚支援を実施しており、今日その率はさらに上昇している。[10]

日系アメリカ人の社会学者クミコ・エンドウは、日本政府が始めた新たな結婚支援プログラムについて研究しており、いくつかの例を教えてくれた。彼女によると、新潟県では、「婚活支援の行事として、旅行（近くの神社へのバスツアーなど）、文化イベント（料理教室など）、スポーツイベント、セミナー（釣りをしながらの男性向けコーチング・セッションなど）といったものがあります」とのこと。佐賀県は、出会いを求める独身者のために縁結びの部門を設立した。また、静岡県と秋田県では、独身者向けにインターネット通信サービスをおこない、さまざまな婚活パーティーやイベントの案内をしており、なかには政府が支援する行事もある。さらに、福井県は最近、「福井婚活カフェ」というオンラインデート・サイトを立ち上げ、このサイトで出会って結婚したカップルは現金とプレゼントがもらえるという。

お役所がカップルに結婚祝いを贈るだって？　一体ここでは何が起こっているんだ？

こうした危機について知り――そして本物のラーメンや、東京のさまざまなお楽しみを自分が

京都で着物姿になり、日本の性の危機に思いをはせる……

どんなに求めていたかを思い出すと――何が起こっているのか突きとめるには、もちろん、みずから出向かなければならないのは明らかだった。

東京における結婚の歴史と現状

日本の現状について語る前に、まず理解しておくべきなのは、結婚の制度をどう考え、どう実行するか、日本でも大きく変わりつつあるということだ。僕の友人の社会学者クミコの話によると、第二次世界大戦まで、見合い結婚がもっとも一般的な結婚の形態だった。一九六〇年代になっても、結婚全体のおよそ七割が、家族によって決められていた。一九七〇年代には、職場が、連れ合いを見つけるための主要な場となった。大企業は親睦の機会を設け、ほとんどの女性が結婚して家庭をもったら退職するというのが文化規範になっていた[11]。

だが、今日では、そんな仕組みは過去の遺物だ。見合い結婚はめずらしくなった（二〇〇五年までに六・二パーセントに減っている[12]）。アメリカ同様、日本も、それぞれの選択や幸福に基づく個人主義的な文化を取りいれるようになったのだ。一九九〇年代以降、日本経済が低迷するなか、現代の職場はストレスの多い競争の場になっている。もはや社員のために事実上のシングルズ・バーとして機能することもない。

では、古いシステムが崩壊したとすると、何がそのかわりをつとめているのだろう？

草食系男子

東京に着いたら、やるべきことをやる時間が限られていることはわかっていた。まずは東京でトップ5のラーメン店を訪れるのだ。ラーメンをたらふく食べたあとは、いよいよ仕事に取りかかる。〔新宿歌舞伎町の〕「ロボット・レストラン」訪問だ。なぜって、こんなチャンスを見逃す手はないだろう？　それからお次の任務だ。ビル・クリントンのお面をつけて犬の背中をなでる店に行かなければならない。最高だった。で、ちょっと昼寝をしてから、やっとのことで本書のための調査に取りかかった。

まず、東京におけるデートについて論じあうためのグループインタビューをおこなった。二〇代半ばから三〇代前半の若い人たちが数十名、僕たちに話を聞かせてくれた（というより、ほとんどの場合、通訳をしてくれたクミコに向かって話していたが）。

手はじめに、僕がもっとも知りたかったのは、〝草食系男子〟という概念だった。これは、ここ数年のあいだに日本のあちこちで耳にするようになった言葉で、性や恋愛に興味を示さず、奥手で受け身な日本の男性を指す。調査によると、日本では二〇代から三〇代の独身男性の六割が、自分を草食系だと認めている。[13]

最初に開いたグループインタビューで、早々と現れたうちのひとりがアキラだった。ハンサムな青年で、ビシッとしたスーツ姿。三〇歳のアキラは、いかにも順調な人生を歩んでいそうに思われた。成功し、自信に満ちて見える。まさかこの男性は草食系じゃないだろう？

我々は独身者の取材やグループインタビューを四大陸でおこなったが、たいていいつも話のきっかけとして、この二、三週間にスマホで仲良く会話したりデートに誘ったりした相手の人数を尋ねる。アキラにその質問をすると、彼はただ肩をすくめた。ほかの男性もほとんど全員が肩をすくめた。

アキラは、今は働いているから彼女をつくるひまなんてない、といった。取材したほかの数人もこの意見に同感の意を示した。「建築の仕事に就いたばかりで、職場世代の女の子があまりいないし、出会いの場がないんです」と二二歳のダイサクがいった。

彼の友人のヒロもうなずいた。「仕事が忙しいし、べつに急ぐわけじゃないし。まず仕事を片づけなきゃならなくて、それで平日はふさがります。家に帰ったらビデオゲームですね。週末はダイサクとつるんで、飲みにいったりします」

「飲みにいったときに出会いはないんですか？」と尋ねてみた。「いいえ」ヒロは顔を赤らめた。「知らない女性をナンパするなんて、**チャライ**［遊び人っぽくて軽薄な感じ］ですよ。それに、もし相手がオーケーしても、その子とはつきあいたくないな。そんなあけっぴろげに男についていきたがるような女性は好きじゃありません。男に視線を送ったり、ほほえんだり、ウインクしたりするような女性は、ちょっとね。僕が好きなのは、〝**清楚**〟［ピュア］な子なんです」

「ピュア？」エリックが訊き返す。「つまり、処女ってこと？」

彼らは居心地悪そうに笑った。「そういうわけじゃないんだけど」とダイサクがいう。「でも、素性のちゃんとした、まともな家庭の子じゃないと。ただそこらで出会ったなんて、きまり悪くて親にいえませんよ。がっかりするでしょうからね」

「ご両親はどうやって出会ったんですか？」

「職場です」とダイサク。

「お見合いです」とヒロ。

「この状況はずいぶん厄介ですね」エリックがいった。「きみたちは彼女が欲しい。我々が会った女性たちも彼氏を欲しがっている。ところがどうやってそれを実現すればいいか、誰もわからない。問題だと思いませんか？」

「特に何とも思いません」ヒロがこともなげに答えた。「問題とはいえないし、問題でないともいえない。これが現実なんです。ここではみんなそんな感じですからね。これが普通だから特に考えもしません」

アキラは、相手の女性にその気があることがぜったいに確実な場合しか、デートに誘わないといった。理由を訊かれてこう答えた。「断られるかもしれないから」部屋にいたほかの男性たちから、いっせいに同意のうめきがあがった。拒絶される不安の大きさが明らかで、その傾向はアメリカの男性たちよりもずっと強かった。

僕は女性たちに草食系男子の話題を振り、男性にもっと主導権を握ってほしいか尋ねてみた。イエスという答えがきっぱり返ってきた。この女性たちは、日本の男性たちに、一歩踏み出してとにかく誘ってほしいと望んでいた。彼女たちから見ると、男性が女性に対して保証と癒しを求めすぎることがイラだたしいのだ。女性たちの不満がありありと伝わってきた。彼女たちが、マスコミのいう〝肉食系女子〟に実際なりつつあるのがわかった。なかには、普通なら欧米の男性がするような役割を引きうけ、自分から男性に近づいて電話番号を聞くという人もいた。うわあ、なんてチャラいんだ、と僕は思った。三分前に学んだ言葉を思い出したのだ。

しかし、彼女たちによれば、必ずしもうまくはいかない。たとえ出会いがあっても、メールばかりでデートに誘わないアメリカ男性のケースを、さらに悪夢にしたような状況になるという。とにかく延々とメールのやりとりが続くのだ。

「男の人って気弱すぎて、ものすごーくうちとけないとダメみたい」とひとりの女性がいった。「相手も自分のことが好きだという確信がないと、あの人たちは行動を起こせないんです」べつの女性が嘆いた。ある人の言葉を借りれば、「女性が自分のすべてを受けいれてくれるのを待ってから、ようやく動き出す」のである。拒絶に対する不安は、スマホの世界にまで現れていた。

実際のメールを見せてくれないかと頼んでみた。ある女性が、メールをやりとりしていた男性について話してくれた。その男性はけっして気を引くそぶりを見せなかったという。見た映画やペットの話など、きわめて直接的で他人行儀な話題ばかり。ある晩、その彼がこんなメールを送ってきた。「大きなキャベツが丸ごとあるんだ。どうやって料理すればいいかな?」

それはもしや、とてもとても見えすいて回りくどいディナーへの招待ではないか、と僕は尋ねた——キャベツのためにこっちへ来ないかという誘いではないだろうか。「いいえ、本気でキャベツの調理法を質問してきたんです」彼女はいった。

同じ男性が数日後にメールを送ってきたが、これもまた冗談ではない。「最近、布団を濡らしちゃって、外に乾してたんだけど、にわか雨に降られて、また濡れちゃったんだ」

うーん。なんともサスペンスあふれる話じゃないか。

いったい何が草食系男子を増加させているのだろう?

こうしたタイプを生んだ背景は、社会的・経済的な要素をぶちこんだ〝ごった煮〟のようだ。ごった煮といえば、東京にいたとき、〈かねます〉という居酒屋に行ったら、すばらしいショートリブの料理があって、最高に肉汁たっぷりで——いや、失礼、またわき道にそれてしまった。

社会科学者たちの説によると、草食系男子は日本経済の衰退にともなって登場した。多くの文化と同様、日本の文化でも、男性の自信や自意識は、仕事の成功と結びついている。東京で接した誰もが、バブルに沸いた八〇年代を別の時代として記憶しているようだった。金をたっぷりもったサラリーマンが、きれいな女性に自信満々で近づき、臆することなく電話番号を聞き出す、恋の時代だったと。これもきっと尾ひれがついているのだろうが、さもありなんという感じがする。終身雇用があてにできなくなった今、男性は伴侶を見つけにくくなったばかりか、経済的に相手を養うことも難しくなった。こうした不安から、拒絶を恐れる気持ちが強くなったことも理解できる。

また、多くの独身男性が、二〇代から三〇代になっても、親の家で暮らしている。グループインタビューの女性たちは、こうした状況が、日本の文化にすでに蔓延しているマザコンを悪化させているだけだと感じている。実家で暮らす男性は、母親に料理や掃除、洗濯をしてもらえる場合が多い。そのために世話をしてもらうことに慣れすぎて、男らしい本能を失ってしまうという説である。

それに加えて、日本の男性は成長期に女性と過ごす時間が少ないため、女性のそばにいると落ち着かないという人が多い。日本の教育システムには男女別学が多く、共学の場合でも性別でクラスを分けることがある。物理的にも、社会的にも、そして心理的にもある程度、高校生か、ときには大学生になるまで、男子と女子は別々の場所で成長する。多くの人が二〇代までデートをしない。日本の独身男性の半数近くが、異性の友人さえもっていない。[14] 経済の衰退、母親による男性の幼児化、拒絶への不安、そして幼い頃から異性との接触が少ないこと、これらを合わせれば、草食系男子というものがだいぶわかってくる。

さて、僕はなにも、日本の男性がみんなひどく内気でセックスにまったく興味がないという絵を描きたいわけではない。確かにそういう人も多いようだが、一方で草食系ではない人もたくさんいて、典型的な雑食のアメリカ男性と似たようなデートライフを送っている。グループインタビューで会った若いバーテンダーのコージは、なかでも特に食欲旺盛なタイプだった。

重要なのは、コージが飛びぬけていい男というわけではない点だ。ほかの男性と比べて、身長はちょっと低め。アキラのように特別おしゃれなスーツを着ているわけでもない。グレーのベストに、茶色のフェドーラ帽〔中折れ帽〕。彼に備わっているのは、くだけた雰囲気と率直さで、これはアメリカ人からすればごく普通なのだが、日本ではとても目立つ。グループインタビューの参加者でコージを知る人たちは、まるで神話のような彼の恋愛遍歴について声をひそめて語り、彼の大胆さに恐れをなしていた。くり返すが、コージは、俳優ライアン・ゴズリングのアジア版というわけではない。ただ、自分に満足している様子で、そんなに気弱ではなさそうというだけだ。フェドーラ帽をかぶる人はたいていそうだが、不思議な自信にあふれている。

彼とその友人は、草食系ではない日本男性もいること、マスコミが大げさに騒ぎたてているだけであることを、どうしても我々に知ってもらいたいと望んでいた。

「ぶっちゃけた話をしていいかな？　俺は恋人がいないときだって、セックスの相手を見つけられるよ。長いことセックスしてないなんていう連中は、でまかせいってるんだよ。ただ、話さないだけさ」と彼はいった。

「ニューヨークで独り身だったら、夜遅くケータイであちこちにメールして、誰かと落ちあおうとするんだ。セックス目的で電話するっていう文化があってね。ここではどういう手順なの？」と僕は尋ねてみた。

「俺の仲間たちも同じことをするよ。かたっぱしから電話しても、誰も出なかったりするけど」

「まあ、ニューヨークでもときどき同じことがあるよ」と僕はいった。

日本男性が変化を遂げている一方で、新しいタイプの日本女性も現れつつある。かつて、教育を受けた女性は、大学を卒業したら企業に就職し、そこで男性と出会い、妻そして母となるべく退職したものだった。現代の女性たちはその風習に抵抗し、学歴を積んで仕事をしたいと望む人が増えている。彼女たちは英会話などの技能を身につけ、世界中を旅する。みずからキャリアを重ねていく。こうした働く女性たちは、主婦になるために仕事の野心を捨てて服従すべし、という古い規範に従いたくないと考えている。しかし、女性が教育を受け、英語を話し、立派な仕事に就くと、恐れをなす男性もいるらしい。自分の成功がパートナー候補を〝興ざめ〟させてしまうと語る女性もいるほどだ。「日本の男性は、プライドが高くて」ある女性が話してくれた。「成功していいお給料をもらっている女性を望まないんです。わたしがバイリンガルだとわかると、とたんに、まいったな……って感じになっちゃって……」

グループインタビューが終わるまでに、はっきりとわかったのは、日本の男性と女性は別の軌道をたどっているということだった。女性の地位はまだ平等とはほど遠いけれど、日本経済のなかで地歩を固めはじめているし、文化においてもあらゆる権利と恩恵を得つつある。

男性は自分の立場に必死でしがみつこうとしている。職場でも家庭でも、彼らは前の世代の絶頂期からころがり落ちて、この先どうしたものかと途方に暮れている。

あまりにも混乱しすぎて、フェドーラ帽をかぶるようになった者もいる。

まことに厄介なご時世だ。

炊飯器をプロフィール写真に――日本のオンラインデートへようこそ

日本のデート文化の状況を見るにつけ、オンラインデートこそ最適な解決法だと思われることだろう。伴侶の候補にウェブサイト上でメッセージを送るのなら、バーで誰かに電話番号を訊くよりも、ずっと怖くないはずだ。拒否される心配を和らげるのに、これ以上の方法があるだろうか。日本人は新しもの好きとしても知られている。アメリカでは結婚するカップルの三分の一がオンラインで出会っているとしたら、日本人の結婚はそれ以上にデジタル化していそうだ。ところが、日本でオンラインデートが流行すれば大いに役立つだろうと思いきや、あいにくそうなってはいない。**チャラい**（軽薄なプレイボーイタイプ）と思われるという不安が、ソーシャルメディアの世界にまで広がっているし、オンラインデートに必要ないくつかの要素が、日本では冷たい目で見られているのだ。

プロフィール写真について考えてみよう。オンラインデートには自己宣伝が欠かせない。プロフィールはいわば広告であり、パートナー候補に自分を売りこむ手段である。だが、こうした姿勢が、日本の文化にはあまりうまくなじまないのだ。

日本では、自分の写真、特に自撮り写真を載せると、バカっぽい印象を与えてしまう。二九歳の魅力的なシングル女性のカナがこういった。「外国の人たちって、みんなプロフィールに自撮りの写真を使うでしょう？　日本人はそれってすごく自己陶酔っぽく感じるの」彼女の経験では、デート・サイトの写真にはたいていふたり以上が写っているそうだ。本人がまったく写っていない場合もあるという。

それではかわりに何を載せるのか訊いてみた。

「飼い猫を使う日本人が多いわね」と彼女が答えた。

「猫といっしょに本人は写ってないの?」僕は尋ねた。

「ええ。猫だけ。あとは炊飯器とか」

「前に、変な道路標識を載せてる男の人がいたわ」三歳のリンコが教えてくれた。「それを見たら、その人についていろいろわかるような気がしちゃった」

それはなんとなく納得がいった。面白いものの写真を載せたら、もしかするとその人の人格を匂わせることになるのではないか? 僕はさっき食べたラーメンの写真を彼女に見せて、プロフィール写真としてどう思うか尋ねた。

彼女は黙って首を振った。

ああ、どうやら僕は、例の道路標識の男にかなわないようだね。

〝街コン〟と〝合コン〟

というわけで、オンラインデートはあまり流行っていない。ほかには? 〝合コン〟と呼ばれる昔ながらの集団デートがある。男性が男友だちを数人誘い、女性が女友だちを数人誘って、グ

やってみましょう、女性のみなさん……

ループで飲み会をするのだ。しかし、こうした集まりのときでさえ、女性たちの話によれば、たいていの男性は尻込みして電話番号を訊こうとすらしないらしい。それを実現するには、幹事が「よし、みんな、連絡先を交換しよう」と宣言しなければならない。実は僕も一度、「GQ」誌の旅行記の企画で、東京の合コンに参加したことがある。あいにく、先方の選んだ女性たちは英語が話せず、こっちは「ピザは好きですか?」という日本語しか用意していなかった。夜が更ける頃には、美味しい焼き鳥とビールで腹いっぱいになり、女性たちは僕が、ドラマ「フレンズ」の登場人物チャンドラーのインド版としてスピンオフに出演したと思いこみ、そして女性のうちふたりは本当にピザが大好きなのだとわかった。

今は仕事が忙しすぎると語っていた男性たちにとって、女性との出会いを求めるには、合コンがもっとも楽な手段に思われた。だが、それも、いっしょに合コンを企画する女友だちがいない男性には、難しいことである。

出会いの場として新たに流行しているのは〝街コン〟だ。街コンでは、男女が会費を払って、大規模な移動式パーティーに参加し、何百人もの独身者が近所のバーやレストランを歩きまわる。ひとりで参加する街コンもあれば、友だちと数人で参加して、異性のグループといっしょに食事をすることから始める街コンもある。そのあと、主催者が参加者を椅子取りゲーム方式で移動させ、参加者は多くの異性と話すことになる。こうしたイベントについて驚きなのは、それを主催する組織に、民間セクターも日本政府も補助金を払っていることだ。東京を案内してくれた社会学者で、論文の題材として街コンを研究しているクミコ・エンドウによると、バーやレストランのオーナーは、パーティーに場所を提供すると一席につき二五ドルから三五ドルもらえるという。デートについておこなったさまざまな調査のなかで、国が独身者のために金を注ぎこむなんて、ほかの場所では耳にしたことがない。なんと、相手を求めてうろうろする若者ひとりひとりに、国が酒をおごっているというわけだ。今のところ、こうしたイベントへの公共投資はささやかな金額だが、政府が結婚日照りをどれほど深刻に受けとめているか、そしてお見合い市場をふたたび活気づけるのがどれだけ大変か、ひしひしと伝わってくる。

恋愛代替産業 ――タマゴ、売春、ソープランド

それでもやはり、我々が取材した多くの草食風な男性にとって、内気さを乗りこえて集団デートに参加するのは、かなり厄介なことらしい。さらには、女性たちが、従来の結婚生活や家庭による制約に甘んじたがらなくなっている。欧米はじめ、その他の国でもどんどんそうなりつつあるが、日本の女性たちも、実りある仕事人生を送りたいと望むようになった。東京での問題は、従来の恋愛ができない、あるいは興味がない人々にとって、ニューヨークで見られるような、活発でざっくばらんなデート文化のかわりになるものがないことだ。

そういう人々にとって幸運なことに、日本には大規模な性産業があるだけでなく、〝恋愛代替〟産業ともいうべきものがあり、〝添い寝カフェ〟（お客は代金を払って、頭をなでられたり、目を見つめあったり、綿棒で耳掃除をしてもらったりする）から、長期の使用に耐えるようにつくられた完全

なセックスロボットまで、なんでもそろっている。[15] 自分がこんなことをいうとは想像もしなかったが、どちらかといえば耳掃除よりは、ロボットとセックスするほうがまだ妥当な選択肢に思われる。

〝恋愛代替〟産業の施設のうちで、もっとも人気が高いのはホステスクラブだ。基本的には、日本で昔から続く商売を今風にしたものである。男性がバーのような雰囲気のいい店に行って金を払い、ムード満点だがあからさまに性的ではないやり方で、個人的に親密なサービスを受ける。女性たちは現代の芸者のようなものだ。男性のタバコに火をつけたり、酒をつくったり、会話を熱心に聞いたりといった、日本の理想的な妻や恋人がいかにもしそうなことをする。[16] 多くの男性が仕事のあと、ひとりかグループでこうしたクラブに立ち寄る。とはいえ誤解のないようにいうと、これはべつに性的な接触にはつながらない。ホステスクラブでは裸もセックスもない。売春のようでありながら、ただいっしょに過ごすだけなのだ。僕には訳がわからなかった。

ボルティモア出身の若き移住者アルが、その動機について説明を試みてくれた。「なんていうか、ボクちゃん寂しいんだ、人間が怖いんだ、って感じだね」と彼はいった。「話を聞いてくれる人、批判しない人を相手にグチりたいとか、ちょっと一杯飲みたいとか。安心のために金を払う。拒絶されないために支払うんだ」

女性たちもホストクラブに行って、似たようなサービスを受ける。社交的な男たちが会話と酒の相手をしてくれる。こちらもやはり、セックスにはつながらない。まったくの話し相手だ。こうした女性たちは、基本的には、草食系ではない男たちとしばらくともに過ごすために、代金を支払っている。

だが、セックスはどうなっているのか？　いわゆる〝本番〟をともなう売春は日本では違法とされている。ブラックマーケットはあるが、日本人はそれにかわる独創的で合法な手段を発達させてきた。とても人気があって、グループインタビューでも何度も話に出たのが、ソープランドだ。男性が防水のマットレスに横たわり、女性がその上に乗ってローションを使い体を滑らせる。追加料金で各種のサービスも受けられる。ソープランドというのは奇妙な呼び名だが、それほど後ろめたいものとはされていない。

男性の何人かから聞いたが、仲間と遊びに出かけて、誰かが「よし、あとから行くよ。ちょっとソープに寄ってくから」などということも普通にあるという。どうやら、ソープランドは性的な喜びだけでなく、拒絶されることのない恋の場を提供してくれるものでもあるらしい。拒絶される危険を冒してまで、わざわざナイトクラブへ行きずりの相手を探しにいく必要があるだろうか。ソープランドに行けば、一〇〇パーセント確実に、女性が防水マットレスの上でローションまみれのサービスをしてくれるのに。

そしてもちろん、まったく違法な売春も存在する。この話題を出したとき、売春がアメリカよりずっと普通に受けいれられているようなのでびっくりした。グループインタビューに参加していた地方大学の助手は、学生たちから、売春婦のところへ行った話をしょっちゅう聞かされるという。彼にとってはたいしたことではないらしい。学生たちにしても、授業のあとアイスクリームを食べにいった話をするのと同じなのだ。

さて、正直なところ、男性がどれくらいの頻度で売春婦を訪ねるか、世界各国の確固たるデータはない。だが、見つけることのできた信頼できる統計によると、日本男性のおよそ三七パーセントが、少なくとも一度、セックスのために金を支払ったことがあるという。これがフランスでは一六パーセント、アメリカでは一四パーセント、イギリスでは七〜九パーセントである。[17]

東京でもソープランドや売春宿が好みでない男性のためには、アダルトショップがどこにでもあって、フレンチ風のメイド服や制服の少女、アニメのキャラクターまで、想像できるかぎりどんなフェチにも応じてくれる。

また、性具の市場も活気づいていて、後ろ指をさされることもなく売られている。最近の商品でもっとも人気が高いのが、テンガである。テンガってなんだ？　会社のウェブサイトを見ると、企業のキャッチフレーズとしては史上最高といえそうな言葉が目に飛びこんでくる。「マスターベーションの未来は……今だ！」

この会社はタマゴのような自慰の器具を専門に扱っている。これは使い捨てのシリコンのタマゴで、内部には潤滑剤が入っている。男性はその中に自分自身を入れてしごき、自慰をする。済んだら封をして捨てられる。

おもしろ情報。テンガ社の重役のひとり、サトウ・マサノブは、自慰の継続時間の世界記録を保持している。九時間五八分。つまり、彼はオナニーをしながら、映画『ロード・オブ・ザ・リング』三部作を通して見られたというわけだ。そして、三作目の「王の帰還」のクレジットが流れ終わっても、まだ四一分の時間が残されていたことになる。

そこからさらにわかった。自慰の最長記録を保持するより、唯一悲しいことは、誰かに負けたと気づくことである。

「残念だったね、彼のほうが何分か長く続いたんだ。来年またがんばれよ」

日本ではセックスに興味がもたれていないとする記事はいずれも、こうした別の手段による奇妙な性の世界があることを、ちゃんと掘り下げていない。その世界の存在を知れば、セックスに対するいわゆる〝興味の欠如〟に多少は説明がつくだろう。草食系チームは、性の悦びには興味があるけれど、それを昔ながらの方法で達成することには興味がないだけなのだ。どうやら彼らにすれば、女性に拒まれることを考えて萎縮してしまうくらいなら、タマゴを相手にハイおしまい、のほうがいいのだろう。

そろそろ読者の皆さんは知りたがっているかもしれない。東京で僕が食べたもののなかで、ナンバーワンは何だったか、と。うーん、なかなか決めがたい。最高級の鮨屋〈すし匠まさ〉では心ゆくまで楽しんだ。一方、築地市場の庶民の店で食べたテンプラも実に美味かった。そしてもちろん、ラーメンも外せない。

正直なところ、東京の食の世界は、シングルの世界より、はるかに理解しやすかった。セックスと恋愛がなぜこれほど劇的に、急速に変化したのだろう。そしてなぜこれほど多くの人々が、互いに近づこうとせず、内向き——ひとりで家に閉じこもったり、ビデオゲームをしたり、猫カフェに入りびたったり――になったのだろうか。

東京での最後の夜、僕は偏見にとらわれずにテンガを買ってみようと決心した。その過程の一つひとつが散々だった。まずコンビニに入って、「こちらにテンガはありますか？」と尋ねなければならない。女店員は悲しげな顔で僕を見ると、右のほうを指さした。僕は支払いをしながら、にっこりして、「本を書くための調査なんだ！」と言い訳した。それはステキ、とは思ってもらえなかったようだ。かわりに、彼女は僕が『世界中でマスターベーション――ある男の自分探しの旅』なんていう珍妙な本を書いていると思いこんだに違いない。

ホテルの部屋に戻ると、例の物を取り出して試してみることにした。本当に、次のレベルに進化したマスターベーションになるのかと思うと、なんだかワクワクした。今のレベルでもかなり気持ちいいのだから、たぶん、まんざら悪くもないはずだ。ところがそうでもなかった。タマゴ形の器具を使うのは奇妙な感じだし、落ち着かなかった。そいつは冷たくて変な感触だった。厚手の冷たいコンドームをつけているみたいな感覚で、よさがわからなかった。

しかし、象徴的な意味で、テンガは行きずりの情事のかわりのようにも思われた。わざわざ出かけていき、他人を相手に実際に行動することを避けるための手段だ。行きずりの情事と、そうした体験の本質については、それぞれに文句もあるだろう。だが、僕自身、ひとり身の時期には、行きずりの恋をすればするほど、そのおかげで人間として成長し、まじめな恋愛をする心構えができていった。また、そうしたつながりの真の意味に気づき、まじめな恋愛の長所と短所についても理解が深まった。デートはうまくいかないこともあるが、とても楽しいものにもなる。思いどおりにならなくたって、他人と会うときにはいつも、その経験が記憶に残り、そこから学ぶことができる。

デートで何が起ころうと、冷たいシリコンのタマゴに射精するよりは、ずっと多くのものを得られるだろう。

ブエノスアイレス――〝チョンゴ〟と〝ヒステリコ〟の土地

日本への旅のあと、僕は男性がもっと食欲旺盛なデート文化の状況を知りたくなった。エリックといっしょに、世界中でとびきり恋に積極的な場所を探し、行き先にふさわしいのはアルゼンチンだと判断した。東京が〝草食系男子〟の首都だとしたら、ブエノスアイレスは〝ステーキ愛食家〟の都市に違いない。

実際にどうかはさておき、アルゼンチンの男性は、激しやすくロマンチックな情熱のもち主として世界的に定評があり、その情熱が病的で恐ろしいものになりやすいとされている。二〇一四年に「ストップ・ストリート・ハラスメント」という非営利団体がおこなった調査によると、ブエノスアイレスの女性の六割以上が、男にヤジられて恐怖を感じるという経験をしていた。[18] 女性たちのこうした不安は、ブエノスアイレスの多くの男性にとって驚きだった。この調査について訊かれたブエノスアイレスのマウリシオ・マクリ市長は、不正確な調査だと片づけ、他人から大声をかけられることが女性にとって問題であるはずがないとして、その理由を説明した。
「女性はみんな褒められるのが好きなんです」と彼はいった。「怒っているなんていう人たちは嘘をついてるんですよ。ちょっとぶしつけなこと、『きみってすごくかわいいお尻をしてるね』などといったとしても……問題ありません。女性の美しさよりも美しいものなんてないでしょう？それこそ、男たちが呼吸をしている理由といっていいんです」

念のためいうが、これは本物の市長である。この発言を読んで調べてみたところ、彼はこのインタビューのとき、ビールをくくりつけてそこから口までストローが届く仕掛けのヘルメットをかぶってはいなかったことが確認できた。

ご想像どおり、この発言は不評だった。多くの女性たちが――市長自身の娘も含めて――マクリの見解を非難し、公式に謝罪させたのだった。

だが、ブエノスアイレスの男性たちのあいだでは、おそらくマクリの意見は珍しいものではないだろう。エリックと、社会学を専攻する大学院生のシェリーが、アルゼンチンで一カ月かけて取材とグループインタビューをおこなったところ、女性を気ままに口説くことはこの国の文化的伝統に深く根づいていた。男性は、アルゼンチン人が〝ハント〟と気軽に呼ぶ行為の追跡者の役をにな']い、その追跡の主な舞台は路上なのだ。

ブエノスアイレスにおいて、路上は性のエネルギーに満ちている。官能的なタンゴを踊り、誘うようなおしゃべりや性的なジョークがあちこちで聞こえ、人々は公園やレストラン、バスの車内で、公然とイチャつく。

日本の女性だと、いきなり声をかけられたらギョッとするだろうが、ブエノスアイレスで取材した女性たちがいうには、男から一方的にいい寄られるのは毎度のことで、嫌だといっても聞こうとしない男が多いらしい。「この国の男たちって、こっちがはねつけても拒絶しても、かまやしないの」ある女性がいった。「そのまましゃべりつづけるのよ」

しゃべるぐらいなら序の口だ。取材した女性の多くが、アルゼンチンの男は奔放にセックスを求めるのだと語った。ある印象的なグループインタビューで、タマラという女性が、こんな話をしてくれた。会ったばかりの男が、こちらにその気がないことは明らかなのに、キスをしたり脚にさわったり、スカートの下から手を入れようとしたりするので、やめてというと、相手は不満そうな態度で「なぜ？」と訊き返す、そんなことがよくあるそうだ。彼女がその話をすると、グループのほかの女性たちもそうした状況はおなじみのようで、そろってうなずいた。「毎度のことね」とひとりがいい添えた。

「外に出ると、男がいい寄ってくる。恋人がいるといっても、興味がないといっても、迫りつづけてくるの」別の女性も口を開いた。「こんなふうにいうのよ、『今ここに彼氏がいるの？　いっしょに住んでるの？』って。まるで受けいれられて当然みたいに。こっちがいくら『ノー、ノー、ノー』っていっても、どんどん近寄ってくるのよ」

ニューヨークから移住した二八歳のロブが、あるグループインタビューで、この行動について説明してくれた。彼によれば、アルゼンチン人の態度は、アメリカの「ノーはノーを意味する」文化とはまったく別物なのだという。「この国では、女性がノーといったら、その気があるということなんです。本当にその気がなければ、何もいいません。ただただ無視するだけです」だから今では、ロブが女性から離れるのは、相手が文字どおり背を向けたときだけだという。ブエノスアイレスの求愛を彼なりに解釈すると、〝ノー〟はたいてい〝イエス〟の前ぶれにすぎないのだ。

お察しどおり、そのせいでいろいろ厄介な事態になる。グループインタビューで男女どちらからも聞かれた話だが、誘われた女性はみな、まずは気のないふりをして、相手の男が何度も口説いてきてから、ようやく同意するのが一般的らしい。多くの女性はこの茶番を、体面を保つ必要があるためと考えている。あまり早く応じたら、安っぽく思われてしまうからだ。

「先週、友だちから聞いた話。彼女は、すごく好きな男性に対して、気のないふりをするため、イエスという前に何度か断ったんだって」と、ひとりの女性が話してくれた。「相手が真剣かどうかを確かめるのと、軽い女だと思われないようにするためよ」

性的にも、女性たちは、積極的すぎると思われることへの不安を口にした。「最初のデートで寝たりしたら、それで終わりだって、女は知ってるのよ」と別の女性がいった。

アルゼンチンの女性が求愛者に関心を示す方法はいろいろあるが、アメリカと同様、先に接触を始めるのはたいてい男性だ。女性からアプローチする場合もあるとはいえ、話を聞いた人のほとんどが、男は積極的な女に興ざめするものだと考えていた。「男の人は、自分から追いかけるのが好きなんだと思うわ」とサラ。「女性が大胆に行動するたびに、『うわぁ――なんで俺を追いかけるんだ?』って感じになるの」

ブエノスアイレスにおけるテクノロジーの活用は、路上の文化をそのまま映し出している。アメリカ人にはちょっと理解できないくらい攻撃的だ。アメリカ出身の二八歳のエミリオは、フェイスブック上で、デートに誘うためだけに、自分の友人のセクシーな女友だちと友だちになることにハマっていたという。三一歳のエデュアルドは、ビビビッと感じる女性を求めて、週に三〇人にメールを送っていた。彼はフェイスブックでもインスタグラムでも、どこでも相手さえ見つかれば連絡をとるのだった。

それにもかかわらず、我々が話を聞いたなかで、実際にOkキューピッドのようなオンラインデートのサイトを利用している若者はほとんどいなかった。一つには、オンラインデートを使うなんてよほど切羽詰まっているのだという烙印が、いまだにつきまとうせいもあるだろう。だが、もっと大きな理由は、ただ必要がないというだけなのだ。エデュアルドにいわせればこういうことになる。「アルゼンチンの女性なら、男とくっつくのにオンラインデートなんて無用だよ。一生ずっと男が追っかけてくるんだからね」

とはいえ、メールは盛んだ。ブエノスアイレスのグループインタビューで、シングルの人々に、現在メールをやりとりしているパートナーが何人いるか尋ねたところ、三人未満という人はほとんどいなかった。複数の相手と、さまざまな度合いの真剣さでつきあうことは、めずらしくないようだ。アメリカから移住した二七歳のアジャイは、ブエノスアイレスのデート文化をアサード――アルゼンチン風のバーベキューになぞらえた。

「いろんな肉の切り身をいっぺんに焼くわけだ」彼はいった。「ソーセージは早く焼ける。ぶ厚いステーキは最高だけど、時間がかかるだろ？　そうやって同時に肉のお守りをするのと同じように、女の子たちとも同時にやりとりしなくちゃ」

僕はこの比喩を聞いて、アジャイに「史上最高にセクシーな食べ物の喩え話──肉とバーベキュー部門」というトロフィーを贈った。

いざ実際に恋人としてつきあうとなったとき、アルゼンチン人は〝ヒステリコ〟になるという評判だ。〝ヒステリコ〟（女性形は〝ヒステリカ〟）の概念は、我々のあいだでしばしば話題にのぼった。その土地の文化に属さない人間にはどうも定義しにくい独特の言葉なのだが、僕の理解では、最初のうちの態度が、やがてコロッと変わることを意味しているようだ。「ノー、ノー、ノー」と拒んでいた女性が、そのうちとうとう「イエス」というのは、〝ヒステリカ〟とされるし、熱烈に口説いてきた男性が、とつぜん姿を消して何週間も音信不通になるというのもそうだ。

「女性をモノにしようとしてるときは、本当に男っぽく振る舞うの」とサラはいった。「口説いて、口説いて……とうとう結ばれる。すると、今度は女の子みたいに振る舞うようになる。こっちが興味を示さないと、向こうは夢中になる。こっちが興味を示すと、消えてしまう。まるで……なんだか数学みたい。方程式だわ」

我々が耳にしたよくあるアプローチ法は、男が女を追いかける際、くり返し愛を打ち明け、アルゼンチン特有の方法でそれを証明する。日曜日のバーベキューに招いて、両親に紹介するのだ。「男は決まってこんなふうにいうのよ。『愛してる、きみこそ運命の人だ、結婚したい、子どもが欲しい』ってね」二七歳のソフィアというアルゼンチン女性が語った。「でも、それきりぷっつりと音沙汰がなくなるの。これがスペインだったら、『愛してる』っていうのは、本気でそう思うからよ。言葉だけじゃないわ。でも、ここでは本気じゃないの」別の女性は、アルゼンチンでよく知られる、こんな意味の言葉を教えてくれた。「嘘をついてよ、それが好きだから」。これもまた恋の駆け引きの一部なのだ。

名目上は決まった相手がいる人々でさえ、以前の恋人やパートナー候補をキープしておいて、もし今の相手と別れたらすかさず乗りかえようと考えているという。我々が話をしたなかにも、現在の相手とうまくいかなくなったときに備えて、補欠を用意していると語る人がいた。二八歳のイザベルは、つきあっている相手がいるときでも、複数の男性とメールでイチャつくのだと話してくれた。彼女によると、それは「自分磨きのため」ということらしい。そしてこんなふうに表現した。「ダイエット中だからというだけで、メニューをチェックしちゃいけないなんてことはないでしょ。つまり、料理そのものを手に取りさえしなけりゃいいのよね」

この人たちと食べ物の比喩は、どうなってるんだろう?

「彼氏がいたときも、バーかどこかへ行って出会いがあったら、念のためその人に電話番号を教えたわ」二五歳のマリリンもいう。「まあ、浮気するわけじゃないし、ね?」

「でも、選択の自由は確保しておいたのね」別の女性が口をはさんだ。

「ええ」とマリリン。「だって、先のことはわからないでしょ?」

思ったとおり、カジュアルセックスはどこでもおこなわれていた。アルゼンチンでは、恋人のいる女性に〝チョンゴ〟がいる場合が多い。文字どおりには〝強い男〟とか〝ボディーガード〟

といった意味だが、カジュアルな性的パートナーを総称する言葉でもある。セックスフレンドや、真剣な交際の一方でこっそりつきあう相手などを指す。使い方はこんな感じ。「ううん、べつにお互い本気じゃないわ。あの人、わたしのチョンゴだもの」

グループインタビューで、ある既婚女性が話してくれたのだが、以前つきあっている人がいた時期、数年にわたり定期的に会うチョンゴがいたそうだ。「体だけの関係でした」と彼女は説明した。浮気ではなく、性的欲求を満たしていただけだということを、ちゃんと理解してほしいと念を押した。「その人の親の名前も知らなかったんです」

アルゼンチンでけっして気軽な恋はしたくないものだと思う。こんなふうにいわれたらどんなにがっくりくるだろう。「なあに？　恋ですって？　本気でいってるの？　これは体だけのつきあいでしょ。ねえ、はっきりしてると思ってたけど。あなたはわたしのチョンゴ、それだけよ」

驚くべきことに、カジュアルセックスへの関心の高さが、ブエノスアイレスの文化ばかりか、建物や地区をも形づくっている。この町には〝テロ〟と呼ばれるラブホテルがたくさんある。部屋は時間貸しで、人目につく危険もない。値段はピンからキリまで、超高級な地域にも荒っぽい地域にもあり、プライバシーが最大限に守られる造りになっている。取材した人たちの話では、お客が利用しやすいように、さまざまな工夫が凝らされているらしい。あるテロでは、お客が駐車場に入って部屋を頼み、指定された番号の場所に車をとめれば、車のドアのすぐ横が部屋のドアになっている。また別のテロでは、玄関ドアと部屋のあいだに小部屋があり、スタッフがお客と顔を合わせずにルームサービスを届けられる。

そうはいっても、テロによっては、ピークタイムにプライバシーを維持することが不可能になる。ブエノスアイレスでは、独身の若者のほとんどが、狭いアパートに親と同居している。つまり、セックスをしたい人の多くが、ときどきテロを利用することになり、夜遅くなると特に混雑する。週に三〇人の女性にメールを送るという三一歳のエデュアルドによると、午前三時や四時に行くと、バーやクラブから流れてきた連中とともに、待合室で待たなければならないときがあるという。また、外国から来てテロの隣に住んでいるという女性は、昼休みに車の出入りがやけに多いと思ったら、ホストマザーからこんな話を聞かされたそうだ。「お偉いさんってのは秘書とヤリたがるのよ」

一方では、テロやカジュアルセックスといった世界が楽しく自由に見えるかもしれないが、その一方で、少なくとも人口の半分にとって、ブエノスアイレスは過酷な場所にもなる。グループインタビューで何人もの人から聞いたが、公園のベンチやバス停といった公共の場所で、気がふれたように泣いている若い娘を見かけることがしょっちゅうあるという。なぜそんなことがあるのかエリックが尋ねると、答えはいつも同じ——男のせいだ。

ブエノスアイレスのデート文化は、とびきり刺激的で官能的で、イチャついたり追いかけたり、気軽に寝たりといったことがあふれている。だが、迫られて嫌な思いをしたり、人を操ったり裏切ったりといった、影の面もあることは間違いない。ブエノスアイレスでは誰もが愛の痛みを味わうが、チョンゴたちよりも女性たちのほうが、はるかに大変な思いをしているという結論を出さずにはいられなかった。

第6章 古き問題、新しき形

——セクスティング、浮気、のぞき見、別れ話

インターネットとスマートフォンの出現により、我々の恋愛生活は今や二つの世界にまたがっている。現実の世界とスマホの世界だ。後者の世界は、かつてなく高度に私的なコミュニケーションの場となっている。そのため、嫉妬、不貞、性的交渉といった昔ながらの問題に対して、我々はまだ手探り中の新しい方法で臨まねばならない。

セクスティング

ケータイやスマホの登場によって現代の恋愛にはさまざまな変化がもたらされたが、なかでももっとも過激なのがセクスティングである。セクスティングとは、デジタルメディアを通じて、露骨に性的な画像を共有することだ。

概念としては、セクスティングは時代を超えた現象である。ヌード写真やエロチックな手紙などは、あらゆる文明に存在する。自分の猥褻《わいせつ》な写真をツイッターに投稿してしまったアンソニー・ウィーナー元議員のスキャンダルなどは現代に特有と思われるが、その先駆けとなるものもある。たとえば、アメリカ大統領ウォレン・G・ハーディングが隣の奥さんに宛てて書いたエッチなラブレター。そのなかで彼は、自分のペニスをジェリー、相手のヴァギナをミセス・パウターソンというニックネームで呼んでいた。

手紙を分析していた歴史家が、わかった、と叫んだ瞬間に、ぜひ立ち会いたかったと思う。「おや、ちょっと待てよ。彼が〝ミセス・パウターソン〟と書いているのは、どうやら……隣の奥さんのヴァギナのことじゃないか？」

何より面白く思えたのは、〝ミセス・パウターソン〟なんて、ヴァギナにつけるあだ名としては最悪だけど、〝ウォレン・G・ハーディング〟だったら、ペニスのあだ名にちょうどよさそうな感じがすることだ。

写真とビデオに関していえば、自分を撮る能力は、技術とともに進化してきた。フィルムカメラは高画質の写真を撮ることができたが、短所もあった。自前の暗室でもないかぎり、フィルムを現像に出さなければならず、プライバシーが洩れてしまうのだ。

一九七〇年代から九〇年代半ばにかけて、ポラロイドカメラと安いビデオカメラが普及し、性的な画像を自分で撮ってひそかに保存できるようになったが、ときとして子どもが、「開けるな」というラベルの貼られた箱を開けてしまい、一生消えない心の傷を負うはめになった。

デジタルメディアやインターネット、そして何よりスマホの流行が、そうした状況を一変させた。今日ではたいていの人が、きわめて高品質のカメラとビデオレコーダーを、肌身離さずもっているのだ。画像を撮るハイテクな手段に加え、その画像を自分とパートナー用に保存する、一見したところ私的な場所も手に入れた。とはいえ、「開けるな」という箱と同様、ときにそれが渡ってはいけない人の手に渡ることがある。

だが、決定的な違いは、使いやすさと送りやすさだ。昔だったら、どう考えても、たいていの男性はバーで会った女性に自分のペニスのポラロイド写真を郵送することなどなかった。そんな真似をするのは気味が悪いし、ちょっとした騒ぎにもなっただろう。ところが、高解像度のカメラがいつでも自分のペニスからわずか数センチのところにあって——すぐさま輝かしい写真を共有できるのだから——それは大変革をもたらした。

スマホ時代になる前に、性的な画像がどれくらい共有されていたかを示す数字はないが、現在では驚くほどの件数になっている。セクスティングは、特に若者たちのあいだで、今はまだ一般的とはいえないまでも、急速に広まりつつある。

セクスティングに関してよくわかる統計データをいくつかあげておこう。

- 一八歳から二四歳のうち、半数がセクスト〔露骨に性的な画像を含むメール〕を受けとったことがある。
- 一八～一九歳の三分の一がセクストを送ったことがある。
- セクスティングはすべての年代層で増加している——ただし五五歳以上を除く。
- スマホを所有しているとセクスティングをする可能性が高まる。
- iPhone利用者はアンドロイド利用者と比べて、セクスティングをする確率が二倍である。
- セクスティングがもっともおこなわれる時間帯は、火曜日の午前一〇時から一二時のあいだである。そう、これは二度確認した。奇妙だ！

・既婚者、または恋人がいる人も、決まった相手のいない人と同じくらいの確率で、セクストを送ったことがある。[1]

人はなぜセクスティングをするのか？　我々がつきとめた主な理由は、パートナーと親密さを共有するため、性的な魅力をアピールするため、パートナーの求めに応じるため、そして場合によっては遠距離を越えて愛情を保つためだった。

テクノロジー・ジャーナリストのジェナ・ワーサムが、セクスティングに関する記事を書いた。取材協力者が過去に送ったセクストをそれぞれワーサムに転送し、それについて彼女がインタビューするという内容だ。「わかったことは」とワーサムは記している。「セクスティングとは——スマホでなされるほかのあらゆることと同様——ほとんどはおもしろ半分で、楽しむためにおこなわれているということだった。大人がいかにもしそうなことをしているだけである」[2]

彼女が取材した人々には、セクスティングをするもっともな理由がいろいろあった。そして彼らの発言をまとめてみると、実際、現代においてエロチックな関係を続けるための、健全で切実な手段のように思えてきた。

ある二七歳の女性編集者は、自分の体をセクスティングしたのは、そうすることでパワーを感じられるからだという。「コントロールするみたいなものね」と彼女は説明した。「彼にわたしを欲しがらせたかったの」

また、三〇歳のアーティストのDは、ふたりの関係にスパイスを加えるため、婚約者とセクストを交わすのだという。

「お互いの体はもう何度も見てるし、これからもっともっと見ることになるわ」と彼女は語った。「だからときには、見えないところや、違う見せ方によって、エロティシズムが感じられたりするのよ」

ブランド・マーケッターのMが、自分の胸の写真を恋人に送ったのは、彼が仕事のプレゼンテーション前に緊張をほぐすのを助けるためだった。

これは僕のお気に入りだ。想像しただけでうれしくなる。男がスマホを取り出し、おっぱいを見てこう考える。「ああーー。よし、ボクにはこれがあるんだ！　このパワーポイントのプレゼンテーション、絶対うまくやろう」

掲示板で、ある女性が、過去にセクストを送った理由を山ほど並べていた。「誰かが離れたところで自分を求めていると思うと気分がいいから。いつも頭にあることだから。自信をもたせてくれるから。今までしたことがなかったから。好きだから。別れたばかりだったから……」

スマホの世界によって与えられるプライバシーと距離感のおかげで、自分の性にもっと素直になれるという人もいる。「始めたきっかけは、自分がとてもセクシャルな人間で、セクスティングはパートナーと性的なことを話しあいやすくしてくれる手段だったからなの」掲示板に参加するある女性が教えてくれた。「自分のしてほしいこと、求めていることを、寝室でじかに頼むのは難しかったけど、この方法だと、要求やあこがれを伝えやすかったわ。今では楽しみになって、まるで前戯みたいね。実際に会う前に、何かセクシーなものを相手に送るのが好きよ」また、別の女性はこう記した。「数年前につきあっていた人から、写真をくれってしつこく頼まれたの。それで、彼を失うんじゃないかという気がして（……健全なおつきあいじゃなかったから）、とうとう始めたんです。そうしたらすっかりハマっちゃって。写真を撮ると、とにかくすごくセクシーな気分になって、今でも見るとステキな気持ちになるの。それに、そのうちわたしのおっぱいも垂れちゃうから、記念になるでしょ」

掲示板の参加者の多くが、セクスティングは遠距離間の親密さを保つための場を与えてくれる、と述べた。

ある女性はこう記している。

わたしはアメリカ、彼はウェールズに住んでいます。わたしたち、週に少なくとも一度はセクスティングしてるんです。遠距離恋愛をしていて、二、三カ月も会えずに過ごさなくちゃいけないので、欠かせないものといっていいんじゃないかしら。彼に興味やときめきを感じつづけてもらいたいんです。つきあいだしてまもなく彼がウェールズに行ってしまったから、寝室での好き嫌いをあまり話しあったことがなくて。でも、セクスティングを通じて、それを伝えあい、すべてをさらけ出すことができました。だから、次に会えるときには、お互いの望みがもうわかっています。もし一年前に質問されていたら、自分がセクスティングをするなんて〝みだら〟な気がしただろうけど、今では恋愛関係でのセクスティングに全面的に賛成です。

別の参加者はこう記した。

一般的にいって、テクノロジーがなければ、遠距離恋愛を続けるのはもっともっと大変だろうと思います。昼間はチャットやメールで通信できて、夜はいつも顔を見ながら話せることは、わたしたちが親密に交際を続けるために欠かせないものになっています。セクスティングは、実際にそばにいられなくても、ふたりの関係を刺激するのにいい方法なんです。

結論は明らかだ。セクスティングがなかったら、こうした恋愛は続けるのがもっと困難になり、終わってしまう可能性さえある。遠くにいる人を愛するにはどうすればいいかという切実な悩みを抱えている人は多いが、セクスティングはその難題に立ち向かう効果的な手段を与えてくれたのだ。

こうした親密な時を分かちあう贅沢とプライバシーを与えてくれるテクノロジーが、その一方で、悲しいことに、パートナーの信頼を大きく裏切る行為も可能にしてしまう。

セクスティングをしない理由としていちばん多いのは、暴露されるのが怖いということだ。ある女性がこう語っていた。「わたしは一度もセクスティングをしたことがないし、これからもしないでしょうね。刺激的で面白そうだけど、どんな結果になるか考えると恐ろしくて。もし関係がうまくいかなくなって、相手がまだ写真をもっていたら、それがどうなるかわからない。そんな状況になりたくないし、避けるべきだと思うわ」

こうした見方を裏づける、悪夢のような話をいくつか聞いた。ある女性は、はじめセクスティングに気が進まなかったが、仕方なく応じた結果どうなったかを話してくれた。

恋人が望んだんです。そんなの嫌だったけど、彼からどうしてもって頼まれて、「愛してるならできるはずだ」っていわれたの。少しやりとりをしたけど、どんなことを書けばいいかよくわからなかった。自分でさわっている写真をくれと頼むので、いわれたとおりにしたら、いろんなところからメールが届きはじめて、〝ふしだらな女〟だってなじられたの。なんと彼はパーティーに出ていて、ケータイをみんなに回して、わたしの送った写真を見せてたんです。本当にひどい屈辱だった。ずっと前の話。それっきりセクスティングはしていないわ。

こんなふうに、豹変して人間のクズになり下がるヤツに写真を送ってしまうことが、広く恐れられている。そして、理論的には誰もがこうやって暴露される可能性があるとはいえ、現実には女性のほうが男性よりも、実にさまざまな形でそのリスクの影響を受けているのだ。

二〇一四年、女性セレブたちの私的なヌード写真がインターネット上に流出した。ハッカーが

画像掲示板の4chanに投稿したのだ。* これらの写真は明らかに女性たちがパートナーのために撮り、けっして公開されるはずのないものだった。画像を盗んだハッカーたちが非難された一方、盗まれた女性たちも無謀だと咎《とが》められた。「ヌード写真をリークされたくないって？ だったら撮るなよ！」というのが典型的な反応だった。iPhoneで裸の写真を自撮りするなんて、考えが甘いし、自意識過剰で幼稚だという議論も起こった。どうやら、性的に健全でまともな人間はセクスティングなんかしないということらしい。実際はそうではないという証拠が山ほどあるにもかかわらずだ。もちろん、この意見に同感という人ばかりではないが、やはりそれが一般的な論調だった。

こういう非難を浴びる不安というのも、セクスティングをしない理由として挙げられた。だが、話を聞いた若い女性の多くが、こうしたリスクのとらえ方がすでに変わりつつあると考えている。ある二四歳の女性いわく、セクスティングには自分を力づけてくれる何かがあるそうだ。たとえヌードが流出しても、それによって裁かれることはないと考えるようになったという。

セクスティングについての警告（主に女性に向けたもの）って、最悪の状況ばかり取りあげてるのよね――自分のヌードが、リベンジポルノのサイトで公開されるとか。それは一生ずっとつきまとって、仕事でも将来の恋愛でも悩まされることになるといわれてる。自分にそんなことが起こるとは思わないけど、もしそうなったとしても、見た人が当然の結論を出してくれればいいと思うわ――わたしが、好きな人のためにビデオを撮った、性的に自信のある女性だって。知りあいが画像を見て、そんなの撮ったことを否定的に判断したとしても、問題は向こうにあって、わたしにはないっていう自信がある……だから、恋人とセクスティングするとき、いちばんの目的はお互いに気持ちよくなること。でも、わたしにとっては、確認のためのささやかな手段でもあるの。自分の体をどうするか自分で決め、リスクのある行動でもちゃんと見きわめてやっているってことを確かめるためのね。

こうした考え方は若者たち、特にティーンのあいだで、かなり一般的になりつつある。スマホ文化で育った世代にとって、セクスティングは性的に積極的になる過程で誰もが通る道になってきた。ファーストキスとともに、ある時点で多くの人がファースト・セクストを経験するのだ。ジャーナリストのハナ・ロジンは、セクスティングの流行と奔放な画像の共有のせいで警察の捜査が入ったヴァージニア州中部の高校を取材した。話を聞いた子のうち驚くべき人数が、この状況をたいしたことではないと自信たっぷりに答えたという。[3]

ある警官が少女たちに、画像がネット上にばらまかれることが心配ではないか尋ねると、こんな答えが返ってきた。「わたしの人生だし、わたしの体だもの。どうしようが自分の勝手でしょ」また別の子もいった。「どこが問題なのかわかんない。自分の体を自慢に思ってるんだもの」この警官が調べたところ、少女たちのなかには、わざわざインスタグラムに投稿するためにヌード

＊　写真の何点かに、ある男性の姿もあったが、彼の写真はさほど大騒ぎされなかった。取り沙汰されたのは圧倒的に女性たちだった。

写真を撮った子もいた。恥をさらすことになるとか、この先ずっと自分につきまとうことになるといった考え方は、くだらないと思われているようだった。

大人や警官たちが、セクスティングの危険や恩恵をどう考えようと、それはどんどん普通のことになりつつある。そして、現代の恋愛のほかの面についても見てきたように、ある世代にとって正気とは思えないことが、次の世代では当たり前になるというのは、よくあることなのだ。

浮気

当然ながら、スマホによって可能になった、あるいは簡単になった性的な行為は、裸の写真を送ることだけではない。不倫について考えてみよう。かつては、浮気をする男女がイチャつけるのは、じかに会うときか、固定電話で話すときだけだった。暗号を決めたりしたものだ。「電話を二回鳴らしたら、いったん切るわ。それを合図に窓まで行くと、ワイヤロープが見えるはずよ。滑車にぶら下がってツリーハウスまで降りてきて。夜一〇時半にそこで会いましょう」

今では連れ合いといっしょにベッドにいて、「ねえ、きみ、ケータイで何を見てるの?」などと訊かれても大丈夫。奥さんは「あら、『タイムズ』の論説を読んでるだけよ」と答えながら、実は隣人に自分の〝ミセス・パウターソン〟の画像を送っていたりするのだ。

恋のチャンスが増え、それを活用するための技術が進んだことによって、道を踏み外す人が増えたのだろうか？　民主党のアンソニー・ウィーナー元議員のフェイスブックのメッセージを読んだことを思い出す。彼が国中の女性たちに手当たりしだいにメッセージを送る様子と、そのメッセージが害のないものからたちまちきわめて性的なものに変わる様子には、目を疑った。以下はウィーナーが、お相手のひとり、ラスヴェガスのリサという女性と交わしたチャットの写しである。[4] ウィーナーくんとリサさんには蒸し返して申し訳ないが、これは実に興味深い。

２０１０年８月13日

リサ

この前、素敵なアンソニー・ウィーナーくんが、バカな共和党員たちを怒鳴りつけるのを見て恋しちゃった。ザ・デイリーショーに出たときも、ものすごく面白かった！　友だち申請が山のようだろうけど……ぜひわたしと友だちになって！　あなたって最高だわ！

アンソニー・ウィーナー

ありがとう、リサ。応援してくれてうれしいよ。あのいかれポンチの（シャロン・）アングルのことも見張っててくれるかな？

リサ

彼女ってまともじゃないわよね？　社会保障も医療保険も教育もへったくれもないわ。もしあの変人がうちの州で勝ったら、絶対に引っ越さなくちゃ！　あの人とんでもなくバカみたい！　めったにないほどね！

2010年9月17日

リサ

あなたの新しい写真、キュートで大好き！　いつヴェガスに来て、右翼のイカレた連中をたたきのめす手伝いをしてくれるの？

アンソニー・ウィーナー

僕の写真、気に入ってもらえてうれしいよ。ヴェガスの旅なら準備オーケー。マジな話、昼間の用事があってね。僕たちの夜のプランはある？

リサ

あはは……すごく誘導的な質問ね！　ふたりのための夜のプランならたくさん用意してるわ。いつ来るの？

アンソニー・ウィーナー

さあね。断れないように誘ってくれよ。

リサ

気分を盛りあげるには、まず、デイリーショーとコルベア・リポートを続けて見て……それから刺激を得るために、近所の庭に立ってるシャロン・アングルの看板に片っ端から落書きして……ますますノッてきたら、書店に行って、グレン・ベック〔保守系ラジオのパーソナリティー〕の本をすべて、オバマ大統領の書いた『合衆国再生』のカバーで包んじゃうの……わたしが週に一度ぐらいやってることなんだけどね（すごく刺激的な娘だってわかるでしょ！）……または、そういうのがお好みじゃなければ、ふたりで酔っぱらって、ものすごく情熱的なセックスをしてもいいのよ！

僕にとって、もっとも腹立たしいのは、彼が〝いかれポンチ〟という言葉を使っていることだ。

それにお気づきだろうか、意味ありげでほとんどサブリミナルな、まばたきしたら見逃しそうな程度に、彼がセックスをほのめかしていることに？　そしてついに彼女が、決定的な言葉を記したのだった。

この最後のメッセージがきっかけとなって、フェイスブックのふたりのチャットに変化が起こり、さまざまな性的メッセージと悪名高き猥褻画像への水門を開いたのだ。

だが、何より僕の心をとらえたのは、とにかく、こんなことは三〇年前にはけっして起こらなかったという点だ。もちろん、それでも彼はよからぬことをしたいと考えただろうが、フェイスブックのプライバシーや、浮気できそうな相手への近づきやすさ、チャットを使って用心深くイチャつく方法――そうした誘惑の嵐は、まぎれもなく最近になって発達したものにほかならない。デリケートな問題でもあり、じかに顔を合わせるグループインタビューでは批判が出る可能性もあるので、インターネットでプライバシーを守りながら、浮気とソーシャルメディアにまつわる実際の体験について調べてみた。

僕はこんな質問を掲示板で投げかけた。ソーシャルメディアを通じて不倫を始めた、浮気をしたという人はいますか？　もしソーシャルメディアがなかったら、そもそもそういうことは起こっていたでしょうか？

ある男性が、ソーシャルメディア・サイトを通じて関係が始まったと答えてくれた。最初は害のないやりとりで始まったが、ウィーナーのチャットのように、時とともにエスカレートしたという。ウィーナーほど大胆ではないにしろ、しだいに親密さが深まり、ふたりは内に秘めた感情や問題を打ち明けあうようになっていった。

確かに、ソーシャルメディアがなかったら、そんなことは起こらなかったでしょう。妻は家族以外の人間をほとんどすべて、僕の人生からうまく切り離していましたからね。僕自身、必ずしもそれがものすごく悪いことだとも思っていなかったんです。ほかの女性と話すことがなければ（そしてインターネットの匿名性がもたらす正直さがなければ）、当時の妻との関係がどんなにひどいものか、気づかずにいたでしょう。ずっと当たり前だと思っていた多くのことが、本当は妻が僕の人生のあらゆる面をコントロールし、逃げ出せないようにするためのものだったということにも。

別の参加者は、情事を始めたが、フェイスブックがなければとてもそんな勇気はもてなかったという。

彼らは職場がいっしょで、ちょっとした知りあいという程度だった。ある日、彼はフェイスブックで彼女を見つけ出し、メッセージを送って「そのうち飲みにいきませんか？」と誘ってみた。それからすぐに関係が始まった。

「フェイスブックが存在しなければ、じかに誘う勇気なんて出せなかったんじゃないかな。フェイスブックのおかげで、最初の一歩を踏み出すのがぐっと楽になったんだ」と彼は振り返る。

テクノロジーの利点は普通のデートを容易にする（連絡がとりやすい、じかに誘うときのようなプレッシャーがない、など）が、浮気の場合も同様である。そこには、進展しやすいという重要な点も含まれる。メッセージを送ることで、情事を始める可能性があるかどうか、じっくり探りを入れることができる。相手も同じ認識だとわかったら、たちまち話が決まる。あるいは、じかに会っていたら味わうような気まずさなしに、引き下がることもできる。

例をあげてみよう。

男　何してるの？

女　べつに。ベッドで映画を観てるだけ。

男　いいね。あのさ、ひとりで寝そべっているとベッドによくないんだって。そのうちバランスが崩れちゃうらしいよ。僕がそっちに行って助けてあげようか……。

［長い沈黙。男はうろたえる］

男 冗談だよ。ベッドのことなんて本当は何も知らないんだ。おやすみ！

相手に気味が悪いと思われたとしても、とにかくメッセージならお互いにただの読み違いだというふりができる。ウィーナーの場合は、「僕たちの夜のプランはある？」とか「断れないように誘ってくれよ」といったフレーズのおかげで、安全に探りを入れ、リサが本当にその気があるのかどうか先に確認できたのだ。

また、ケータイのプライバシーによって、内密の関係を育むための新たな場所も確保できる。かつて浮気をしたい人々は、友人や家族に見つかる危険を避けるため、ひそかに遠くのバーやレストランに逃れなければならなかった。今日では、ちゃんと用心すれば、ほかの誰も知らない自分だけの隠れ場をケータイが与えてくれるのだ。

あるグループインタビューで話してくれた男性は、同僚の既婚女性と無邪気にメールのやりとりを始めたところ、やがてそれが本物の秘密の関係に進展したことがあるという。ふだんはオフィスの外で話す機会などなかったが、ある日、職場でその女性といっしょに笑いあったことを思い出すような何かを目にして、おどけたメールを送ってみた。彼女が返事をよこし、愉快でウィットに富んだ冗談をいいあった。

そんなやりとりがしだいに増えて、まもなくふたりは仕事のあともいっしょに過ごすようになった。とうとうお互いに想いを寄せるようになり、秘密の関係に発展した。女性はしょっちゅうひそかにメールを送ってきた。それがあまりにも頻繁になり、男性はケータイに登録した彼女の連絡先情報を変更しなければならなくなった。もしもほかの人に見られて、この既婚女性はなぜ彼にこんなにメールをよこすのかと、怪しまれたらまずいからだ。そこで、スーザンからのメールではなく、デイビッドという男友だちからメールを受けとっているように見せかけたのだった。

もし僕が誰かとしょっちゅうメールを送りあっていて、相手に別の名前をつけるとしたら、〝スコッティ・ピッペン〟にすると思う。そうすれば、僕のスマホをのぞいた友人はみんな、どうしてこいつはシカゴ・ブルズのかつてのスター選手とメールのやりとりをしているのかと、いぶかるだろう。

スコッティ・ピッペンの奥さんが浮気をして、同じ作戦を使っていないことを願うばかりだ。スコッティが部屋にいるときに相手の男がメールを送ってきて、スコッティに妻のケータイ画面が見えたとする。きっとスコッティ・ピッペンは、異次元の偽スコッティ・ピッペンが、妻を奪い彼を殺すために送られてきたと思うだろう。あわれなスコッティ・ピッペンが受ける心の痛手は、ただの浮気を見つけるよりも、はるかに深刻なものとなるに違いない。

現実の状況に話を戻そう。とうとうふたりは、関係を終わらせるのがいちばんいいと決心した。だが、くり返しになるが、この人たちの関係にロマンチックな要素をもたらすメールというプライバシーがなかったなら、そもそもこの手のことが始まっていただろうか？

彼女は結婚していて、僕はそのことを尊重していました。電話をかけてちょっと冗談をいうなんてこともしませんでした。そんなの迷惑でしょうからね。メールだけだったから、まったく無害に思えました。でも、そうこうするうちに、ふたりのあいだに燃えあがるものがあることに、お互い気づかずにはいられなくなってしまった。ケータイでつながっているときは、ほかの誰も割りこめない安全地帯にいられるんです。ふたりだけのその小さな世界でなら、板挟みの状況が生み出すさまざまなストレスや混乱や愛について、何もかも打ち明けあうことができました。もしメールがなかったら、そもそもふたりのあいだで何かが始まっていたかどうか、わかりませんね。

だが、いろいろな人に話を聞いたところ、最終的にはテクノロジーが人間を女たらしに変えるわけではない、という声もあった。浮気をする人はどのみちする、というわけだ。ソーシャルメディアがあってもなくても、結局はふたりの生身の人間がくっつくということなのだから。「本当なら誠実なパートナーである人が、インターネットで誰かからウインクの顔文字を送られただけでいきなり浮気を始めるなんて、とても思えません」掲示板の参加者が、このスレッドでいちばん共感を集めた投稿メッセージのなかで書いていた。「浮気しやすくはなるでしょう。でも、だからって誠実でいることがより困難になるわけではないと思います」

しかし、完全な浮気にまでは至らないとしても、パートナーに誠実な人にとってさえ、ソーシャルメディアは新たな問題と誘惑をもたらしている。ソーシャルメディアはプライバシーを与えるだけでなく、ほかのパートナー候補が常にずらりと並んでいる場も提供するからだ。ある男性は、新しい恋人とつきあいはじめたとき、インスタグラムなどのソーシャルメディアを通じて、世の中にあまたいる恋人候補を見る機会が自分にはあることを思い出したそうだ。

彼女のことを愛しています。でも、お互いはじめて本気になりだした頃は、インスタグラムをのぞいてはセクシーな女性たちの写真を眺めて考えました。「うわあ、この娘たちとデートしたほうがいいかな？　それとも落ち着いてひとりとつきあうべきかな？」って。まるで「去る者日々に疎し」の逆ですよ。「去らぬ者日々に近し」ってとこでしたね。

インターネットやケータイ、スマホのプライバシーは、人々が無条件に不倫できる環境を流行らせる原因ともなっている。もっともよく知られる例がＡｓｈｌｅｙＭａｄｉｓｏｎ《アシュレイ・マディソン》で、対象を既婚者に絞った、恐ろしいほど人気のある出会い系サイトだ。ここのモットーは「人生一度。不倫をしましょう」である。

この会社は、一括前払いの会員を「出会い保証プログラム」に入会させ、加入して三カ月以内に出会いがなければ全額を返すとしている。ホームページには会員向けに、「ご近所の既婚者を探してチャットする」ためのアイコンがあったり、また、「いかにしてセックスフレンドを見つけ、つきあうか」といったアドバイスを取りあげたブログやツイッター、「妻の不貞を気にしない男たち」といったニュース記事などがある。

このサイトは急成長しているらしく、二〇一一年には八五〇万人だった会員数が、二〇一四年には一一〇〇万人に増えている。[5]

さて、人間が一夫一婦制を誓ったとき以来ずっと、互いに裏切りあってきた歴史があることは周知の事実だ。また、今までのところ、インターネットのせいで不倫をする可能性が増したという確たる証拠もない。とはいえ、デジタルメディアのない世界だったら、アシュレイ・マディソンのようなものにこれほど人気が出るとはとても想像できない。不倫の頻度が高まったかどうかはさておき、簡単になっていることは間違いないだろう。

スマホの世界での別れ

現代のテクノロジーによって簡単になったもう一つのこと、それは別れだ。つい最近まで誰かと別れるには、苦痛に耐えて面と向かうか、少なくとも電話をかけて、終わりにしたい側が自分の気持ちを告白し、たいていは釈明もしなければならなかった。また、別れ話をするには、相手の感情や心の傷を思いやる必要があったし、振られる側を元気づける言葉をかけるためにできるかぎりのことをしなければならなかった。

そういうわけで、我々の文化はこんな言い回しを発明したのである。「あなたのせいじゃないわ、わたしがいけないの」「今は誰ともつきあう気になれないんだ」「ごめんね、ドラゴンアート〔龍の絵と筆文字を合わせた作品〕に集中したいだけなの」

もちろん、誰だってこんな会話をしたくはなかった。けれど、人として相手に示すべき礼儀だから、それが義務だとみんな思っていた。

今日では、別れ話をするとき、会ったり電話したりするよりも、メールやインスタント・メッセージやソーシャルメディアを使うという人がどんどん増えており、若者では大多数を占めている。二〇一四年、前年につきあいを解消した一八歳から三〇歳の二七一二人を対象におこなった調査によると、五六パーセントがデジタルメディアを使って別れたと答えた。もっとも多かったのが携帯メール（二五パーセント）、次が少しの差でソーシャルメディア（二〇パーセント）、それからPCメール（一一パーセント）で、これは「理由を十分に説明できるから」ということだった。

一方、面と向かって別れ話をした人は一八パーセントだけ、電話はわずか一五パーセントだった。[6] 驚くべきことに〇・〇〇一四パーセントが、デブを雇ってこういわせたという。「タミー、俺たちほかの人と会う必要があると思うんだ」（註・おそらくこれはインディアナ州のフィルという男性だけだろう）

携帯メールやソーシャルメディアで別れを告げた理由としてもっとも多かったのが、「そのほうが気まずくないから」というものだった。若者たちが、ほかのコミュニケーションもほとんどすべてケータイやスマホでおこなっていることを思えば、合点がいく。

奇妙なことに、そういう若者たちの七三パーセントが――携帯メールやソーシャルメディアで別れ話をしたと答えたのと同じ人々が――誰かにそうやって別れを告げられたら頭にくると答えた。

誤解のないようにいうと、この調査は回答者のつきあいの真剣さを特定していないので、つきあいの長さや深さが別れる手段の選び方にどう影響するかは明らかにしていない。恋人と別れるにしても、つきあった期間が三週間なのか三年間なのかで、どう考えても大きな違いがある。実際、人類学者のイラーナ・ガーションの調査によれば、気軽な恋をしている若者たちの多くは、こうしたあまり伝統的ではない方法で振られるほうが望ましいと考えている。[7]

新しい別れ方についてどう感じるか、掲示板で問いかけてみた。回答をくれた人の多くが、ストレスや衝突を避けるために、メールやソーシャルメディアで別れを告げたことがあると認めた。ある女性はこう説明した。「相手の顔を見たり声を聞いたりしないですんだので、とことん正直になれました。彼は優しい人だったけど、ふんぎりをつけたかったんです」

ここで興味深いのは――恐ろしくもあるが――メールのおかげで、別れの理由をやんわり伝えなければと感じずにすんだから、より正直になれたという点である。もしかしたら、メールとはすなわち、例の「あなたのせいじゃないわ、わたしがいけないの」という無意味な言い訳をやめて、かわりにもっと単刀直入になるということなのかもしれない。

一方で、寄せられた多くのエピソードから見えてくるのは、正直になるためというよりも衝突を避けるためにメールを利用する人たちの姿のようだった。なかには、かなり深い関係でありながらこうした方法で別れた人も多かった。こんな話を打ち明けてくれた参加者が何人もいる。

それはごく普通の日でした。わたしは二年間つきあっている男性と会ってブランチをする予定になっていました。約束の場所に行ったけど、彼は現れません。いくら電話をかけても返事はなし。家に帰ってフェイスブックを開くと、彼がチャットにこんなメッセージを残していました。「やあ、ふたりの関係について考えていて、きみといっしょにいたいかどうか、ずっと迷っているんだ:/」それで終わりでした。

とにかく驚きました。彼がこんなふうに終わらせることにしたなんて、とても信じられなかった。前日も会っていて、その日も会う約束をしていたのだから、なおさらです。そのあと、状況をはっきり説明してもらうために電話をかけさせたけど、もちろん事態は悪化しただけ。お察しのとおり、それっきり彼とは話していません。

なんという残酷さだろう。二年間のつきあいが「:/」で終わりとは。きちんと描かれた絵文字ですらないなんて。こんなふうに逃げ腰で一方的な、別れともいえない別れのエピソードがほかにもたくさんあった。面と向かって話すより、はるかに不愉快で痛みをともなう終わり方である。パートナーに知らせずにソーシャルメディアのステイタスを変えて終わらせるのが、昨今のもう一つの別れ方だ。ある女性がこう語った。「学生時代の恋人は、フェイスブックのステイタスを〝シングル〟に変えることでわたしと別れました。六年後にヨリを戻したのですが、今度は携帯メールで別れを告げてきました。あんな人とつきあうのはやめたほうがいいんでしょうね」もし今度またそいつとつきあうようになって、飛行船の発着場に寄らなきゃっていいだしたら、悪い知らせが空中に浮かぶのを見る覚悟をしたほうがいいだろうね。

次の話は、別れのメール以前のつきあいの深さを考えるとびっくり仰天だ。

二〇一二年六月、四三歳のとき、八年つきあってきた恋人から携帯メールで別れ話をされたんです！　わたしが彼の娘を育てたようなものだったし、彼のためにとことん尽くして、何でもしてあげていたのに。ものすごく腹が立って、傷つきました。別れるにしても、直接会うか、せめて電話で話してくれてもいいんじゃないかと思ったんです。

だが、その傷はさほど深くなかったらしく、こんな展開になった。

それっきりで一〇カ月が過ぎた頃、彼の叔父さんが亡くなったので、電話してお悔やみのメッセージを残しました。そのあとようやく話をして、結局わたしたちは元のさやに収まったんです。今も心から彼を愛しているし、あんなふうになったことも許しています。それに、あのメールについては、大目玉を食らわせてやりましたからね！ :-)

おふたりには申し訳ないが、ここで一息ついて、自分たちがその当事者でないことに感謝しよう。

この問題について僕の同世代の人たちと語りあったところ、これほど多くの人々がこういうやり方で別れることを知って、みんなショックを受けていた。若者たちはまたしても怪しげなアイデアに飛びついて、それを当たり前にしてしまったのだ、と。だが、それほど驚くようなことだろうか？　シェリー・タークルの説のように、メール中心のコミュニケーションの流行によって、面と向かっての会話が減り、そのための技術が衰えていることを認めるなら、こうした変化はまったく当然の流れなのである。

別れた相手はスマホの世界で生きつづける

破局を迎えた人々、特に振られた側にとって、ソーシャルメディアは別れた相手とふたたびつながる簡単な手段をも与えてくれる。Gメールのチャットやフェイスブックのメッセージで昔の恋人とヨリが戻り、新しいパートナーを裏切ってしまったという話を数多く耳にした。

だが、そこまでにはならないとしても、以前の恋人の存在をソーシャルメディアで目にしなければならないのは、振られた人にはつらいことだ。「そのせいで、忘れるのがさらに難しくなります」ある人が語ってくれた。「いい感情をもったまま、きっぱり別れられるような、めったにいないタイプの人でも、自制心が試されます。ボタンをクリックするだけで、相手が自分なしでどんなふうに暮らしているかを見ることができてしまうのですから」

インターネットで元恋人にひそかに近づきたくなる衝動は、ほとんどの人が経験するものだろう。ある調査によると、元恋人のフェイスブックのページにアクセスできるままになっている人の八八パーセントが、ときどきその相手の行動をチェックしているという。また、元恋人からブロックされた人の七〇パーセントが、友だちのアカウントを使うなど、なんらかの手段を使って、元恋人のページをひそかにのぞこうとしていることを認めている。

取材した人の多くが、すべてのアカウントから相手を完全に削除すべきだと主張したが、一方で、そうしたソーシャルメディアでの行動そのものが騒ぎのもとになると考える人もいた。だが、たとえ友人リストから削除したり、フォローを解除したりしても、元恋人を完全に閉め出すことは難しい。ある人がこう語っていたとおりだ。「つきあった期間が長ければ長いほど、事態は複雑になります。フェイスブックで相手をブロックできるか？　もちろんできます。でも、フェイスブック上で共通の友人がいたり、相手の友だちと友だちになっていたりします。友だちが投稿した写真に、相手が変わらない様子で写っていたりもします」

ソーシャルメディア上の元恋人問題を解決するために、かなり独創的な手段をとった人もいる。トロント出身で一九歳のカサンドラは、フォトショップを使って元カレの顔にビヨンセの写真を貼りつけ、メディアミックスブログのＴｕｍｂｌｒ《タンブラー》に投稿した。

「ビヨンセといっしょにいる最高に幸せな自分を想像してもダメなら、どうしようもないと思うわ」彼女はオンラインメディアＢｕｚｚＦｅｅｄ《バズフィード》の記事でそう語っている。[8]

僕は個人的にこの作戦について考え、ほかの著名人でも同じようにうまくいくに違いないと思った。

女性のみなさん、元カレをなかなか忘れられない？　だったらカーアクション映画『トランスポーター』の主役を演じるジェイソン・ステイサムを貼りつけたらどうだろうか？

男性諸君、ハワイで彼女と撮った休暇の写真を見ると悲しくなるって？　かわりに、最高に愉快な男、ザ・ロックことドウェイン・ジョンソンといっしょにハワイに旅したことにしたらどうだろう？

女性のみなさん、あなたを捨てて親友に走った元カレとのロマンチックなディナーを思い返すと泣きたくなる？　それが最高裁判事のソニア・ソトマイヨールとの刺激的な会食だったらどうだろう？

たとえ自分もパートナーも、楽に浮気

するためソーシャルメディアを利用したいなんて気を起こさないとしても、現代の恋愛にじわじわと広がっている動きがもう一つある。スヌーピングだ。

スヌーピング（のぞき見）

ソーシャルメディアが浮気を楽にしたとすると、そのためにいっそう発覚しやすくなったことも間違いない。オンラインでのやりとりの一つひとつが、デジタルの行動記録として残るのだ。このデジタルの行動記録の存在と、パートナーのケータイ内には秘密の世界があるという思いが、いわゆる〝スヌーピング〟というのぞき見行為を招く場合がある。

いいことをお教えしよう。この項で、〝スヌーピング〟という言葉が出てくるたび、頭のなかで僕の声を真似して、ひそひそ声で静かにその言葉を読んでみてほしい。そうすればこの項がさらに面白くなる。さあ、やってみよう。スヌーピング……ほらね？

直接会うグループインタビューでも、掲示板でも、多くの人から聞いたのは、パートナーのメールやソーシャルメディアをこっそりのぞいたことから、有罪の証拠を見つけてしまい、激怒したり、場合によっては別れる事態にまでなってしまったという話だった。

「僕が彼女と別れたのは、ケータイのメールを見てしまったせいです」と振り返る男性がいた。「いっしょにベッドにいたとき、彼女がトイレに行ったんです。しばらくして、ベッドの上で彼女のケータイが震える音がしました。メールでした。ロック画面を見ると、元カレからで、『今夜また会いにくる?』みたいな文面だったんです」

「元カノと僕は、お互いに相手のケータイをチェックする悪い習慣に陥って、おかげで信頼をすっかりぶち壊してしまいました」ある男性が掲示板で綴っていた。「たいていは隠すことなんて何もありませんでした。でも、最後のケンカの前に気づいてしまったんです。彼女は聖書の勉強会に行くと嘘をついて、でも実際はそこで知りあった男と会っていたんです」

そして、相手は彼女の新しい親友イエス・キリストではなかった。

つまり、これでわかったね、読者のみなさん。恋人がもし聖書の勉強会に行くといったら――聖書の勉強会の誰かと会っている可能性のほうが高い。

スヌーピングをして浮気の証拠が見つからなかった場合でも、パートナーのケータイをチェックするという行為自体が問題を生みかねない。パートナーの忠誠を確かめようとして、うっかり相手の信頼を傷つけてしまうこともある。

取材によると、スヌーピングされる側の感じ方はさまざまだった。どのみち隠すことなどないからかまわないという人もいた。アカウントをログオンにしたままなら見られても仕方がないと考える人も多かった。一方で、パートナーの画面を見るのは信頼への裏切りだとか、心にひそむ嫉妬をさらけ出す行為だ、と考える人もいた。別れる原因になるとまで答えた人もいた。

だが、僕がどうにも引っかかるのは、パートナーが実際に浮気をしていてもいなくても、こんなふうに疑ってスヌーピングをするうちに、疑心暗鬼がつのって気が変になってしまうのではないかということだ。

スヌーピング……（まだちゃんと例の声で読んでる？　念のため確認！）

ニューヨークでおこなった多人数のグループインタビューで、ある男性が語ったところによると、恋人がGメールのアカウントを開きっぱなしにしていたため、浮気が発覚したという。彼女と元カレのオープンなやりとりが目に入り、以前から疑っていたこともあって、どうしてもチェックせずにはいられなかったそうだ。そこで僕が「じゃあ、もし誰かがログアウトするのを忘れていたら、**開いてるものは読む**、ということ？」と尋ねると、およそ一五〇人がいっせいに賛同した。

彼女は確かに元カレと浮気していたが、終わりにすると約束した。ふたりで問題に向きあったものの、危険な悪循環に陥るばかりで、彼は相手のPCメールやGチャット、携帯メールをチェックしつづけた。彼女がパスワードを変更しても、彼はそれを破った。ときどき、チャットの削除など疑わしいものが見つかるときもあれば、何もないときもあった。やがて見つけたPCメールで、元カレとの関係がやはり終わりそうにないことがはっきりした。そしてふたりは別れた。

興味深いことに、彼は結局スヌーピングのおかげで恋人の浮気を突きとめたとはいえ、今後の恋愛では二度とスヌーピングをしないつもりだという。スヌーピングは疑念と妄想を引き起こし、関係を保つために欠かせない基本的な信頼を壊しかねないと、彼は感じている。

取材で聞いたさまざまな話を考えると、彼の気持ちはよくわかる。パートナーのケータイやソーシャルメディアの世界をちらっとでもかいま見ると、それが引き金になって、もっとのぞきたい、もっと読みたいという気持ちを抑えられなくなってしまうと、実に多くの人々が語っていた。知らない異性やNBAスターのスコッティ・ピッペンからの携帯メールやPCメールがちょっとでも入ろうものなら、たちまち疑念が湧きあがる。たいていは気を揉むようなことではないと、みんなわかっている。それでも一度見つけてしまったら、追跡せずにいるのは難しい。

多くの恋愛関係において、個人のデジタル世界へのバリアは知らず知らず壊れてしまうものだ。仲が深まるにつれて、カップルでパスワードを共有するようになったりする。

「ねえ、きみのノートパソコンのパスワードなんだっけ？　Ｓｐｏｔｉｆｙ《スポティファイ》〔世界最大規模の音楽配信共有サービス〕で、あのかっこいいピットブルの曲を聴きたいんだ」

「わたしのパスワードは〝Ｐｉｔｂｕｌｌ《ピットブル》〟よ！」彼女が答える。

「うわあ、そりゃいいや！」

こうしてあなたは、ピットブルのヒットアルバム「プラネット・ピット」を聴いている。そこへ、Armando.Perez@gmail.comという人物から、Ｇチャットのメッセージが入ってくる。あなたは心ひそかに考える。なんだって。アルマンド・ペレス……ピットブルの本名じゃないか！なんであいつが俺の彼女にメッセージを送ってくるんだ？

彼女はピットブルと浮気してるんだろうか？　そうじゃないことを確認するために、Ｇチャットのメッセージを読むべきか？　自分の不安を取り除くために、ほんのちょっとだけパートナーの信頼を裏切ってもいいだろうか？　考えてもみなかった難しい問題に、今まさに立ち向かわなければならない。

スヌーピングや、パートナーの私的なメッセージをたまたまチラ見してしまうことだけが、狂気に陥るきっかけではない。パートナーのソーシャルメディアに投稿されたメッセージを読むだけでじゅうぶんな場合も多いのだ。

グループインタビューで体験を話してくれたある女性は、恋人のフェイスブックのウォールで別の女性がやけに積極的なのを見て、疑いをもつようになったという。

「その女性はとにかくしょっちゅう彼のウォールに書きこんでいました」と彼女は語った。「なんだかまるで、この人にはカノジョがいるのよって主張してるみたいだったんです」

彼女は動揺して、彼の携帯メールをチェックしてみた。そして、彼が浮気していることを突きとめたのだった。

また、男女を問わず聞かれたのは、インスタグラムの写真に異性からたくさん〝いいね〟されたり、場合によっては異性の写真を見ただけで、パートナーがカッカするという声だった。

取材したある男性の恋人は、インスタグラムの写真でほかの女性と写っていたり、彼の写真に別の女性があまりたくさん〝いいね〟やコメントをしてくると、猛烈に嫉妬するという。

「あるとき、友だちのビキニ姿の写真に、うっかり〝いいね〟してしまったんです。えらい騒ぎになりましたよ」と彼は嘆いた。

こうしたことは別に新しい問題ではない。かわいい女の子がビキニを着ているインスタグラムの写真に〝いいね〟したせいで恋人に怒られるのと、浜辺でかわいい女の子をじろじろ見て恋人に怒られるのと、何か違いがあるだろうか？

昔から恋愛関係につきものの誤解やケンカはすべて、デジタルの世界でも、おかしな具合に形を変えてくり返されているのだ。

ショーンという男性は、きわめて緊迫した瞬間に恋人のソーシャルメディアを見てしまい、浮気を疑うはめになった事件を話してくれた。

彼女がスキー事故にあったんです。いっしょに救急車に乗ったら、彼女からケータイを渡されて、親に電話してといわれました。

そのあとケータイを見て、スナップチャットがダウンロードしてあることに気づいたんです。それがどういうものかはよく知りませんでした。聞いたことがあったのは、特にヌード写真を送るためのアプリだということだけでした。

それでチェックしてみると、知らない名前の男から、スナップチャットが八件ほど届いていたんです。

僕は激怒しました。でも、何もいわなかった。だって、彼女は体をくりつけられてる状態ですからね。タイミングが悪いような気がしました。

数カ月後、うちでパーティーを開いたとき、その男に会ったんです。彼がゲイだとわかって、ものすごく安心しました。

僕自身も同じような経験をしたことがある。インスタグラムでの行動のせいで、恋人を怒らせてしまったのだ。いとこの結婚式に出るために、ニュージーランドに向かおうとしていたときのこと。搭乗前に、彼女に電話をかけた。留守番電話だった。そこでこんなメールを送った。「やあ！まもなく出発だよ。離陸前に話したかったんだ。電話くれよ」彼女が返信をよこした。「四時間前に電話したんだけど」

ご機嫌ナナメだとわかった。インド人が頭の横にピストルを構えている絵文字がくっついていたから。

ふたたび電話をかけると、やっとのことで出てくれた。旅の荷造りや準備が忙しくて、空港に着いたら話す時間があると思ったんだと説明した。すると彼女がいった。「へえ、荷造りで忙しかったっていうのね？　ふうん、お友だちのインスタグラムに、ポラロイドカメラをもってプールサイドをうろうろしてるあなたの写真がアップされてたわよ。カメラで遊ぶひまがあるなら、電話かメールを返す時間くらいあるんじゃないの？」

僕はただごめんと謝り、二度とこんな真似はしないと約束した。

それから一週間後のバレンタインデーに、僕はとことん全力を尽くした。つきあいだして初めてのバレンタインデーだった。彼女の好きな花を職場に送り、ファズボール（ディズニーランドのマイケル・ジャクソン主演のアトラクション「キャプテンEO」に出てくるキャラクターのぬいぐるみ。ふたりでディズニーワールドに行った思い出に）と、いっしょにメキシコに旅行したとき彼女が気に入っていたのと同じタイプのチョコレートもつけた。

仕事を終えて彼女がうちに来ると、目を閉じさせて、彼女の好きなスティーヴィー・ワンダーの曲が流れるなか、部屋のなかに導いた。目を開けたときには、彼女の好きなワインをふたり分のグラスに注いでおいた。

そして、いよいよプレゼント交換だ。

まずはこちらから。

僕はこう告げた。「あのさ、一週間前、旅の前に電話を折り返さなくて、怒らせちゃったよね。僕がポラロイドカメラで遊んでたからって、カンカンだったね。実は、理由があるんだ。この素敵な年代物のポラロイドカメラをきみのために買って、渡す前にちゃんと使えるかどうか確認してたんだよ。そんなわけで……はい、プレゼント」

彼女はものすごくすまなそうにしていた。

それこそ僕がこれまでもらったなかで最高のバレンタイン・プレゼントだった。

浮気はどれくらい多いのか？

浮気に対する不安や疑惑は、必ずしも根拠がないわけではない。アメリカの全国的な調査データによると、既婚男性の二〇〜四〇パーセント、既婚女性の二五パーセントが、生涯に一回以上、浮気をするという。そして、全既婚者の二〜四パーセントがこの一年に浮気をしたと、調査担当者に対して認めたそうだ。

結婚はしていないがステディなカップルの場合、浮気する率は七〇パーセントに及ぶ。さらに、男性の六〇パーセント、女性の五三パーセントが、〝メイト・ポーチ〟[9]（決まった相手のいる人を誘惑すること）の経験があるという。〝ライノ・ポーチ〟と混同しないように。種の違いを乗りこえて逢い引きしようと、〔動物の〕サイ（英名・ライノセラス）を誘うことではない。また、美味しい卵を加熱しすぎないうちに腹におさめようとする〝エッグ・ポーチ〟でもない。

さて、〝最良の〟浮気のシナリオを考えてみよう。十年以上連れ添ってきたパートナーが、誰かと一夜を過ごしたとする。二度と会わない相手で、特に意味もないし、本人は後悔していて、二度としないつもりでいる。

マッチ・ドットコムの全国調査によると、男性の八〇パーセント、女性の七六パーセントが、浮気した自分のパートナーに対して、「墓場まで秘密をもっていく」よりも、「過ちを告白し……報いを受ける」ことを望むという。

僕はグループインタビューで、パートナーがよその誰かと一夜をともにしたらどう思うか、と大勢に尋ねてみた。人々がつらく感じるのは、パートナーがほかの誰かと寝たこと以上に（実際問題としてふたりの関係はさほど変わらない）、パートナーに裏切られたことに対してのようだった。「理屈では許せるはずなんです」二六歳のメリッサがいう。「でも、実際に知ってしまったら？どうすればいいかわからないんじゃないかしら」

大ヒットした映画『幸福の条件』で見たとおり、ウディ・ハレルソンがいくら冷静でいられると考えたところで、現実にそうなったとき冷静でいられるとは限らないのだ。

こうした状況をまったく受けいれない人もいる。そんなことがあったらただちに別れるという人も多い。ある女性が、以前、赤ちゃんが生まれたばかりの友人夫妻に、自分の不倫を打ち明けたときのことを話してくれた。

妻は夫に向かって、「もしあなたが浮気したら、赤ちゃんを連れて出ていくわ」というなり席を立ち、寝室に行ってしまった。そして夫はこういった。「それはいいね。サヨナラ、奥さん！」

まあ、会話の後半部分はでっちあげだけど、不貞をいっさい容赦しない人がいるのは確かだ。それに、相手が腹を立てて部屋を出ていき、「サヨナラ、奥さん！」と叫んで終わる夫婦がいることも間違いない。

フランス ——一夫一婦制と愛人たち

アメリカでは、ほとんどの人がパートナーに忠実でありつづけるという楽観的な期待があるが、実際のデータによれば、そうはいかない場合が多い。これまで見てきたように、セックスや恋愛となると、理屈で信じていることが現実の行動と一致しないのだ。

「ニューヨーク・タイムズ」紙の記者パメラ・ドラッカーマンが、世界中の不倫に関する著書『不倫の惑星』〔佐竹史子訳、早川書房〕のために取材をおこなったとき、アメリカで浮気をしている人たちは、自分とその行為に距離を置こうとしているように見えたという。「取材した多くの人が、真っ先に、『僕は浮気するようなタイプじゃないんです』と切りだしました」と彼女はいう。「そのたびにわたしは思うんです。もちろんあなたはまさしく浮気するタイプの人よ。だって、決まったタイプなんてないんだもの、って」

四〇ヵ国で最近おこなわれた不倫に関する調査によると、アメリカでは八四パーセントの人が、不倫は「道徳的に受けいれがたい」と答えた[10]。また、別のギャラップ調査によると、不倫は一夫多妻や動物のクローン作成、そして自殺以上に、認められないとする傾向が強かった[11]。

となると、たとえばバーにふたりの男がいて、ひとりは妻を裏切って浮気中、もうひとりはブーツィーという名のクローン豚を飼っているとしたら、豚のブーツィーではなく浮気男のほうが、よけいに非難の目を向けられるというわけだ。

こうした非難の度合いと、現実に浮気が多いことを示すデータを比較すると、奇妙な実態が見えてくる。浮気している大勢の人々が不道徳な怪物だと、みんな本気で考えているのだろうか？ずいぶんたくさん怪物がいるではないか。どうやら、自分の人生では浮気という行為をしぶしぶ受けいれることがよくあるものの、一般論としてはやはり非難するということのようだ。

すべての文化が不倫をそんなに激しく非難するわけではない。

不倫に対して桁違いに寛容な国——驚くまでもないが——フランスでは、こうした行為が道徳的に受けいれがたいと答えた人は四七パーセントだけである。結構なことだ、フランスは不倫する確率がもっとも高い国なのだから。最新のデータでは、男性の五五パーセント、女性の三二パーセントとなっている[12]。

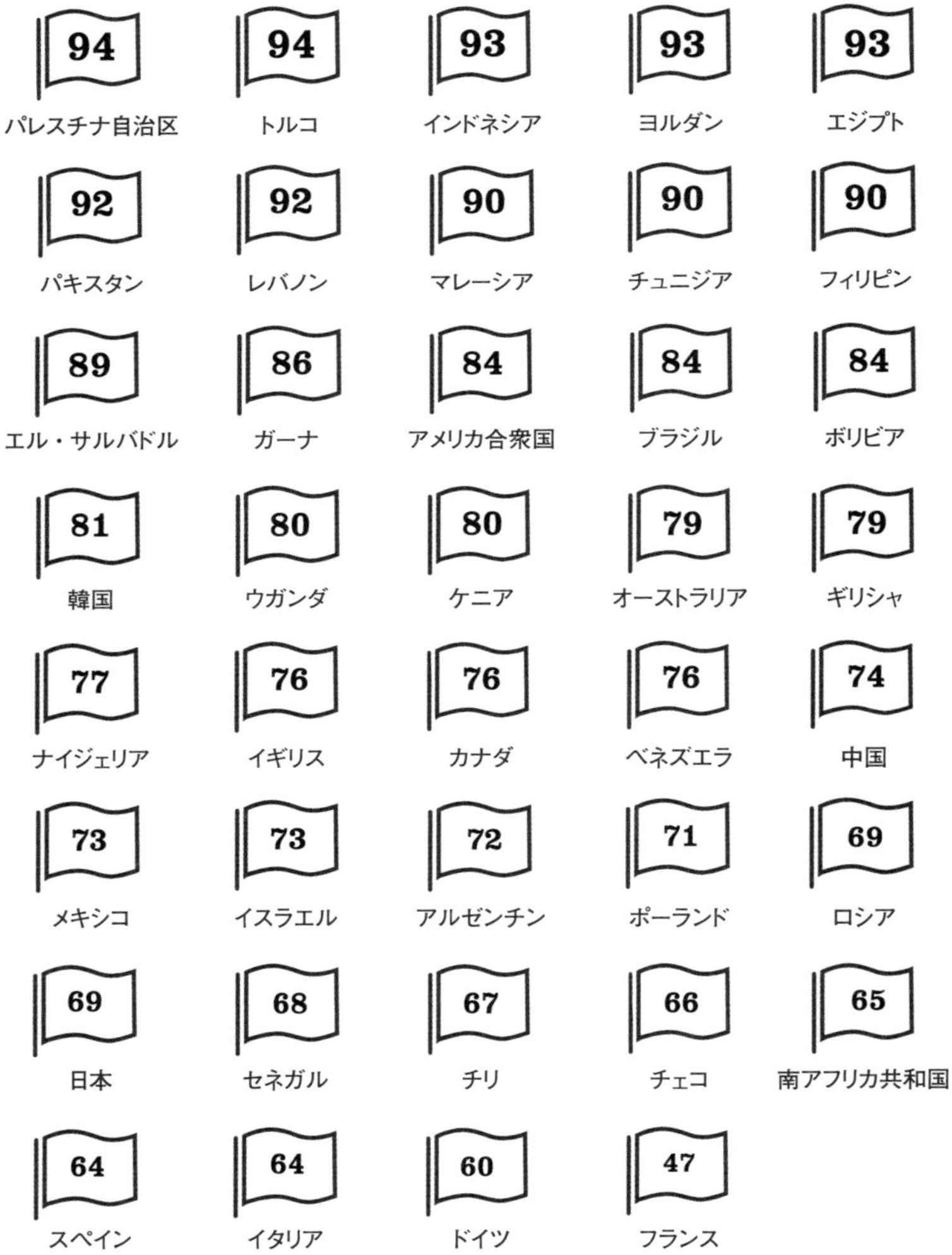

不倫は「道徳的に受けいれがたい」と考える人の比率(%)

二番目に寛容な国はドイツで、不倫は道徳的に受けいれがたいと考える人は六〇パーセントである。ほかにもスペインやイタリアなど、ヨーロッパの数カ国が同じ程度だ。

一方、アメリカとランクが近いのは、ガーナやボリビア、ブラジルなど、主に中南米やアフリカの国々である。不倫を受けいれがたいとする率がもっとも高く、九〇パーセント台の国は、主に中東の伝統的なイスラム教国である。

僕はパリのすばらしい食べ物を味わう機会を得るため、フランスを訪れて現地のロマンチックな文化について学ぼうと決めた。

さて、確かに、フランスが不倫にきわめて寛大だということは誰もが知っている。しかし、意識調査の数字を読むのと、不倫のようなゴタゴタにまつわる体験を生身の人間に聞くのとでは、だいぶ違いがある。我々がフランスに行ったのは、向こうの人々が不倫について我々と違うふうに感じていることを検証するためではなく、一夫一婦制に対する開放的な考え方が、恋愛や家庭、そして人生にどう影響しているかを知るためだった。フランスの人たちのやり方にあこがれたわけではないが、保守的な国の人間にとって、大らかなフランス方式から学べることがあるとしたら何だろうと考えたのだ。

面接やグループインタビューのなかで、僕の会ったフランス人のほとんどが、性的な目新しさや刺激を求めることは、避けられないわけではないとしても、ごく自然なことだといった。浮気に腹を立てることもあるけれど、アメリカとは様子が違う。フランス人はそこまできびしく断罪しない。

子がいった。

「フランスでは、いい人でいながら浮気をすることが可能なんです」ルカという名の若いパリっ子がいった。

「死ぬまで貞節でいられるなんて思いません」と二三歳のアイリーンはいった。「ほかの人に心惹かれることがないと考えるなんて、無理があります。もし結婚して子どもができたら、たとえ夫がほかの誰かと寝たとしても、わたしは家庭を見限ったりしないわ」

「たいていみんな道をそれたことがあるから、人がそうなったときも理解しやすいんです」と、フランスとオーストリアで暮らしたことのある二五歳のジョルジュがいう。「フランス人の潜在意識には、誰でも浮気するという考えがあるんです。実際にはしない人もいますけどね」

フランスでは、政治指導者が、少なくとも愛人をもち、そしてしばしば第二の家庭まで築くものだと、国民の多くが理解している。フランソワ・ミッテランが大統領だったとき、愛人のアンヌ・パンジュとその娘のマザリーヌ・パンジュは、しょっちゅうエリーゼ宮にミッテランを訪ねていた。正妻と子どもたちがそこにいるにもかかわらずである。一九九六年、ミッテランの葬儀の際は、第二家族が第一家族と並んで座ったのだった。

この手のことをするのは政治家だけではない。グループインタビューの参加者から聞かせてもらった話によると、フランスのカップルは、アメリカではとても理解されないような取り決めをするらしい。ある女性の伯父さんは、奥さんのつくった肉料理からこっそり骨を取っては、愛人の犬に与えていたという。そのうちついに奥さんが、見えすいた芝居に業を煮やして、夫の愛人のために自分で骨をビニール袋に詰めるようになった。

こうした状況についてその犬にインタビューしたところ、こんな返事をもらった。「変な話だけど、でもまあ、文句はいわないよ。骨まで愛してってことだな、ワン！」

別の女性の話では、年配の親類が、妻と愛人の両方を連れて休暇の旅行に出かけていたという。部屋は別にとるが、それ以外は、驚くほどたくさんの行動をともにしていたそうだ。

フランスでは愛人という存在が広く認知されている。話を聞いてもっとも衝撃的だったのは、バレンタインデーに、花屋の広告にこんなスローガンが掲げられるということだ。「愛人さんをお忘れなく！」

最後のグループインタビューから帰るとき、歩道で先ほどの犬に出くわした。彼はいった。

さあねぇ。わからなくもないけどな。フランス人ってのは、貞節に対する期待の仕方が現実的なんだよ。しかし愛人の件は引っかかるなぁ。

どうやら男どもが女性の優しさにつけこんで、女性たちは屈辱的な状況に甘んじているようだな。

がっかりな話だよ。骨のことを別にすれば、ね。

フランス人が正直さと自分の性本能を大事にしているのは、たいしたもんだと思うよ。でも、一夫一婦制が成立するなんていう非現実的な考え方と、第二の家庭をちゃっかりもつことのあいだに、妥協点がありそうだけどな。

おい、ひょっとしてビニール袋、もってないか？　なぜって？　いや、べつに……。

SETTLING DOWN

第7章 身を固める

僕はまるっきり〝恋愛向きの男〟ではない。はじめて真剣につきあったのは、二三歳の頃で、三年続いた。つきあいが始まったのはニューヨークに住んでいたときだったけど、三年後にロサンゼルスに引っ越さなければならなくなった。二五歳のときだ。彼女はロスについてくるつもりでいたけど、その年で他人といっしょに暮らすこと、しかも相手に国を横断させるなんて、僕には荷が重すぎる気がした。それから一年間、遠距離を乗りこえようと努めたのち、結局別れてしまった。

彼女とのつきあいは楽しかったけれど、二六歳から三一歳のあいだ、ほとんどシングルで過ごしたのも幸福だった。すでに触れたように、現代は選択肢が多すぎて、ふさわしい人を決めるのが難しい。それは確かに問題だが、一方でよい面もある。選択肢がたくさんあるからこそ、シングルでいることは猛烈に愉快なのだ！

しかも僕はどのみち、真剣なつきあいを続けるには向かない生き方をしていた。仕事で常にニューヨークとロサンゼルスを行ったり来たりしていて、この先仕事がどうなっていくやら、自信がもてない状況だった。

気ままにデートをする暮らしを満喫していたが、やがて、楽しいシングルライフを続けるために手間ひまかけることにうんざりしてしまった。本書のために話を聞いた人たちと同じように、シングルの世界に疲れ果ててしまったのだ。

ひと頃の僕は、期待あふれるロマンチストで、毎日明け方の四時まで外をうろついていた。もし今帰ってしまったら、午前三時三五分にバーに現れる、夢のようにすばらしい女性との出会いを逃すんじゃないかと気がかりだったのだ。だが、夜更かしと過酷な朝を何度も経験したあげく、夢のようにすばらしい女性はたいてい、午前三時三五分にバーに入ってきたりはしないものだと気づいた。普通その時間にはもうベッドに入っているはずだからだ。男にしろ女にしろ、こんなふうに盛んに出歩く人々は、たいてい〝夢のようにすばらしい〟人であるよりも、〝悪夢のように散々な〟タイプなのだ。

三〇歳になると、僕はバーでのあれこれに嫌気がさしてきた。その手の夜ならありとあらゆるパターンを経験してしまった。起こりうる結果をすべて知りつくし、そうなる可能性がどれくらいかもわかっていた。そこまでいけば、バーをはしごして恋人を探してもまったく無益であることに気づく。じゅうぶんデータがそろっているので、バーに入ったときの行動として統計的にもっとも賢明なのは、トイレに行って自分の手で済ませて立ち去ることだと知ってしまう。

それに、シングルの友だちがいなくなってきた。ある日、我が家でバーベキューをしたとき、僕はひとりでぽつんとして、まわりを見ればカップルばかりだった。仲間うちで僕だけが独り者のようだった。ほかのみんなはスペアリブを半分にして分けあっている。一方、僕は孤独なおデブさんっぽく、自分だけでひとかたまりの肉をまるまる食べなければならなかった。変わるべきときだと感じた。そろそろ年貢の納めどきだと。

とにかく誰かとつきあってみようと考えた。ずいぶんブランクがある。まずはよい点について考えてみた。心から大事に思い、また、大事に思ってくれる人ができる。メールを無駄にやりとりしなくてもよくなる。お互いに約束をすっぽかすこともない。映画を観たり、新しいレストランに行ったり、当時の僕が夢見ていたように「家にいて、料理をして、あとは何もしない」ことを、いっしょにできる人がいつもそばにいてくれるのだ。

シングルでいるのは楽しかったが、振り返ると〝疲労の極地〟という域にまで達してしまっていた。これは個人的な経験だと思っていたが、この本のために取材をしてみたら、誰もに共通することなのだとわかった。

ある時点で、楽しいシングルライフを続けるための努力の代償が、恩恵を上回るようになる。行きずりの相手とステキなセックスをする夜よりも、疲れ果ててひとりで帰宅し、二日酔いで目覚めたら食べかけのブリトーが胸にのっているような日々のほうが、重みを増してくる。

同じ場所で同じことを何度も何度も話す、そんな初デートのくり返しにうんざりしてきた。気軽なつきあいは楽しいが、お楽しみの合間の長い時間はむなしさに襲われた。

決まった人と信頼しあえる関係になれば、もっと深く親密な愛情でその空虚さを満たせるのではないか。

そうなると、ふさわしい相手を見つけなければならない。外に出かけると、その対象になりそうな人がいないか、気をつけて探そうとした。はじめはツイていなかったが、やがて、ランチで会った男友だちが、大局的な見方に気づかせてくれた。

「落ち着きたいと思うんだけど、本気で好きになれる相手に出会えないんだ」僕はこぼした。

「へえ、女性たちとはどこで会ってるの？」と彼が尋ねた。

「バーとかクラブとか」と僕は答えた。

「つまり、ひどい場所に行って、ひどい連中と会って、それで文句をいってるんだね？　まともな人間として暮らしてみろよ。スーパーに行って、食料を買って、体に気をつけるんだ。責任ある生き方をしていれば、責任ある人と出会えるもんだよ」

なるほどと思った。僕は異常者みたいに外をうろついて、異常者にしか出会えないと不平をいっていたのだ。身を固める相手を見つけるつもりなら、探し方を変えなければならない。バーやクラブに行くかわりに、仮想の恋人に関わっていてほしいと思うことを、自分でもしなければ。そこで、今までよりもっと美術館や会食に足を運び、静かで趣味のいいバーに早い時間に行くようにしたら、状況がよくなってきた。

僕は努力して友だちの友だちとデートする機会をつくり、お見合いも受けいれるようにして、同じ世界に暮らす、自分にふさわしい人と出会いたいと願った。また、デートする相手の女性のことをちゃんと理解しようとも考えた。第4章で書いたように、初デートで終わらせてばかりいるのをやめて、五回でも六回でもデートしてみることにした。

数カ月後、何年も前に会ったことのある、ステキな女性とばったり出くわした。当時、いいなと思ったけれど、そのころ彼女にはつきあっている人がいたのだ。彼女はきれいだし、愉快だし、しかも料理人である！　本書でたびたび食べ物を話題にしているのを見れば、それが僕にとってどんなにすばらしいことかわかってもらえるだろう。僕たちはつきあいだした。まもなく、しょっちゅう「家にいて、料理をして、あとは何もしない」ようになった。最高だった。

数週間がすぎると、真剣味が増して、本当に落ち着くべきかどうかの決断に直面した。僕はマジで恋人が欲しいのか？　マジでシングルライフを手放したいのか？

恋人が欲しいと望んでいたのは確かだけれど、すばらしい女性が目の前にいざ現れると、やっぱり怖い気がした。落ち着くということが、恐ろしい課題のように思われた。

これまで説明してきたように、現代は恋の選択肢が山のようにあり、誰かとまじめにつきあうのは、その他の選択肢すべてにドアを閉ざすことでもある。

シングルでいるのは大変だが、恋愛するのだって同様だ。僕にはスタンダップのツアー予定があって何かと不自由だし、遠距離という大きな障害もある（僕はロサンゼルスに戻らなければならなかったし、彼女はニューヨークで暮らしていた）。

でもついに、思い切って踏み出してみた。

今はふたりでロサンゼルスに住み、料理をしたり何もしないでいたりする日常を送っている。彼女はすばらしい女性で、いっしょにいられてとても幸せだが、その関係に飛びこむ決断をするのは難しかった。世の多くのシングルにとって、それは難しいことなのだ。

落ち着く不安、身動きできない不安

いざ身を落ち着ける機会が到来すると、シングルライフの魅力と無限の可能性が、頭から離れなくなる。取材のなかで多くのシングルたちが訴えたのは、真剣なつきあいをすることによって、落ち着くというよりも身動きがとれなくなるのではないかという不安だ。

現代の恋の風潮では、多くの人が〝アップグレード問題〟とでも呼ぶべきものに悩まされている。シングルの人々は常に、もっとよい相手がいるのではないか、アップグレードできるのではないか、と思い惑っているのだ。

この問題は特に大都市で広まっている。シカゴやボストンのように徒歩で動きやすいコンパクトな都市では、身を固めることが実に困難だ。角を曲がるたびに、より魅力的で面白そうな人と出くわすのだから。

ある女性はこんなふうに語ってくれた。「男性にとっても女性にとってもそうだけど……とにかく人が大勢いすぎるの。街なかでも、住宅地でも、ちょっと角を曲がれば、いま目の前にいる人より、もう少しだけ好きになれる相手がいるかもしれないんだもの」

そういう都市に住んでいなくても、デジタルの世界で、はるかにたくさんの人の顔を目にする。そして不思議なことに、その世界で見る顔や、ソーシャルメディアで見る顔までが、身を固めることで扉を閉ざそうとしている、真の選択肢のように思えるのだ。インスタグラムで異性の写真をあてもなく見てまわったことがないだろうか？　まるで迷路みたいなウサギの巣穴にもぐっていくようなことになりかねない。友だち、友だちの友だち、友だちの写真に〝いいね〟をした人たちと、再現なくクリックしてしまう。たくさんのステキな人たちの写真が目に入る。誰かの投稿した写真を見ているうちに、それがどういう人物なのか何となくわかってくる。そして想像しはじめる。うわぁ、この人と知りあえたら、どうなるだろう？

一日中パジャマ姿でボーッとしたまま、理想の顔を右にスワイプする世界では、選択肢の問題が頭をもたげてきて、身を固めることがひどく窮屈に思われてくる。そう、すばらしい相手ではあるけれど、最高にすばらしいと確信できるだろうか？

だが、こうしたハードルを乗りこえて、落ち着こうと決めた場合でさえ、さらなる苦難が待ち受けているのだ。

情熱的な愛と友愛的な愛

よくいわれることだが、すべての恋愛関係には二つの段階があるそうだ。まずはじめに、恋に落ちて、何もかもが新鮮で魔法のように感じられる時期。それから二、三年も過ぎると、ワクワク感が減って日常になってくる。愛情はあるけれど、とりあえず最初の魔法のようなものではなくなる。ウディ・アレンが映画『アニー・ホール』でいうとおり、「愛は色褪《あ》せる」のだ。

「わたしたちは違う！　何もかもがすばらしいわ。ピークに達して、そこで安定して、それからさらにピークを更新しつづけてるのよ！」

なるほど、それならなぜ恋愛についての本なんか読んでいるのか？　悲しく孤独な人々が、どんな過ちを犯しているせいで、あなたよりずっとみじめな人生を送っているか知るため？　だったらこんな本はほっといて、大好きなお相手とセックスでもしてりゃいいじゃないか。

だが、いや、ちょっと待てよ――科学によれば、あなたはおそらく嘘をついている。そう、これは脳科学の話だ。脳スキャンだよ！

研究者たちは実際に、愛には明らかに二つの種類があるとみなしている。情熱的な愛と、友愛的な愛だ。

恋愛の最初の段階では、情熱的な愛を抱く。あなたとパートナーが、お互いにひたすら夢中になる時期だ。にっこり微笑まれるたびに、心臓がドキドキする。毎晩が、その前の晩よりさらに魔法のように輝く。

この段階では脳が特に活発になり、心地よくて刺激的な、ありとあらゆる神経伝達物質を放出しはじめる。シナプスが放つドーパミンで脳が満たされる。コカインをやったときに放出されるのと同じ物質だ。

「キャロル、きみが僕をどんな気持ちにさせるか、とても言葉にできないよ。いや、待て、できるぞ――きみは僕に、快感を引き起こす神経伝達物質を放出させ、ドーパミンで脳内を満たしてくれる。もしコカインを吸って、正体をなくすほどハイになって、素手で電柱に登ってみたくなるくらいの経験をさせてくれる人がいるとしたら、それはきみだ」

だが、すべてのドラッグ同様、こんな高揚感もしだいに冷めていく。科学者たちの推定によると、この段階が続くのは、だいたい一二カ月から一八カ月だそうだ。ある時点で、脳がみずからバランスを取り直す。アドレナリンとドーパミンの放出が止まり、あなたは恋に落ちる前と同じような気分になってくる。最初の情熱が弱まりだす。脳はこんな感じになる。よしよし、わかったわかった。彼女はステキだよ、ハイハイ……。

するとどうなるか？　そう、よい関係なら、情熱的な愛が冷めるにつれて、かわりに第二の種類の愛が湧いてくる――友愛的な愛だ。

友愛的な愛は、情熱的な愛とは神経学的に違っている。情熱的な愛が急に燃えあがり、徐々に消えていく一方、友愛的な愛はそこまで激しくないが、しだいに育っていく。そして情熱的な愛が、脳の快楽中枢を活性化するのに対し、友愛的な愛が関連しているのは、長期にわたる心の触れあいと結びつきをつかさどる脳の領域である。『愛はなぜ終わるのか』〔草思社〕の著者であり、性と魅力の研究の第一人者である人類学者のヘレン・フィッシャーが、こんな研究に参加している。結婚して平均二一年の中年の人たちに、連れ合いの写真を見せて脳をスキャンし、若い世代の人たちが新しい連れ合いの写真を見たときの脳スキャンと比較した。その結果について、フィッシャーはこう記している。「長く結婚している人たちの場合、不安に関わる脳領域はもはや活動しなかった。かわりに、落ち着きに関わる脳領域が活動した」[1] 神経学的には、古い友人や家族に対して感じる愛情と似ているのだ。

それでは、愛というものは、コカインをやっている感じから、叔父さんに対する感情に移り変わるのか？　友愛的な愛を残念なものに思われるのは心外だ。愛であることには違いなく、ただ、

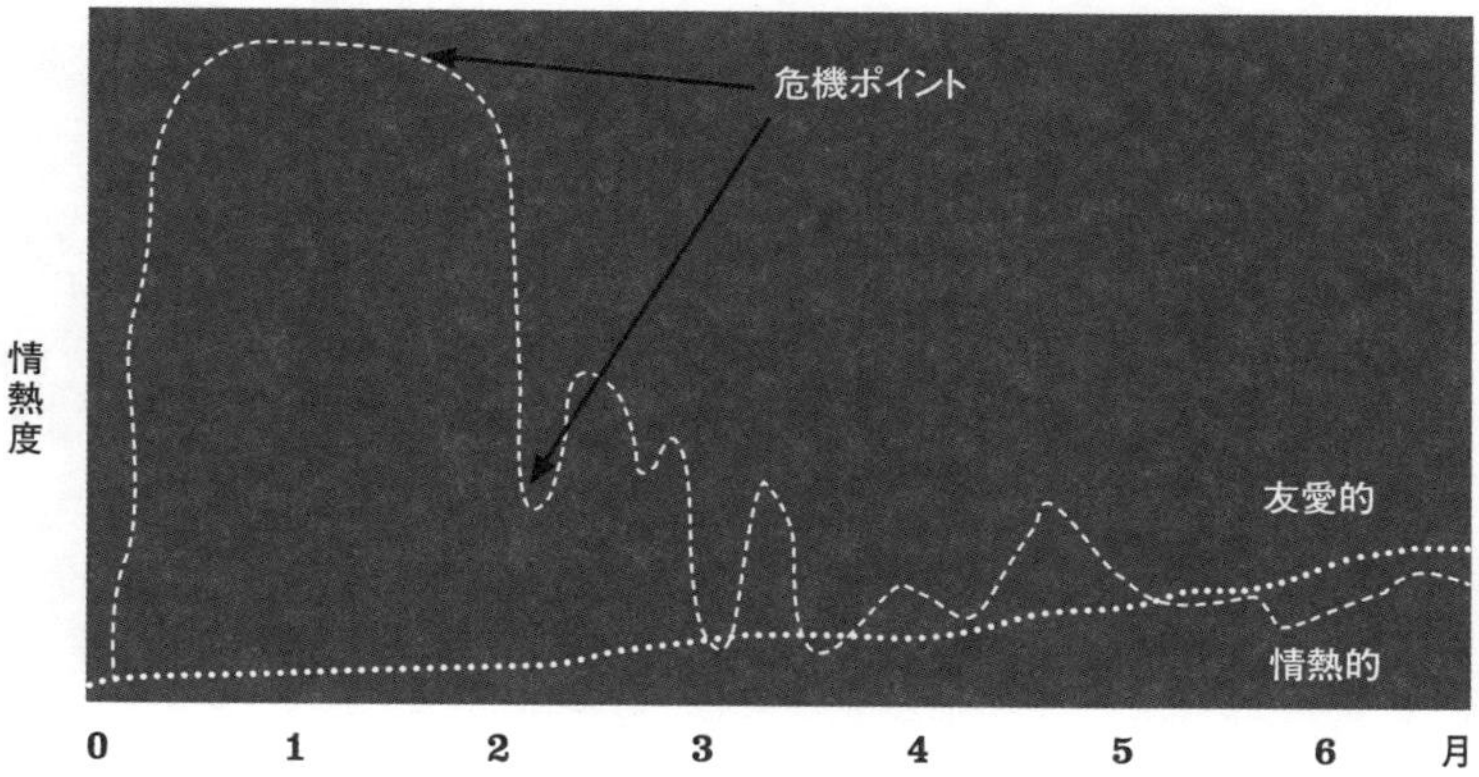

激しさが減って、もっと落ち着いたものになる。情熱はまだあるけれど、信頼や安定、そしてお互いの欠点に対する理解とのバランスが取れている。情熱的な愛がコカインだとすると、友愛的な愛はワインをグラス一杯飲むとか、弱いマリファナを二、三服吸うようなものだ。それなら叔父さんの喩えよりちょっとはマシだろう？　誰だって、親戚よりは酒やマリファナのほうが好きだから、ね？　よし、オッケー！

　情熱的な愛が長続きしないというのも納得できる。もしみんなが生涯にわたって情熱的な愛をもちつづけるなら、世界は滅びてしまうだろう。アパートの部屋にこもってうっとりとパートナーを見つめているあいだに、街には猛獣があふれ、家をなくした子どもたちがゴミをあさるようになる。

　情熱的な愛から友愛的な愛へのこうした移行には、微妙な問題もつきまとう。ニューヨーク大学の社会心理学者ジョナサン・ハイトは、著書『しあわせ仮説』（新曜社）のなかで、どんな恋愛関係にも二つの危機が訪れるとしている。

第一の危機は情熱的な愛の絶頂期だ。誰もがその実例を見たことがあるだろう。舞い上がって頭から飛びこんでしまうのだ。つきあいはじめて何週間か何カ月かのほやほやのカップルが、情熱的な愛に焦がれて頭が変になり、早まって同棲したり結婚したりする。

これはたとえば、コカインをやりすぎて、自分にはすばらしい人生計画があり、行動に移す準備ができていると思いこむようなものだ。

「なあ、いいこと思いついたよ！　古いビデオデッキを溶かして、その溶けたプラスチックを固めて、アクションフィギュアをつくるんだ。それを売って、その利益を資金にして、リバーシブルの服を販売するビジネスを始めるぞ！　〝裏表パジャマ〟って呼ぶことにしよう。想像してみてよ！　片側は普通の外出着で、夜になったら裏返しにすると、ジャジャーン、パジャマになりまーす！　あれ俺、鼻血出てる？」

ときにはこうしたカップルが、情熱的な段階から友愛的な愛に移行できることもある。だが、そうではない場合、ストレスだらけの異常な関係になって、離婚し、いったい自分は何を考えていたのかと悔やむはめになる。

「くそっ、どうもパジャマ側は昼のあいだにすごく汚れて気持ち悪くなりそうだ。もしかすると俺は何をやってるんだ？　パジャマ側を着るのは、服側を着る前の晩にしたほうがいいかもな。ああ、ちくしょう、バカ！　マヌケ！　ちくしょう。親の銀行口座にハッキングして退職基金をそっくり引き出すなんて、やるべきじゃなかったんだ。この件をなんとかするには、もっとたくさんコカインが必要になるな……」

第二の危機は、情熱的な愛が冷めはじめたときだ。最初のハイな状態が静まってきて、本当にふさわしい相手なのか、迷いはじめる。つい二週間ほど前には、心を奪われ有頂天になっていたのに。恋人の癖や真実を新たに知るたび、意外なプレゼントでももらったように嬉しかった。まるで帰宅したら枕の上にチョコレートがのっていたみたいに。それが今ではこんな感じだ。へえ、**なるほどね、南北戦争の軍服を史実どおりに縫うのが好きとは!!**

メールの文面も以前はとても愛情がこもっていた。

仕事になかなか集中できないよ。頭のなかがきみでいっぱいだから。

それが今ではこんなふうだ。

ホールフーズマーケットで会おう。

あるいは——

きみに買わされた犬がまた僕の靴にうんちしたよ。

前みたいにときめかないのは、相手か、または関係そのものに問題があるのだという結論に至る。こうして、友愛的な愛が花開くチャンスを待たずに、別れてしまうのだ。

しかし、ジョナサン・ハイトは、この段階に来たらひたすら耐えるべし、と唱える。運を味方につけ、もっとじっくり相手と向きあおうとすれば、すばらしい人生の連れができるかもしれないのだ。

僕自身、これについてはちょっと変な経験がある。今の彼女とつきあいだしてまだ二、三カ月の頃、ビッグ・サー〔サンフランシスコ南部の美しい海岸地域〕でおこなわれた友人の結婚式に参列した。ひとりだった。友人のはからいで、連れの招待をしないでくれたのだ。もちろんそれがベストだ。ひとりで座って、おじゃま虫に徹する。いろんなカップルのあいだに顔をねじこんでは、「何の話してるの?」とキュートに尋ねる。最高じゃないか!

このときの結婚の誓いは実に力強かった。お互いについて、もっともすばらしいところ、愛するところを述べあうのだ。たとえば「きみは人生の明かりを取りこんでそれを虹に変えるプリズムだ」とか、「あなたはわたしの心をうるおすローションです。あなたがいなかったら、わたしの魂は皮膚炎になってしまう」といった具合。ありふれていない、心からの言葉だった。

式のあと、招かれたカップルのうち四組が別れた。おそらく、この誓いで表わされたような愛を自分たちは感じていないというのが理由だったろう。

彼らは諦めるのが早すぎたのだろうか? わからない。だが、僕も、あんな言葉を聞いたら恐ろしくなってしまった。あの新郎新婦のような愛を自分ももっているだろうか。あの時点では、もっていなかった。それでもなんとなく心の奥底で感じていたのは、今のつきあいを努力して続けよう、そうすればやがてはああいう愛が姿を現すかもしれない、ということだった。そして、今までのところ、そうなっている。

結婚する必要はどこにあるのか？

結婚とは、とにかく誓約につぐ誓約だ。まずは結婚許可証が必要になる。また、たいていはなんらかの宗教的な祝福を受ける。そして結婚式がおこなわれ、親族や親しい友人がそろって見守るなか、新郎新婦は死がふたりを分かつまで添いとげることを誓いあう。

さて、愛情のグラフは、最初の時期を過ぎ、危機を乗りこえたあとは、どうなるのだろう？ジョナサン・ハイトに提供してもらった次ページのグラフは、結婚生活を送るうちに、愛情の強さがどうなるかを比較したものである。

まず、新婚の時期には、情熱的な愛が急激に現れる。この高まりが続くのはおよそ二年間。やがて情熱はしだいに薄れ、さまざまな浮き沈みが続く。ともに暮らし、子どもを育てる経験を重ねていく。子どもがようやく巣立つと――このグラフでいうとだいたい二五年のあたりで――互いにまた急に強い愛情を感じあう。ロマンスに浸ったり、ひょっとすると最初にふたりを結びつけた情熱がよみがえることさえあるかもしれない。そして、それからほどなくして、死が訪れる。

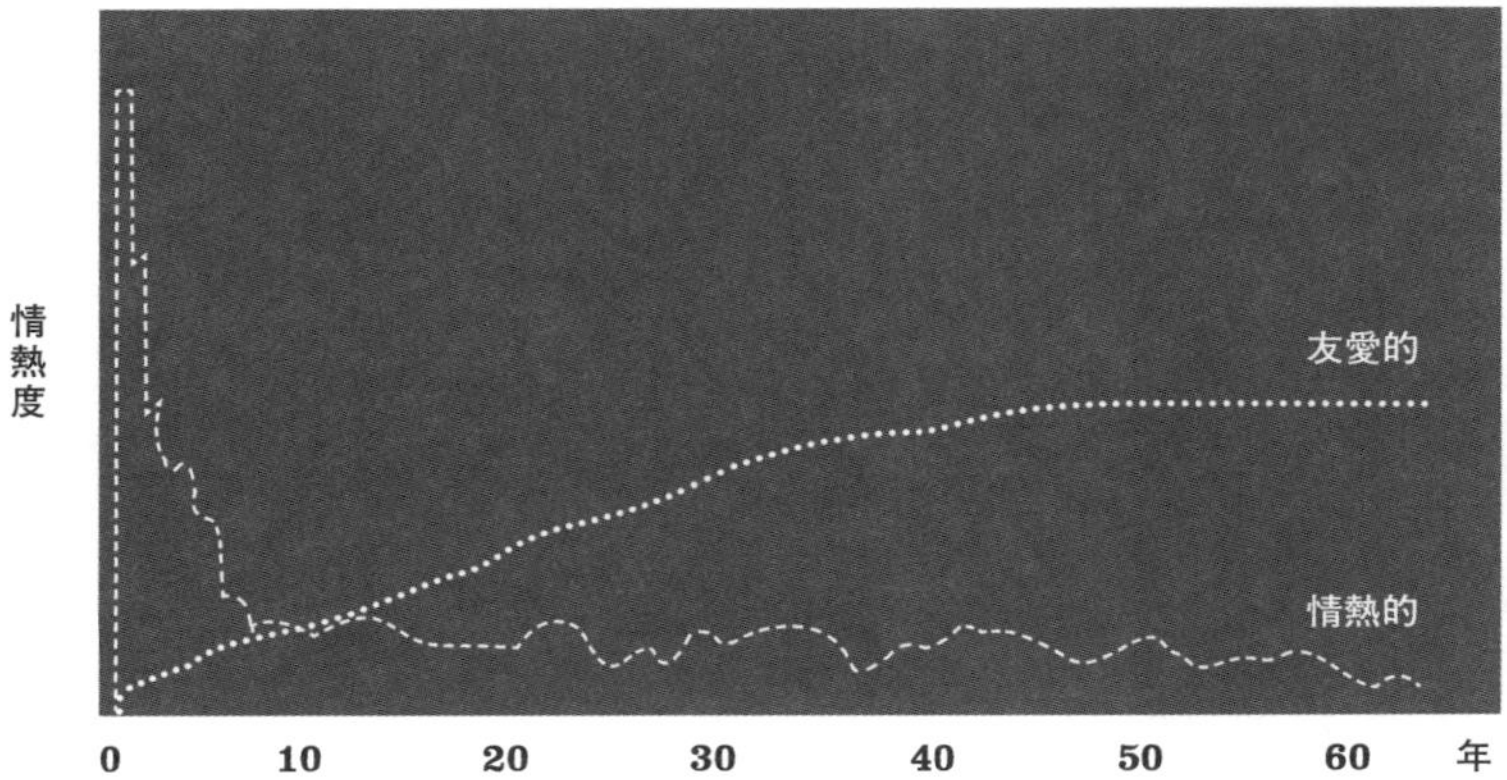

結婚式に参列して、木の下や山の上、虹のたもとでもどこでも、ステキなカップルが誓いを交わすのを見るたびに、このグラフのことを考えてしまう。

むごい真実だが、ふたりがどんなに愛しあい、儀式がどんなに美しく、誓いの言葉がどんなに詩的で心のこもったものであっても、ひとたび挙式が済んでしまえば、愛はしだいに冷め、人生はどんどん複雑になって、あまり楽しいとはいえないほうへ進んでいく。

ふたりの関係のロマンチックな部分は、もう頂点に達してしまったのだ。

指輪の交換が終わったら、司祭はこれだけいうべきなのだ。「せいぜい楽しみなさい。人間の脳は快楽に慣れるものだから、二、三年もすれば、今ほどときめきを感じなくなる。以上。さて、おつまみはどこかな？もう行かなくちゃ」

それじゃ、いったいなぜ結婚なんかするのか？

ここ数十年、先進国のほとんどで、婚姻率は急激に下がっており、結婚制度はまもなく消滅するのではな

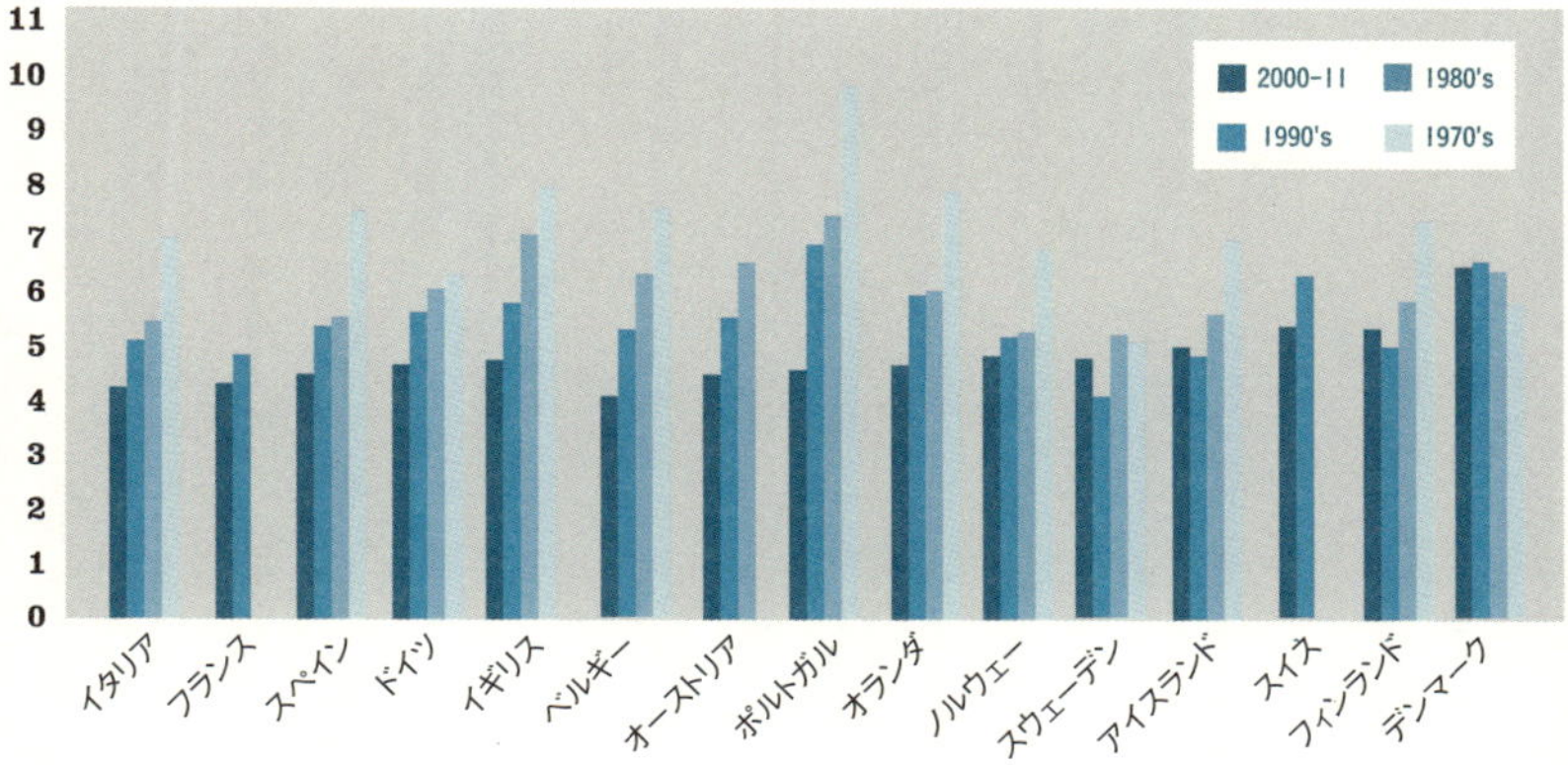

ヨーロッパの粗婚姻率〔人口1000人当たりの婚姻件数〕

いかと考える人もいる。家庭人口統計学の第一人者フィリップ・コーエンによると、一九七〇年代以降、世界中で急激に婚姻率が落ちこんでいる。彼の計算では、世界の総人口の八九パーセントが住む国で、婚姻率が下がっているという。そして、ヨーロッパと日本に住む人々は、むしろ急落ともいうべきものを体験している。[2]

アメリカでも現在、婚姻率が歴史的な低さになっている。たとえば一九七〇年には、未婚の女性の一〇〇〇人に対し七四件の結婚があった。それが二〇一二年までには、一〇〇〇人に対し三一件に減っている――ほぼ六〇パーセントの減少だ。さらに、アメリカ人は、国際的な晩婚化の傾向にも同調している。一九六〇年には、二〇代の六八パーセントが結婚していたが、二〇〇八年には二六パーセントにすぎない。[3]

史上はじめて、典型的なアメリカ人は、結婚している期間より長い期間を独身で過ごすようになっているのだ。

結婚するかわりに、みんな何をしているのだろうか?

エリックが著書『シングルトン』〔白川貴子訳、鳥影社〕に書いたように、我々は、身を落ち着けるためのさまざまな方法を大々的に実験する時代に生きている。恋人との長期にわたる同棲が増え、特にヨーロッパではそれが顕著だ。ひとり暮らしがどこでも急増し、多くの大都市――パリから東京、ワシントンD.C.からベルリンまで――半数近くの世帯がひとりである。

だが、結婚という制度が、まったく魅力を失ったわけではない。なにしろ、結婚生活がうまくいけば、独身の人たちよりも長生きし、より幸福に、より健康になることが、社会科学の膨大な調査によって立証されているのだから(確かに、うまくいかない結婚があまりにも多いし、離婚したり伴侶に先立たれた場合、必ずしもこうした恩恵は受けられないかもしれないが)。

また、よい結婚は経済的な安定にもつながる。昨今、社会学者が危惧していることの一つに、裕福な人のほうが貧しい人よりも結婚しやすく――そして成功しやすく――そのため格差がさらに広がるという問題がある。アメリカの社会学者アンドリュー・チャーリンはこう記している。「結婚はもはやステイタス・シンボルだ――私生活の成功を評価するための重要な指標になっている」[4]

二九六ページのグラフを見たとき、僕はこんなことを考えた。結婚はしないで、かわりに一生分に匹敵するような、そう、一年か二年の激しく情熱的な恋愛を経験するほうが、理にかなっているのではないだろうか。友愛的な愛が育つのを待って、何十年もの低迷期を耐えるより、そのほうがよっぽどいいのではないか。

そうすれば、グラフは左のようになるはずだ。

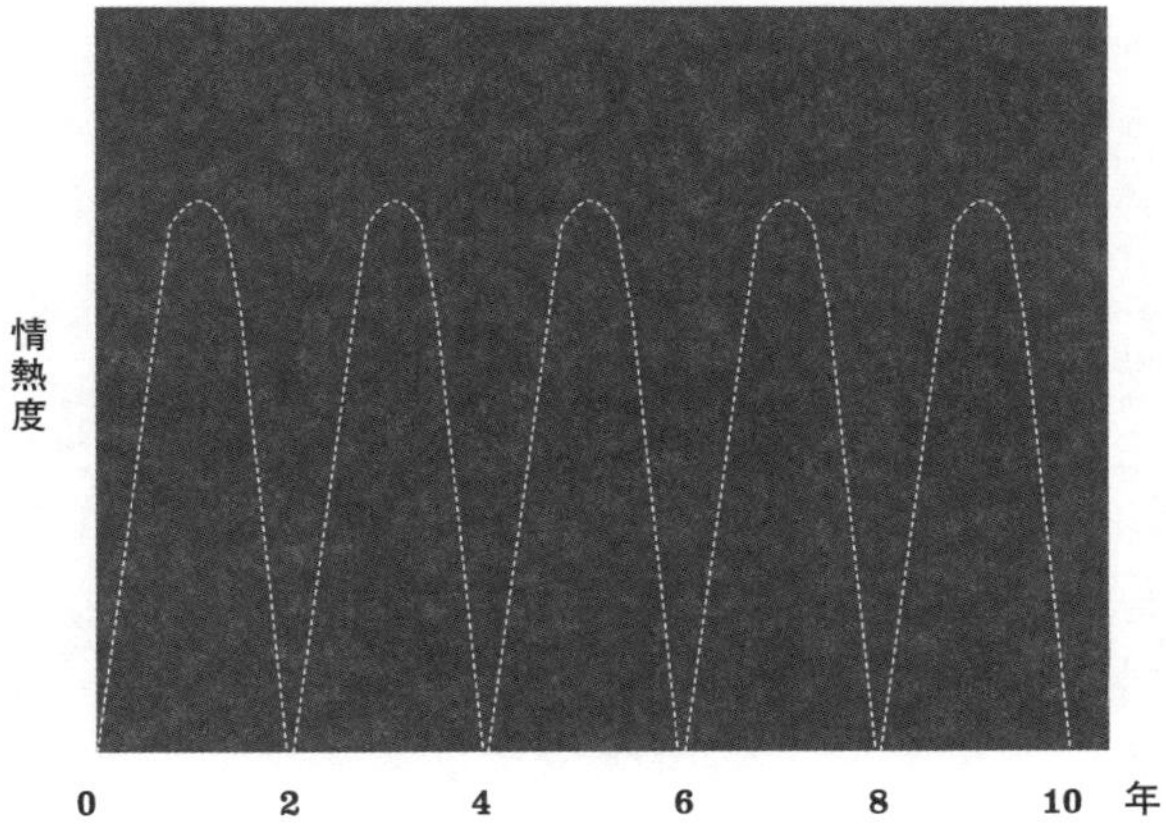

僕は、情熱的な愛と友愛的な愛のグラフを描いた心理学者のジョナサン・ハイトに連絡して、仮説に基づいたこのグラフをどう思うか尋ねてみた。すると、こんな回答をいただいた。

満足についての考え方は二つあります。一つは、情熱的な愛と友愛的な愛を快楽の尺度で眺め、最高の人生とは最大の情熱が感じられる人生だとする考え方です。もう一つは、物語としてのとらえ方で、最高の人生とは物語をつくっていくものだという考え方です。

もし、最高の人生とは最大の情熱が感じられる人生だと考えるなら、あなたの作戦は結婚するよりもはるかによいでしょう。恋に落ちることは、もっとも強烈ですばらしい体験です——まあ、短時間ならそれ以上に激烈な効果を及ぼすドラッグもありますが、それを別にすれば、恋に落ちることはもっとも刺激的なことです。

しかし、私の場合、妻に恋をしたときはさっぱり仕事になりませんでしたが、やがて子どもができて、成長していくあいだは、すっかりそっちに気を取られましたね——子育てのさなか、アツアツなカップルでいるなんて変ですよ。そして、狂気が過ぎ去った今は、心から愛する仕事である執筆に集中できます。しかも、常に頭から離れない、人生の伴侶がいてくれる。それは悲劇ではありません。がっかりすることでもありません。人生の伴侶がいるのです。我々はうまく協力しあって、ともにすばらしい人生を築いてきました。お互いに、実に、実に、幸福です。

人生を物語としてとらえれば、さまざまな時期に、達成すべきことがいろいろあります。デートをしたり、情熱的に遊びまわったりするのも、若いうちならいいでしょう。けれど、人生最高の喜びのいくつかは、いわゆる〝生殖〟と子育てから得られるのです。人間には何かを築き、何かを成し遂げ、何かを残したいという、強い衝動があります。そしていうまでもなく、子どもをもつことはそれを実行する一つの道です。私自身、子育てを経験したおかげで、心のなかに、自分でも存在すら知らなかった場所があることを発見できました。そして、もし火遊びをくり返す人生を送っていたなら、そうしたいくつもの場所への扉を開くこともなかったのです。

あなたがもし、人生において重要なのは、死ぬまでずっと恋人の目を見つめつづけることだと考えるなら——まあ、どうぞご自由に。でも、私はあなたのような人生は送りたくないですね。

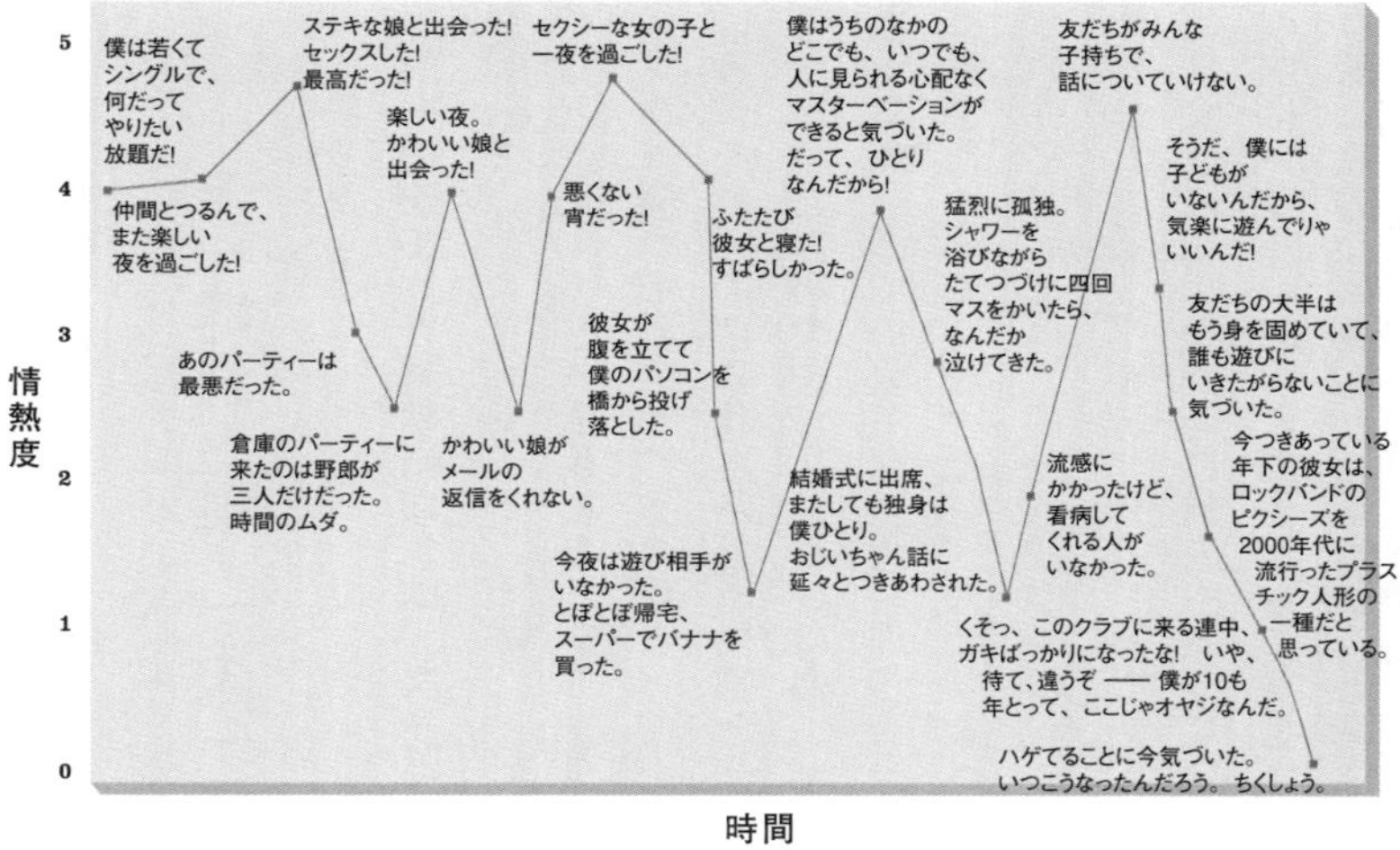

最後のは、映画『バーシティ・ブルース』のジェームズ・ヴァン・ダー・ビークの台詞だろうか？　おかしな選択だ。でも、それを除けば、ハイトの分析はおおいに納得できる。情熱的な愛は、すばらしい気分にしてくれるドラッグだ。その気分を何度もひたすらくり返すというプランは、理屈としてはよさそうだが、実際にはなんだかバカげている。エクスタシーという麻薬も、すばらしい気分にしてくれる。だが、僕の人生設計は、たっぷり金を稼いで、二〇年間ずっとエクスタシーをやりつづけることなんだといったら、気が変だと思われるだろう。

それに、あのグラフ〔二九九ページ参照〕は、頂点の連続とわずかな谷間を想像すればよさそうに思えるが、シングルの期間を長く過ごしたことのある人なら誰でも知ってのとおり、実際には上のグラフのように、おそらくもっとずっといびつなものになるはずなのだ。

一夫一婦制《モノガミー》と準・一夫一婦制《モノガミッシュ》

一対一の決まった間柄になれば、ステキなことがたくさんある。愛情と信頼、安定に満ちた絆で結ばれる。実にすばらしい。だが、思いもかけないロマンチックな出会いのときめきや、目新しさはどうだろう？　人生のそういう部分は、消え去ってしまう。

インタビューした多くの人々にとって、そのことが、なかなか簡単には解決しない葛藤を生んでいる。その人の恋の状況がどうであれ、貞節な一夫一婦の関係が与えてくれる恩恵と、シングルライフのときめきや目新しさとのあいだで、板挟みになるのだ。

なかには、多くの著名な進化心理学者や生物人類学者も含めて、そもそも男も女も一夫一婦向きに生まれついていないという人たちもいる。

この件については、生物人類学者のヘレン・フィッシャーとずいぶん語りあった。フィッシャーの主張によると、洞穴に住んでいた人類の祖先たちは、遺伝子を広めなければならなかったので、性交渉の相手を同時に何人ももっていた。そうした乱交の数千年があったため、いまだに人類の脳は、多数の相手と関係をもとうとするようにできているのだという。

貞節と性的な排他性という昨今の規範は、実のところ、現代においてもけっこう新しいものである。結婚史学者のステファニー・クーンツによると、一八世紀には、アメリカの男性は婚外交渉についてかなりあけっぴろげだったらしい。彼女が発見した手紙で、夫たちは妻の兄弟に自分の愛人の話をしたり、娼婦から性病を移された顛末をくわしく述べたりしていたという。僕はそういう手紙を発見できなかったが、こんな感じだったのではないかと想像する。

親愛なるチャールズ

この手紙を読んでいるきみが、このうえなく健やかでありますように。きっとそうに違いないね、きみの回復力と不屈の精神には、いつも感心させられるのだから。

今度のいわゆる〝革命〟はどう思う? 僕が恐れているのは、勝っても負けても、この先何十年も、その影響を感じつづけるんじゃないかってことだ。

ああ、それから、僕はきみの姉さんのほかに、ティナとも寝てるよ。先週、バーで出会った女なんだ。あと、ボストンで寝た娼婦からは梅毒を移されたよ。

愛をこめて、義兄のヘンリーより

クーンツの説明によると、男たちは性の冒険をすることが生まれながらの権利だと信じ、女たちはそれを男女関係の一面として基本的に受けいれていたという。「何千年ものあいだ、男は浮気して当然とされていました」とクーンツは「ニューヨーク・タイムズ」紙に語っている。「今日ではとても考えられませんが」[5]

それでは、何が変わったのか？

ジャーナリストでセックス・コラムニストのダン・サヴィジに話を聞いてみた。彼は、貞節を守ることと、決まった相手以外と性の冒険をすることのあいだにある、昔ながらの葛藤について詳細に記している。二〇世紀の婦人運動が、この問題に対する取り組み方を根本的に変えたと、サヴィジは主張する。女性たちは、自分たちには性的な選択肢がよそにないのに、男だけが遊びまわっていいなんて厚かましいと、実にもっともな異議を唱えた。だが、決定的な変化が起こったのは、婚外交渉で羽目をはずしてきた男の自由を女性にも与えるのではなく、社会がその反対のアプローチを選んだときからだった。

男たちは、「わかった、お互いに遊んじゃおう」ということもできただろう。だが、そのかわりに、妻が実際に浮気する前から嫉妬して、「何だって？　いや、きみがよその男と寝るなんて嫌だよ！　お互いに浮気はしないことにしよう」といった。サヴィジいわく、このとき、一夫一婦の義務が男女両方に課せられたのだ。そしてそれは、男女どちらにとっても本来は想定されていない義務だった。

「この文化においては、ほかの誰かとセックスしたいと思ったら、それを行動に移す前に、まず正しい手順を踏み、今の相手との関係を終わらせなければならないと言い聞かされています。さもないと、悪党、悪女ということになってしまうんですね」と彼はいう。「そんなのたわ言だと思いますよ。もっと次元の高い忠誠というものがある。大義がある。男女のつながりというのは、二度とほかの人に性的な接触をしないというだけのことではないのです」

僕は思考実験で自分を試してみた。たとえば、恋人がマイアミで友だちの独身最後のパーティーに出席しているとき、R&Bのスーパースターで俳優でもあるタイリース・ギブソン（『ワイルド・スピード』シリーズや『サウスセントラルL.A.』に出演）と、ばったり出会ったとする。どういうわけかふたりは意気投合し、彼女は結局タイリースと寝てしまう。一夜だけのことだ。彼女はタイリースに恋をしたわけではない。いっしょになろうとしてもいない。タイリースが日本のステーキハウス〈ベニハナ〉を真似て自宅の裏庭に建てた特別なレストラン、〈ギブシハナ〉のディナーに招待してもらおうとしているわけでもない*。

もしそういうことなら、べつにかまわないと思う――知らずにいるかぎりは。

今度は役柄を交換して、僕のほうが別の相手と一夜を共にする設定にして、彼女にイメージしてもらった。彼女の感じ方は僕と同じではなかった。お互いだけを愛する関係から逸脱する理由がわからないし、それは相手への信頼を踏みにじることだという。もし僕が酔っぱらってそんなことが起こったなら、理解しようとはするけれど、一大事だし知りたいと思うそうだ。だが、僕がべろべろに酔っぱらって間違いを犯すのと、ほかの人との性交渉を積極的に求めて、浮気のために酒場に行ったり女性にメールしたりするのとでは、大違いだともいった。

思えば、この会話はバーではなく、自宅でひそかにおこなったほうがよかった。僕らは間違いなくまわりの人々の視線を集めていた。アジズがなぜ、「彼女がタイリースと浮気している」と

＊　このレストランは実在する！　ぜひググってみてほしい。

いう話をしているのか、みんな好奇心にかられているようだった。

サヴィジの意見によると、ほとんどすべての人が浮気に心をそそられるものだが、ある人々だけがそれに抗うことができないのだという。万人に共通の衝動に屈して、パートナーに隠れて浮気し、発覚して関係をぶち壊すよりも、誰もがこうした願望をもっていることを認め、それにどう――カップルとして――対処するかを決めるほうが、よほど身のためだ、とサヴィジは考えている。

「ふたりのあいだに子どもがいるなら、ふたりで重ねてきた歴史があるなら、ふたりの財産があるなら、ふたりの親戚をひとまとめにしてつきあっているなら、そのすべてが、出張先でちょっといい思いをしたなんてことより、もっと大事なはずです」と彼はいう。

サヴィジは一夫一婦制に反対しているわけではない。その状態を保ってうまくやっていける人々に利点があることは認めている。問題は、今日あまりにも多くの人々が、現実的には守れない約束をしていることにあるという。

信頼しあった関係を維持しながら、一方で性的な目新しさへの衝動も満たそうという考えから、長年にわたり、〝オープンな関係〟というような取り決めのもと、さまざまな実験がおこなわれてきた。カップルたちは、〝オープンマリッジ〟と称して別の相手と関係をもつことを認める、スワッピングをする、「訊かない話さない」という方針を守るなど、ありとあらゆることを試している。

こうした取り決めを試した人はどれくらいいるのだろうか？　最新の調査結果によると、アメリカ人男性の二六パーセント、アメリカ人女性の一八パーセントが、〝性にオープンな関係〟を試したことがあるという。意外にも、二一歳から三〇歳までの若い世代はもっとも少なくて一九パーセントだが、四〇代はもっとも盛んで二六パーセントになる。では、シニア世代は？　二二パーセントが性にオープンな関係を試してみたという。なんと！

サヴィジは自分とパートナーのオープンな関係を表わすのに、〝準・一夫一婦制〟という言葉をつくった。これは、互いに深く信頼しあっているが、よそで性行為をする余地のあるカップルという感じだ。

「性にオープンな関係ですって？
ほかの人とセックスすること？
ええ、わたしたち、それならときどきやってるわ」＊

＊　法的に身を守るためにふたたびお知らせしなければならないのだが、これはストック写真のためにポーズをとっているカップルであり、ふたりが本当の夫婦か、実際にオープンな関係で〝ほかの人とセックスしている〟かどうかは、僕のあずかり知らないことである。彼らは現実の人間ではない。いやまあ、現実に生きてるけど。つまり、クローンかなにかじゃない。この意味わかるよね。でも、実をいうと、彼らはサイボーグなんだ。☆

☆　ちょうど弁護士から連絡がきたところなんだけど、法的な疑惑を一〇〇パーセントなくすには、彼らがサイボーグではないこと、ストック写真用にポーズをとった人たちにすぎないということを明言しなければならないそうだ。混乱させて申し訳ない。

〝準・一夫一婦制〟は、それだけですべての場合に通用する概念ではない。カップルごとに自分たちなりの呼び方をつくり、よそでの性行動がどこまで許されるか、あらかじめ合意しておくのだ。パートナーに何もかも打ち明けるよう求める人もいれば、「訊かない話さない」という方針を好む人もいるだろう。外の相手との距離を制限する人もいる――友だちの友だちまでか、友だちの友だちの友だちまでか、どちらも二度と会わない人間か、よその州に住む人か、あるいはミシガン州立大学総長のジューン・ピアース・ユアートだけか（失礼、最後のは余計だった）。インタビューや掲示板で、サヴィジが論じていたような取り決めをしているカップル数組に出会った。なかにはそうした試みに非常に熱心な人々もいた。ある女性が掲示板にこんなふうに書いている。

わたしはこれまで一〇年間、オープンな関係を続けてきました。夫といっしょになったのは八年前です。こういうやり方を選んだのは、つきあった恋人がみんなわたしに隠れて浮気していたことに気づいたから。そしてわたしのほうも、全員を裏切って浮気していました。そのうちようやく、たぶんわたしにはいろんな相手が必要だし、性的に大胆な男性に惹かれるのだとわかりました。

縛りあわない関係だと、本当に気が楽です――嘘もつかなくていいし、ひどい別れ方もしないですむし、罪悪感もありません。夫とわたしは従うべきルールを決めています。たとえば、彼がよその誰かと会っていいのは週一回だけ、そしてもし彼の選んだ女性をわたしが気に入らなかったら、会うのをやめさせることができるんです。

もっともいい点は、相手の評価を気にせずに自分の気持ちに正直になれることですね。ときめきや性的なストレスを隠す必要もありません。わたしたちはお互いに夢中だし、ひとり娘もいます。万人向けのやり方じゃないとは思うけど、うちはこれでうまくいってるんです。

離れて暮らしながらうまくつきあうために、こういった取り決めを利用しているカップルもいた。ミュージシャンの彼氏とつきあいはじめて数カ月という女性は、彼がツアーに出ているときの取り決めについて教えてくれた。旅は一度に何カ月も続くので、ふたりの関係を守るために、ツアー中は少し自由を与えてあげることにした――ある程度までは。彼が守らなければならない〝ツアー・ルール〟をふたりで決めた。「セックスはダメ、フェラチオだけ。そこまでが限度ね」と彼女はいった。

そして、そういうことがあった相手と彼が連絡を取りつづけるのは嫌だった。「ベッドにいて、彼のほうを見たらシンシナティかどこかの女の子にメールしてる、なんてかなわないもの」と彼女は説明した。「それと、彼がいないあいだは、わたしも同じ特権をもてるのよ」

また、ブルックリン出身のある女性は、つきあいはじめたばかりの相手から、ときどきほかの人とセックスしたい、とはっきり告げられたそうだ。そこで彼らは取り決めをした。お互いにほかの人とセックスしてもいいが、以下の条件を守ること。相手は、自分たちの仲間うち（友だちの友だち）から少なくとも二段階は離れた間柄であること。「訊かない話さない」を通すこと。もし外でほかの誰かと関係をもったら、うまく言い訳をして、けっして知られないようにすること。これは「見えないものは存在しない」という発想の取り決めだが、うまくいっているとのことだった。

だが、この女性の場合、オープンな関係が、必ずしも理想ではなかった。なぜ踏み切ったのか尋ねると、べつに人生でいろんな人とのセックスを楽しみたいわけではありません、と彼女は答えた。それよりむしろ防御が目的で、ほかの女性と寝ることへの関心のせいで彼が自分から離れてしまう危険を避けるためだったという。「たぶん彼はどっちみち浮気すると思います」と彼女はいった。「だから、少なくともこうやってコントロールするつもりなんです」

ほかにも、オープンな関係を選んだものの、その取り決めに対する熱心さがふたりのあいだで違っているという人たちに出会った。掲示板上のある男性は、相手の女性が望むので、彼女を失いたくないあまり、縛りあわない関係に同意したという。だが、彼によれば、それは結局、傷つくまでの苦痛に満ちた長い道のりにすぎなかった。

彼女にぞっこんだったので、オープンな関係でも、つきあえるならそれでいいと考えたんです。僕はほかの女性にはあまり興味がなかったから、たいてい彼女といっしょにいました。一方、彼女のほうはほかの男が何人かいたけど、やがて、僕より好きな相手を見つけてしまった。何ともいえない状況でした。彼女に電話して、「やあ、映画か食事に行かない？」なんて誘うと、彼女は、「あら、困ったわ。今夜はシュミッティ・イェイガージェンセンといっしょなの」なんて答える。さもなきゃ、ぜんぜん電話に出なくて、そうなるともっと悪い。だって、今ごろ何をしているんだろうって想像してしまうから……。補欠でいるのは嫌なものだけど、僕はまあそんな存在でしたね。

別の女性は、オープンな関係を始めたのは「我ながら人生最悪の判断」だったと振り返る。「状況がきびしくなって、結局ひどい目にあわされたのはわたしでした。『みんなお互いに愛しあってて、気にかけてるし、ひとりめもふたりめもいちばん大切だよ』なんていうフリをしながら、第三の女と寝てたんです。わたしには納得のいかない相手だったけど、邪魔するなって彼にいわれました。今ではもう口もききません」と彼女は語った。

カップルの両者ともが、互いに縛らないという取り決めに同じくらい熱心な場合もある——少なくとも理論上は。だが、実践となったら、ほかの人と寝るのは厄介な問題になりかねないと、たちまち気づくのだ。

我々の会ったレイナは、新婚の夫とその手の取り決めを試したことがあった。ふたりは結婚したあと香港に引っ越し、「訊かない話さない」を条件に、婚外交渉の相手をもってもいいと合意した。縛りあわない関係に夫婦とも乗り気だったが、ある時点になって、レイナは事態が自分の予測をはるかに超えていることに気づいた。

わたしは自分のことを現実的だと思っていました。だから、あるとき話のなかで、一度や二度くらい軽はずみな行動をしたからって離婚なんかしない、といったんです。ただし、CIAみたいにならなきゃダメよって。何も知らずにいたいし、気配も感じたくない。目に見えないよう、そこまで気をつけてねって。

でも、わたしがもし知りたがったら、彼は真実を話さなければならないという第二の方針も決めてありました。

そこで、わたしの誕生日に京都へ旅行したとき、尋ねてみたんです。

彼はいいました。「きみの誕生日にそんな話はしたくない」

それを聞いて思いました。なるほど、何かあるってわかっちゃったわって。

わたしはいいました。「それじゃ、人数だけでも教えてくれない？」

すると彼はこういいました。「ちょっと待って」

数える必要があったんです。

やがて答えが返ってきました。

いっておきたいんですが、このときまだ、わたしたちは結婚して一三カ月だったんです。

二六。

二六人。

ひとりか、せいぜいふたりだと思っていたのに。

まさか二六人もの女性と寝ていたとは思いもしませんでした。

ワーォ……誕生日おめでとう、レイナ！

このふたりはまもなく別れた。

僕はサヴィジに、オープンな関係を試そうとするときに心配なのは、滑りやすい危険な坂道が待っていそうなことだと話してみた。おそらくレイナの領域にまでいってしまうことはないだろうが、それでもたちまち手に負えない事態に陥りそうに思える。こうした関係を試したカップルに話を聞くと、決まってみんな、結局は別れているのだ。

サヴィジはそんな理屈を受けいれなかった。

「一夫一婦制に従わない関係がうまくいかなくなると、一夫一婦制ではないからだとみんながいっせいに非難します。ところが、一夫一婦制に従う関係がうまくいかなくなっても、一夫一婦制を非難する人はいません」と彼はいいきった。

サヴィジはまた、一夫一婦制に従わずにうまくいく関係は、強固な土台の上に成り立っているのだと説明した。

「長年の観察と自分自身の経験から、一夫一婦でうまくいく関係か、あるいは理解しあう余裕のある関係なら、ずっと一夫一婦のまま続くのです」とサヴィジは語った。また、縛りあわない関係は、両者が本気でそれを望んでいて、どちらも曖昧ではないことが求められるともいった。明らかに一方的な願望なら、うまくいくわけがない。

突きつめていくと、結局は次の事実と向きあうことになるようだ。情熱的な愛は長続きしないということ。そして、固い絆の土台になるのは、永遠のときめきや激しさではなくて、時とともに増していく、苦労して得た深い気持ちのつながりであるということ。つまり、友愛的な愛だ。サヴィジの論じる、自分の欲求にもっと正直になることには、抗いがたい魅力がある。だが、多くの人にとって、少なくともアメリカにおいて、ふたりの関係にほかの人間との性交渉を組み入れることは想像しにくい。ふとした会話や、あるいはグループインタビューで、この件を話題にするたび、いっせいに疑問の声があがった。そんな考えをもち出すだけでも、パートナーとモメることになりかねないと恐れる人もいた。

「もし妻にそんな提案をしたら」とある男性はいった。「夫婦の関係がガラッと変わってしまうでしょうね。妻が乗り気でなかったら、もう引っ込みがつきません。『ああ、いや、ほんの冗談だよ。ほかの人とセックスすることなんて考えてないよ。そんな気はまったくないからね』なんて言い訳するのもおかしい。かわりに、疑惑の種が植えつけられて、大ピンチになりますね。ごみ箱から問題の数々があふれだす。それはもう二度と消えません」

オープンな関係を求める理由を頭では理解できるという人たちもいたが、自分にそれがやり通せるとは思えないという声が聞かれた。「わたし個人としては、とても冷静ではいられません」ある女性がグループインタビューでいっていた。「冷静でいたいけど、受けいれるのは無理でしょうね」

話を聞いた多くの女性たちが、もし恋人からもっとお互いを縛らない関係になりたいといわれたら、相手がどれくらい真剣につきあっているのかを疑ってしまう、といった。「そんなことをいいだす時点で、そもそもなぜつきあってるの?」ある女性は、準・一夫一婦制に対する軽蔑をあらわにした。「堅い結びつきが嫌なら、さっさと自分ひとりでヤッてなさいよ」（念のためいっておくが、彼女が責めている相手は仮想のパートナーだ。僕に向かって、インタビューをやめてヌキにいけといったわけではない）

理論としてはサヴィジに賛同する専門家たちでさえ、こうした取り決めが実際にはどれだけ現実的なのか、やはり疑問の声をあげている。「お互いに公平で男女差のない取り決めを提案することの意義は確かにわかります」結婚歴史学者のクーンツはいう。「ただ、どれだけうまくいくかは、ちょっと疑わしいですね」

選択と意思決定の権威であるバリー・シュワルツも、選択をした陰で別の選択肢を求めようとする考え方に危惧の念を示した。「わたしがきみぐらいの歳だった頃、オープンマリッジが流行りました」と彼は語ってくれた。「やり手の知識層がこぞって、パートナーと愛情深い関係を保ちつつ、ほかの人と寝ることもできると思いこんだんですね。彼らは親世代のケチな倫理観を超越していたのです。でも、一年もしないうちに、結局ひとり残らず独身に戻っていました。つまり、少なくともあの当時は、うまくいかなかったのです。一夫一婦制は、乱交に勝てませんでした」

もしかすると、この問題全体を広い視野からもっとも正しく見ることができる人物は、ラッパーのピットブルかもしれない。本書のために、また人生全般のために、僕がいろいろと調べてきたなかでいちばん気に入った発見といっていいと思うが、彼が恋人とオープンな関係でつきあっていると語るインタビューがあった。

ピットブルは、こんな言葉を座右の銘にしているそうだ。"Ojos que no ven, corazón que no siente."

すなわち「目が見ないものを心は感じない」。

「何が普通で、何が正しくて、何が間違ってるか、みんなそこに引っかかってるよね」とピットブルは語っている。「きみにとって正しいことが、俺にとっては間違ってるかもしれない……結局のところ、大事なのは、誰もがそれぞれに幸せになるってことなんだ」[6]

ピットブルの洞察に満ちた深い思索の言葉でこの章を締めくくることができて、僕がどんなにハッピーか、わかってもらえるといいな。

結び

この本に取りかかったとき、僕には現代の恋愛についてどうしても知りたいことが山のようにあった。誰もが経験することだろうが、振りまわされては困惑し、失望し、腹を立てることがしょっちゅうだった。常にメールのタイミングをはかりつづけ、二〇一二年にはターニャの〝だんまり〟的な障害にぶち当たった。そんなことだらけの恋愛傾向にあっては、恋人を探そうとすることは（気軽な関係であっても）、精神的に疲れる体験になりかねない。

それから、愛情深いパートナーとの健全ですばらしい関係を手に入れたあとでさえ、新たな疑問が次々に湧きあがってきた。腰を落ち着けることに不安を感じた。独り身の世界の刺激的な扉をすべて閉じなければならないのか？　ふたりの仲がマンネリになってときめきが減ってきたら、セクスティングが恋愛生活を改善してくれるのだろうか？　パートナーが何か隠し事をしているという疑いが生じたら、突きとめるために相手のフェイスブックやケータイのメッセージをのぞくのは倫理的にどうなのか？　そしてもし、やがて情熱的な愛が冷めてしまったら、何はともあれ長く続く一夫一婦制の関係を求めるべきなのか？

この本を書いたのは、現代の恋愛でもち上がるさまざまな難題をもっとよく理解したかったからだ。そこで、著名な社会学者とタッグを組んで、何百人もの人々に話を聞き、恋愛研究の第一人者として世界に名だたる専門家たちに助言を求め、五カ国で現地調査をおこない、調査報告や関連書、ニュース記事や学術論文を山のように読んで、さて僕は何を学んだか？
実にたくさんのことだ。
今回の経験全体から得たことを記しておこう。

今日、パートナーを見つけるのは、おそらく昔の世代よりも複雑でストレスのかかることである――だが、本当に夢中になれる相手と結ばれる可能性も以前より高くなっている。

ふさわしい人を探すことは――そして〝ふさわしい人〟とはどういうものかという考え方さえも――きわめて短い期間に根底から変わった。

もし僕が数世代前の若者だったら、ごく若いうちに身を固めていたはずだ。たぶん、故郷の町サウスカロライナ州ベネッツヴィルで、近所に住んでいる女の子と、二三歳ぐらいで結婚していただろう。彼女はもっと若く、つまり父親の庇護のもとからそのまま僕のところへ来ることになる。自分で何かに興味をもったりそれを突きつめたりする時間もないままに。

仮に、彼女の一族が、地元にある〈ハーディーズ〉のフランチャイズのオーナーだとしよう。*

彼女の両親は早いうちに僕と面談し、僕がまともな仕事についているまともな男で、人殺しもしそうにないと判断する。僕たちはわずかな期間つきあったのち、結婚する。

僕は〈ハーディーズ〉の店をまかされ、なかなかうまくやる。やがて、大規模な〝スコーン強奪〟詐欺をたくらむ男がいることに気づく。スコーンをひそかに奪い、州境を越えてジョージア州に運ぶつもりらしい。詐欺の流れはこんな具合だ。その男と相棒はうちの店からスコーンを盗み、スコーンの闇市場で安く売りさばく。男が頻繁にジョージア州へ行くのを怪しく思い、僕はフォードF-150の荷台で大量のスコーンの下に身を潜め、目的地に着いたら、派手に飛びだして叫ぶ。「俺のスコーンを返しやがれ」

一族は誇りに思うだろう。

理想としては、妻と僕はともに成長し、幸せな絆を育む。だが、もしかすると成長につれて、ふたりともすっかり変わって、夫婦仲がうまくいかないことに気づいてしまうかもしれない。もしかすると妻は主婦の役目にうんざりして、その時代の女性に与えられている以上の願望や目標をもつようになるかもしれない。もしかしたら僕は不満だらけの気難し屋になり、やがては老人ホームに入って、アルフレードといっしょにドーナツをタダ食いしようとたくらむかもしれない。だが、僕はその時代には生きていない。二三歳になった頃、結婚なんてまったく頭になかった。かわりに〝新成人期〟を経験し、人として成長する機会を得た。人生のその時期に、世界中から来た人たちと知りあった。つきあうのは故郷ベネッツヴィルの隣人たちに限られなかった。成長しながら、仕事を探し、ニューヨークとロサンゼルスでいろんな人とデートした。そしてついに、

* 南部出身ではない皆さんのために一言。〈ハーディーズ〉は朝食のスコーンを専門とするファストフードのチェーン店。ほかのものも売ってるけど、僕の記憶ではだいたいスコーンを食べるために訪れた。特にチキンのスコーンがオススメ。

テキサス出身の美しいシェフと、友だちの友だちを介してニューヨークで出会い、つきあうようになった。

昔だったら、僕たちはけっして出会っていなかっただろう。僕はハーディーズ一族の娘と結婚していただろうし、彼女はおそらくテキサスで近所の男と所帯をもっていただろうから。相手はダスティという名のホットソース王かもしれない。* それに、たとえ出会っていたとしても、仲良くなったかどうかわからない。僕は二三歳から三一歳のあいだに、まるっきり違う人間になったから。

僕にとって今の状況は、数世代前に生まれた場合よりも、きっとよい条件なのだと思う。女性だったら、考えるまでもない。文化が進んだおかげで、今の時代、中流階級の働く女性たちは、結婚する必要に迫られることもなく、自分の人生と職業を謳歌する自由を手に入れた。夫と子どもをもつことは、もはや豊かで満ち足りた大人の人生を生きるために必須ではない。誤解のないようにいうと、昔ながらの主婦の役割が、仕事をもつことに比べて劣っているという意味ではけっしてないし、女性が働くことについて下す決断が複雑であることも知っている。それに、働くことを選んだ女性がわが子を憎んでいるなどというつもりも毛頭ない。わかっていただけるだろうか？　誰の人生の選択にも文句をつけたりするもんか（ただし、それが、麻薬をやって、映画『プレシャス』でモニーク演じる母親が少女プレシャスを虐げるみたいにわが子を扱うという選択でないかぎりは）。だが、重要なのは、これまでになく多くの女性が、自分自身でそうした選択をできるようになったということだ。

たとえ女性がキャリアを積む選択をしたとしても、調査によれば、男性よりもはるかに多く家事を負担している（男性諸君、がんばろう）。だが、全体として、数世代前と比べれば、平等なパートナー関係に近づきつつある。女性たちは二〇歳かそこらで、安定した職に就いているとかいった理由で親が良縁と判断した男と結婚しなくてもいいのだ。

〝まあまあ婚〟は、現代のシングルたちにとって、けっしてまあまあよいとはいえない。たまたま近くに住んでいて親とうまくやれるというだけの理由で結婚するなんて、とても納得できない。たしかに、昔の世代には、近所の誰かと結ばれ、やがて魂の伴侶と呼べるほどの深い愛を育んだ人もたくさんいる。だが、そうならなかった人も多い。そして、現代の人々は、そんな危険を冒さない。我々は赤い糸で結ばれた相手を求めている。その人を見つけるためなら、遠くても、時間がかかっても、かまわないのだ。

赤い糸の相手は、単に愛する人というだけではない。祖父母の世代にいわせれば、結婚して、時が満ちれば愛せるようになる相手は、世間にいくらでもいるのだろう。だが、我々が欲しいのは愛だけではない。トム・クルーズの映画三本からの比喩を混ぜていうなら、生涯のサポート役として自分を満たしてくれる人、真実に立ち向かえる人を求めているのだ。

歴史的に見て、我々は類のない時代にいる。恋愛でこれほど多くの選択肢を与えられたことも、天文学的に期待が高まったなかで決断を迫られることも、これまでなかった。しかも、こんなに

＊　僕はサウスカロライナでダスティ・ダッチという子といっしょに学校に通っていた。本当の話だ。すごい名前だろう？　どうしてもこのことを書いておきたかった。ついにこの情報を世界に公開できてうれしく思う。

道がたくさんあるのに、正しく選んだという自信をどうすればもつことができるのだろうか？　諦めよう。そんなことできやしない！　だから、とにかく踏ん張り、希望をもちつづけるのだ。成長し、成熟したら、やがてはこの新たな恋愛の世界の舵を取り、自分にぴったりだと思える人を見つける術を学べるだろう。

テクノロジーは恋人の見つけ方を変えただけではない。
つきあうようになってからも、
常に新たな問題をつきつけてくる。

現代の恋愛に特有の現象の一つなのだが、誰かとつきあうようになったとき、関わりをもつのは物理的な生活だけではない。ケータイやスマホの世界も加わってくるのだ。今日のカップルには、セクスティングのように親密な行為に利用できる共有の空間がある。それは、ときめきや目新しさも与えてくれるが、新たな嫉妬のもとになる場合もある。ついには、大事な人を信頼せずに、コソコソかぎまわるはめになってしまう。

そうやって詮索するのは不安のせいだが、不安になるのも無理はない。現実を認めよう――人は浮気するものだ。実際、人間関係には常に過ちがつきものである。この件について、アメリカはフランスから学べることがあるだろう。フランスの女性が、夫に長年の愛人がいる状態で暮らさなければならないのは、なんだか気の毒な気がするけれど、人の本性が基本的に誤りを犯しやすいことと、パートナーに対する愛情と誠意があっても道を踏み外すものだという事実を、フランス人が現実的にいさぎよく認めている点は、たいしたものだと思う。ダン・サヴィジが（そして、ある程度はピットブルも）いっているように、男女の仲というのは、性的な独占という発想よりずっと幅広いものなのだ。

パートナー候補を画面上の〝吹き出し〟ではなく現実の人間として扱おう。

オンラインデートやスマホの利用によって、今や世界中の人々にメッセージが送れる。我々は以前の世代にはとても考えられなかった規模で、連れ合いになるかもしれない人と交流できる。だが、こうしたデジタルによるコミュニケーションへの転換は、強い副作用もともなう。パートナー候補からのメールを見るとき、ともすれば相手の存在を見失って――中にメッセージが書かれた小さな〝吹き出し〟としてとらえてしまう。そして、この〝吹き出し〟が実際は人間であることをつい忘れてしまいがちになる。

　オンラインでたくさんの人と接するうちに、メールの文章、Ｏｋキューピッドのプロフィール、ティンダーの写真、その一つひとつの向こうに、実際に生きて呼吸している、自分と同じように複雑な人間がいることを、意識しづらくなる。

　でも、それを肝に銘じておくことが、とてもとても大事なのだ。

一つには、やりとりしている相手が現実の人間であることを忘れると、正気の人間なら現実の相手に絶対にいうはずのないことを、メールに書いてしまう危険があるから。

たとえばバーにいるとき、異性に近づいていって、返事もされないのに「ねえ」と続けざまに一〇回もくり返し呼びかけるだろうか？　二分前に出会ったばかりの女性に向かって、おっぱいを片方見せてと頼むだろうか？　たとえ行きずりの相手を探しているだけでも、これでうまくいくなんて本気で思うのか？　もしそうだとしても、それでオーケーするような相手と、本当に関係をもちたいのか？

ところが、人々はこの手のメールをしょっちゅう送っている。これは、話しかけている相手が人間であって吹き出しではないということを、あまりに忘れやすいせいだとしか思えない。そして、その吹き出しの中味こそが、あなたという人間がどう評価されるか、実際に方向づけるのだ。

我々には二つの自分がある。現実の世界の自分と、ケータイやスマホの世界の自分だ。スマホの自分がバカげたことをやらかせば、現実の自分がマヌケに見える。現実の自分とスマホの自分は、一心同体なのだ。アホ丸出しで、スペルミスだらけの無神経なメッセージを送れば、現実の自分にツケが回る。受けとる側は、あなたの〝二つの自分〟の違いなんてわからない。「ああ、彼はきっと、実物はもっとずっと知的で思いやりのある人に違いない。これはただの〝スマホの無精なペルソナ〟なんだわ」などとはけっして考えてくれない。

知りあったばかりでデートしたいと思っている相手に、「どうしてる？」みたいな無難なメッセージを送っても、特にマヌケには見えないだろう。だが、今回のさまざまなインタビューを振り返り、誰のスマホにもそういうゴミみたいなメールがあふれていることを思うと、ずいぶん退屈で個性のない人間に見えてしまうことに気づく。

とにかく、「どうしてる?」的なつまらないメッセージを送るのはやめよう。なるべく気のきいたこと、愉快なことを書き、何か楽しくて興味深いことに相手を誘おう。個人的な内容にしよう。いっしょに面白がったことを話題にしよう。たとえばホバークラフトを運転する犬を見たとか——つまり、ふたりでそれを目撃するなんて、すごくラッキーじゃないか。僕もその場にいたかったくらいだ。ひょっとしたら、その人が、これからの人生をずっとともに過ごす人になるかもしれない! 僕の友だちで、何気なく始まった関係が、ビビッときてついには真剣なつきあいになったという人が大勢いる。なんと僕自身もそうだったのだ。

ごく偶然の出会いでも、大きな意味をもつことになるかもしれない。だから、それだけの敬意をもってつきあおう。たとえそれが実らなくても、ちゃんと配慮してメッセージを書けば、きっと相手にも理解してもらいやすくなる。マイナスになることは何もない。

そして、もし本気で夢中になりたいなら、電話で心のこもった会話をするのも、ひょっとしたら悪くないかもしれない。

それからもう一つ、メールでゲームを仕掛ける人が多いことも知った。返信するまでの時間を相手より長くかけるとか、同じ長さの文章を返すとか、いつも最後に返信させようとする、などなど。「ゲームはしない」といっても、それもまたゲームの一つで——「ゲームはしない」というゲームにすぎないのだ。

誰もがこんなゲームを嫌っているし、誰もやりたがっていない。たいていの場合、人はただ正直でありたいし、感じたままを伝えたいものだ。そしてもちろん相手にも、正直にまっすぐ向きあってほしいと望んでいる。ところが、困ったことがある。残念ながらこうしたゲームは、実際ちょっと効果的なのだ。どんなに違う状況を望んでも、心の内に根づいた傾向や不安を打ち負かすことはなかなかできないのだろう。

でも、思えばみんな同じ立場で、同じ気持ちを味わっているのだ。だから、たとえ相手を好きでなくても、ただ無視する前に、反対の立場だったらどれほど傷つくかを思いやって、誠実なメッセージを書くか、せめてこんな嘘をついてあげよう。「やあ、ごめんね、ちょうどラップのデビューアルバムに取りかかってるんだ。『ファンタビュラス』っていうタイトル。それで、スタジオにこもって集中しなきゃいけないから、今はデートできないんだ。でも、気持ちはうれしいし、きみはすばらしい人だよ。ごきげんよう」

こういう類の本では、テクノロジーとその影響について否定的になりやすい。コミュニケーションの変わりようにはイライラさせられることも多く、年配の人たちの嘆きを聞くにつけ、どうも昔を美化しがちだ。だが、最近ある結婚式に出席したとき、今の状況にもステキな面があると気づかされた。

祝杯をあげたとき、花嫁の付添人が、何年も前に花嫁が送ってきたメールを披露したのだ。花嫁が未来の花婿を追いかけはじめた頃のもので、花婿は彼女のアプローチにまるっきり無関心だった。当初のメールでは、相手がぜんぜん振り向いてくれないので彼女は悲しみ、諦めようかと悩んでいた。友人は、しつこい女になってはいけないから、もうやめろとまでいった。だが、彼女はがんばりつづけ、そして数ヵ月後、いま熱烈に恋愛中というメールが届いたのだ。

そうしたメールが読まれるのを聞くのは、すばらしいことだった。そして、デジタル技術が我々みんなに、唯一無二の恋愛の記録を残すチャンスを与えてくれるのだと気づかされた。

僕の彼女は、つきあって一周年の記念に、一年間にやりとりしたメールをぜんぶまとめた分厚い冊子を贈ってくれた。ふたりが書いたことをすべて振り返るのは、実に面白かった。メッセージのいくつかには、そのとき彼女が何を考えていたかが書き加えられていて、それにもびっくりした。

僕が何百人もの人たちにしてきたことを、いよいよ自分にもしようと思う。僕自身のメールのやりとりをご紹介しよう。状況を説明すると、僕はブルックリンで開かれたバーベキュー・パーティーで彼女の電話番号を聞きだし、その週のうちにラーメンを食べにいく約束を取りつけていた。

やあ、アジズだよ。折り返してくれるかな。
（おいしいつけ麺に関する件だよ）

送信
2013年
7月15日
2:03PM

美味しいつけ麺といえば、A通りとB通りの角、五丁目にある〈ミンカ〉ね。予定はどんな感じ？

受信
2013年
7月15日
3:14PM

今夜もし大丈夫なら、スタンダップの仕事の前に夕食に行けるかもしれないよ。

送信
2013年
7月15日
5:13PM

そう、最初のメッセージは、僕から電話したあと、留守番電話に伝言を残すかわりに送ったメールだ。でも、彼女は電話ではなく、メールをよこした。彼女は一周年にくれた冊子のなかで、あのときは電話してと頼まれたことに気づかなかったと明かしている。間違いに気づいたあとパニックになり、電話をせずメールしたことで、不安がっているとか怯えているように思われるのではないかと心配になったそうだ。

今夜はダメなの。ミルクバーの女の子のお別れ会があって。明日か水曜日なら空いてるけど。それと——あなたがスタンダップしてるところを見たことないので、ぜひぜひ見てみたいわ。興味津々——10点満点で何点ぐらい面白い？

受信
2013年
7月15日
5:20PM

このあと一日待っていることに注目。

やあ——今夜8：15にミンカに行って、そのあとコメディ・セラーに寄っていこう。いいかな？　僕の点数は……うーん、スタンダップコメディのホーキーポーキー・クッキーみたいなもの、とだけいっておこう。

送信
2013年
7月16日
10:13AM

ステキ！　ホーキーポーキーは、間違いなくうちのミルクバーでいちばんユニークなクッキーよ。ミンカで会いましょう。

受信
2013年
7月16日
11:09AM

彼女の次のメッセージには、翌日の午前10：13まで返信しなかった。熱心すぎると思われないように、もちろんわざと待ったのである。そして忘れもしないが、メッセージの下書きを友だちに見せて相談し、何度か書き直してから送ったのだった（ホーキーポーキー・クッキーというのは、彼女のレストランでつくっているクッキーのことで、僕が大好きだということを彼女も知っていたのだ）。

僕が時間をおいたせいで、確かにちょっとした不安を引き起こしたことが、今ではわかっている。彼女が話してくれたのだが、「何点ぐらい面白い？」と書いたのが気にさわったに違いないと思ったそうだ。でも、返信を待っていたその晩、僕が彼女の友だちに、彼女が本当にシングルなのか尋ねたことが耳に入ったので、すべて順調であることはわかっていたという。

それでも、待つことには本当に効果があった。翌朝、僕が返信したとき、ものすごくドキドキしたと彼女が教えてくれた。

早い時期のメッセージを読み返すと面白い。そのときの考え方がありありとわかるから。ふたりとも、自分の書くメールが不安でたまらなかったが、お互いに同じ立場だということを忘れていたのだ。

つきあいが進展し（メールのやりとりも進み）、やがて彼女が話してくれたが、はじめのころ僕が送った、きみが恋しいとか、きみのことを考えていたというような愛情のこもったメールは、とてもかけがえのないものだったそうだ。自分で読み返しても、その時期に感じたときめきや楽しさが、まざまざとよみがえってくる。

だから、こうした新たな道具は、恋愛の初期にいろんなストレスや不安を引き起こすかもしれないが、その同じテクノロジーが、お互いの愛をたくわえ、記憶し、共有するための新たな場所も与えてくれたのであり、僕はその存在をありがたく思っている。

オンラインデートをデートと思うな
――オンラインの紹介サービスと考えよう。

おそらくオンラインデートは、運命の人を探すうえで、唯一にして最大の変革をもたらしたものである。なにしろ、二〇〇五年から二〇一二年のあいだに、アメリカで結婚した全カップルのなんと三分の一が、インターネットで出会っているのだ。この本が出版されるまでに、その数字は間違いなく増えているだろうし、新しいアプリやサイトが登場して、今は大人気のティンダーなども、時代遅れになっているかもしれない。

我々が話を聞いたオンラインデート利用者のなかには、順調な人も多かった一方、不満を感じてすっかり嫌になったという人もたくさんいた。しかし、嫌になったという人のほとんどが、現実にデート相手と会うよりも、画面の前で過ごしている時間のほうが長いように見受けられた。

オンラインデートは、ほかでは決して出会えない人たちと出会える場として、もっとも効果を発揮する。近所に限定せずに相手探しをするための究極の方法なのだ。

大事なのは、画面を離れて、その人たちと実際に会うことだ。夜な夜な見知らぬ人々との果てしないやりとりに時間を費やすのはよそう。好きになる可能性のありそうな人と連絡を取り、何度かメッセージをやりとりしたら――相手にものすごく変なところがないか判断するにはそれでじゅうぶんだ――とにかくデートに誘ってみよう。

ある時点を過ぎても、オンラインで果てしないメッセージの交換を続けているなら、それはただ時間を無駄にしているだけだ。じかに相手を見て評価する自分の判断力を信じよう。

オンラインデートは魅力たっぷりで、デート相手の候補がいくらでも見つかるから、家にこもってパジャマのまま、プロフィールを次々にクリックするほうが、混雑したバーやレストランに出かけていくよりよっぽどいい選択に思えるかもしれない。だが、パートナー候補のすばらしい探し場所がほかにもあることを忘れずにいよう――そう、現実の世界だ。

オンラインデートに疲れ果ててしまった男、アーパンをご記憶だろうか？　グループインタビューから一年ほどして、彼に連絡をとってみた。相変わらずオンラインで出会った女性をボウリング場に（もちろん酒を飲むためだけに）連れていっているのか、確認するためだ。

喜ばしいことに、彼の恋愛人生はすっかりよいほうへ向かっていた。特別な人に出会い、数カ月前からつきあっているという。心から幸せそうで、あの悲しい日曜の朝に会ったときとは比べものにならないくらい元気だった。

アーパンは今の彼女と現実の生活のなかで出会ったが、オンラインデートでの経験があったからこそ、知らない人と出会えるようになったのだと考えている。彼の説明によれば、たびたびメッセージに返信をもらえなかったからこそ、拒絶されることへの不安が減り、女性にアプローチするのが怖くなくなったそうだ。

彼はバーで恋人に出会った。遠くから見かけたあと、勇気を振り絞り自己紹介した。「彼女が仲間といっしょにいるところまで行って、みんなに挨拶してから、彼女の目をまっすぐ見つめて話しかけたんです。『向こうからきみを見ていて、とにかくどうしても挨拶したくなって』って」

アーパンがいつのまにか状況をすっかり好転させていたことを知って、胸が温かくなった。そして、現実の恋がうまくいったのはオンラインデートで学んだおかげだという彼の言葉に、興味をそそられた。

恋人候補がたくさんいても、次々に目移りせず、目の前の相手とじっくり向きあう機会を大切にしよう。

選択肢が多すぎると、ろくな判断もできなくなる。退屈なデートをしては、さっさと次の相手に乗りかえることになってしまう。

もっと自分のために動いてみよう。興味深いデートをしよう。「モンスタートラック・ラリー」の理論にしたがい、その人と過ごすのがどういう感じか味わえるようなことをするのだ。テーブル越しにただ向かいあって、酒を飲みながら、きょうだいや故郷や学校について、何千回もしたことのある世間話をするのは、もうやめにしよう。

そして、人を信じてみよう。悪くはなさそうという程度の印象でも、時間をかけてじっくりつきあってみたら、思ったよりずっとステキな人かもしれない。

ラッパーのフロー・ライダーの音楽を例にして考えてみよう。* 彼の最新の曲を聴いて、はじめはこんなふうに思う。**「なんだよ、フロー・ライダー。毎回同じことやってるだけじゃないか。こんな歌、ちっともイイとこないぜ」**それが、一〇回聴く頃にはこうなる。**「フロー！　またやってくれたな！　これこそ名曲だ、ベイビー！」**

＊「イカしたアノ娘はアップルボトムのジーンズに……ファー付きブーツ……（ファー付き！）……クラブ中の目が釘付け……」

のフロー・ライダー理論」と呼んでいる。

ある意味、我々はみんなフロー・ライダーの歌みたいなものだ。時間をかければかけるほど、どんなに特別かわかってくる。社会科学者はこれを「反復によって獲得される好ましさについてのフロー・ライダー理論」と呼んでいる。

僕がもう一つこだわっているのは、画面の上だけでなく現実の世界で選択肢を判断することがいかに大事かということだ。この本を書き上げようとしていたとき、二〇一三年九月にミシガンでやったスタンダップショーを観ていた女性から連絡をもらった。このショーで僕はメールについて話し、最近出会いがあってメールのやりとりをしている人はいないかと尋ねた。いちばん前に座っていたその女性が手をあげたので、ステージ上に招いて経験を話してもらった。

そのとき彼女は、ちょうど一週間前にある男性と出会い、メッセージをやりとりしていると語った。たき火を囲む集いで、友だちの友だちを通じて知りあったのだ。彼は同じ共同住宅に住んでいて、はじめて会ったあと、彼女の部屋のドアに短い手紙をはさんでいった。「今夜、食事しない？」そして自分の部屋番号が書いてあった。

彼女は「忙しいの」と書いて、彼の部屋のドアに返した。

すると彼は、こう書いた手紙をまた置いていった。「今夜は忙しいんだね？　月曜か水曜か金曜はどう？」

彼女はやりとりの場をフェイスブックに移し、こんなメッセージを彼に送った。

こんにちは、ロン。手紙をくれてるのはサラじゃなくてあなたよね。😊食事のお誘いはうれしいんだけど、このところなんだかめちゃくちゃ忙しくて。大きなプロジェクトがあって、これから二週間、毎日、朝から晩まで取り組まなきゃ。それと、義理の兄のおばあちゃんがあまり長くなさそうで、姉がそちらへ行くことになったら、わたしがすぐに姪っ子と甥っ子の世話に駆けつけなくちゃならないの。いろいろ落ち着いたら、また改めてということにさせてもらえるかしら？　ありがとね。

彼はこう返信してきた。「気にしないで。いつだって家族が何より大切だからね」

例によって、このメッセージからたくさんのことがわかる。彼女が並べたてた言い訳は、瀕死のおばあちゃんについての切実なものも含め、このお相手にとっては不吉な前兆だ。僕は観客に、彼女が本当にこの男性を好きで、〝いろいろ落ち着いたら〟デートするつもりだと思うなら、拍手をするように呼びかけた。拍手はパラパラだった。彼のことが好きではなくて、ふたりがつきあうことはないと思うかと尋ねたら、大きな拍手が起こった。観客はこの女性が相手の男性とつきあう気がないことを見抜いていた。

すると彼女は、「えっと、その後も顔を合わせたけど、べつにそんなにイヤなわけじゃないんです」といった。そして、〝ひょっとしたら〟デートするかも、とのことだった。この件について僕が聞いたのはそこまでだった。

それから一年後、二〇一四年九月に、その女性がこちらに連絡をくれたのだ。彼女いわく、ステージでメッセージを読みあげられたあと、彼にもう一度チャンスをあげるべきだと思ったそうだ。そしてふたりはデートするようになり、一年たった今、なんと結婚するのだという!

それを聞いて腰が抜けそうだった。

本書の趣旨からいって、これはぜひとも記憶しておくべき重要なエピソードだと思う。我々は人と出会って交流するための新たな手段をもつようになったけれど、やっぱり実際に相手とじかに会ってともに過ごすより有益なことはない。

よくあることだが、シングルの集まる世界でいろいろな人と出会い、そのなかに気に入った人がいたら、連絡先を教えてもらってスマホに保存し、以降、その人はデバイスの中に生きる〝選択肢〟となる。スマホを使ってその選択肢と交流し、じかに会うようになる場合もある。だが、そうしたつきあいにならない場合もある。心のときめくステキな人かもしれないのに、スマホの中に埋もれたまま消えてしまうことになる。

僕がさかんにデートしていた頃、バーで出会った女性がいた。どういうわけか、メールでの会話が立ち消えになり、最初に会ったきり再会しないままになってしまった。何年もしてから、共通の友人のパーティーでばったり会い、とても仲良くなった。なんてバカだったんだろうと思った。なぜこんなにすばらしい人をちゃんと追いかけなかったんだろう、と。

この本を書いた今、その理由がわかる気がする。おそらく、ほかの選択肢を追いかけるのに忙しかったせいだ。彼女にメールせず、スマホの中で消えるにまかせてしまったのだ。

僕がこうしたエピソードから学んだのは、画面上でどんなにたくさんの選択肢があるように見えても、その向こうにいる人間を見失わないように気をつけなければならないということだ。デバイスを相手に何時間も過ごして、ほかにどんな人がいるかを探すより、実際の人間を知ろうとする充実した時間を送るほうが、幸せというものである。

よーし、これでこの本を書き終えたぞ!! やったー!!!

でも、お別れの前に、現代の我々がかかえる恋愛の難題について、もう一言いっておきたい。昨今、世間では、ソーシャルメディアをはじめとする新たなコミュニケーション技術のせいで、人間が互いに真の結びつきをもつことが不可能になっていると訴える人が大勢いる。一方、新たなメディアのおかげでこれまでになくよい状況になっているという人も同じくらいいる。僕はこうした極端な意見のどちらにも賛成しないということが、そろそろはっきりおわかりいただけたかと思う。

文化とテクノロジーは常にロマンスのあり方を揺るがしてきた。農作業に鋤が使われるようになると、家庭での女性の労働価値が下がり、社会に変革をもたらした。自動車が登場して、遠くに住む人と会ったり旅をしたりする手段ができると、それもまた大変な影響をおよぼした。電報や電話、テレビ、そしてこの先のどんな発明も同様だろう。ひょっとしたら、将来どこかの女性がこれを読んで、こんなふうに考えるかもしれない。「フーム……なるほど、とりあえず昔は、男がしょっちゅう人の家にペニスをテレポーテーションさせるようなことはなかったのね！ それはすばらしいわ」

歴史が示しているとおり、人間は絶えずこうした変化に適応してきた。どんな障害があろうと、ロマンスを追い求めつづけてきたのだ。

このプロジェクトの終わりを迎えた今、僕は恋愛の現状について、以前よりずっとよくわかるようになった。そして、すべての調査から学んだもっとも大事なことは、誰もがみんな同じ時代をともに生きているということだ。あなたにもそんなふうに感じてもらえることを願っている。

読んでくださったすべてのみなさんに、幸運が訪れますように。

その幸運というのは、つまり、ある日あなたがステキな人と出会い、心のこもったメールをやりとりし、いっしょにモンスタートラック・ラリーに出かけ、そして願わくはいつの日か、東京で美味しいラーメンを食べたあと、ジュラシックパークをテーマにしたラブホテルで愛をかわす、そんなことだ。

謝辞

本書は一応〝アジズ・アンサリ著〟となっているが、さまざまな面で多くの人の尽力があったからこそ完成したということは、いくら強調しても足りないほどだ。

まっさきにエリック・クライネンバーグ氏に感謝したい。高名な社会学者でベストセラー作家ともなれば、コメディアンと組んで社会学とユーモアの観点から現代の恋愛に関する本を書くなんて、安全で理にかなった賭けとはとてもいえない。ところがエリックは、最初からこのプロジェクトと僕を信じてくれた。この二年以上ものあいだ、僕たちはとんでもなく長い時間いっしょに働いて、この本の構想を練り、完成をめざしてきた。誰かと組んでこれほど密接かつ熱心に仕事をすると、退屈になってしまう場合もあるが、エリックが相手ならいつも興味深いし楽しかった。また、食べ物のことになると、エリックも僕と同じく追求型だったので助かった。昼休みが長引いても文句をいわないし、食事するのに最適の店を探すためのリサーチもいとわなかった。エリック、心からありがとう。

エリックのほかに、本書を書きあげることができたもう一つの鍵は、数多くのインタビューだ。そのおかげで現実の体験談を紹介し、そこからいろいろと学ぶことができた。こうしたインタビューに応じ、人生のもっとも私的な部分を快く明かしてくれた、世界中の何百人もの人々がいなければ、到底この本は完成しなかっただろう。また、オンラインで掲示板のフォーラムに参加してくれたすべての人たちも同様である。皆さんにはどんなに感謝しても足りない。

本書のために膨大な量の調査を実施したが、すばらしい協力者とアシスタントの皆さんの助けがなければ、とてもやり遂げられなかった。

マシュー・ウルフ、別名ウルフ・マンは、調査アシスタントのスーパースターとして、またそれ以外のことでも大活躍だった。ウルフに投げかければ、どれほど変なことでもきちんと対応してくれた。数百年前の個人広告を追跡することも、ザ・ロックことドウェイン・ジョンソンの写真をフォトショップで加工できる人を探すことも、みごとにやり遂げた。しかも、そうしたすべてに、最高のプロ意識をもって快く応じてくれたので、本書に取り組むことが、はるかに楽しく心も軽くなった。ウルフ・マン、よくやってくれたね、ありがとう。

シェリー・ローネンは企画の早い段階からきわめて重要な支えとなって、ニューヨークでのグループインタビュー開催に尽力し、ブエノスアイレスでは現地調査と独自の取材をおこなってくれた。クミコ・エンドウは東京で我々を全面的に支え、グループインタビューの参加者を集め、この都市の風変わりで魅力的な恋愛文化について指南してくれた。ソニア・ズミヒはパリでのグループインタビューを取りしきってくれた。グラシアス、アリガトウ、メルシー。

スタンフォード大学の社会学者ロブ・ウィラーと、その同業者のサウスカロライナ出身者は、調査の全過程を通して我々の相談相手となり、高度なデータセットの解析に力を貸し、デートにおけるモンスタートラックラリーを高く評価してくれた。

また、恋愛の専門家や学者の方々からも、時間とアイデアを気前よく提供していただき、多大な恩恵を受けた。ダナ・ボイド、アンドリュー・チャーリン、ステファニー・クーンツ、ローリー・デイヴィス、パメラ・ドラッカーマン、トーマス・エドウォーズ、イーライ・フィンケル、ヘレン・フィッシャー、ジョナサン・ハイト、シーナ・アイエンガー、ダン・サヴィジ、ナターシャ・シュール、バリー・シュウォルツ、クレイ・シャーキー、シェリー・タークル。いずれも猛烈に頭の切れる人たちで、ともに過ごすことができ、そして知恵をこっそり盗ませてもらって、とても幸運だったと思う。

また、データの扱いを助けてくれた人々に、大声で特別の感謝を捧げたい。Okキューピッドの共同創設者クリスチャン・ラダーと、人類学者でマッチ・ドットコムの相談役ヘレン・フィッシャーは、それぞれのデートサイトの独自データやさまざまな調査結果を提供してくれた。レディットのヴィクトリア・テイラーとエリック・マーティンは、現代の恋愛に関する掲示板を立ちあげるために協力してくれて、そのおかげでかけがえのないリサーチ手段が得られた。スタンフォード大学のマイケル・ローゼンフェルトは、「カップルはどのようにして出会い、いっしょにいるのか」というすばらしい調査のデータを提供してくれた。ニューヨーク大学のジョナサン・ハイトは、彼のつくったグラフを複製し、勝手に変更することを許してくれた。

ジェフ・マンデルは、本書のすばらしいフォトショップ作品を担当し、僕が送る「やあジェフ、ジュラシックパークのハネムーンスイートにいる小型の恐竜たちなんだけど、三割ほど大きくして、その上にロマンチックなキャンドルをのせることってできるかな?」といったバカバカしいメールにもただちに対応してくれた。ウォルター・グリーンはみごとなグラフとレイアウトを作成してくれた。また、本のカバーの初期のコンセプトを手伝ってくれたウォレン・フーとクリサンタ・ベイカーにも、心からの感謝を述べたい。最終的なカバーのイラストはジェイ・ショーのデザイン、写真はルーヴァン・ウィジェスーリヤによる。限定版のカバーは、ドーン・バイエとBLTのチームがつくってくれた。

ニューヨークでは、ジェシカ・コフィー、シーラ・ディスモア、ヴィクター・ボーティスタ、セバスティエン・セルー、マシュー・ショーヴァーから後方支援を受けた。ロサンゼルスでは、オノラ・タルボーとダン・トーソンが後押ししてくれた。また、規模の大きいグループインタビューの会場を提供してくれたアップライト・シティズンズ・ブリゲイド・シアターと、高齢者への取材に協力してくれたユニヴァーシティー・セツルメントにも、心からの感謝を捧げたい。

友人や同僚たちは、早い時期に原稿の下書きに目を通してくれた。そのコメントのおかげで、決定稿が切れ味のよいものになった。メンバーは、アニス・アンサリ、シーラ・ディスモア、エンリケ・イグレシアス、*ジャック・ムーア、マット・マレー、ケレファ・サネー、リッツィー・ウィディカム、アンドリュー・ワインバーグ、ロブ・ウィラー、ハリス・ウィッテルス、ジェイソン・ウォリナー、そしてアラン・ヤンである。

エージェントやマネージャー、3アーツのデイヴ・ベッキー、リチャード・アベイト、デイヴィッド・マイナー、APAのマイク・バーコウィッツ（アジズ担当）、ウィリアム・モリスのティ

＊　イグレシアス氏に原稿を届けようという試みは、その多くが不成功に終わったけれど。

ナ・ベネット（エリック担当）は、企画のあらゆる段階で我々を支えてくれた。また、僕の広報担当ジョディ・ゴットリーブにも感謝したい。これをタイプしている今も、この原稿がどのような形で出版されるか厳密にはさっぱりわからない状況だが、なんとか陽の目を見せるために彼女は辛抱強く動きつづけてくれるに違いない。さらに、デイヴィッド・チョーにも感謝しなければ。デジタルに関わるあらゆる面で、さまざまに生じる問題にうまく対処し、またいつも美味しい韓国料理につきあってくれた。弁護士のジェレド・レヴァイン、コリン・ファーリー、テッド・ガーディスは、「写真素材サイトのお年寄り夫婦が〝ほかの人とファックして〟いるなどとけっして書いてはいけません。その人たちが本当に〝ほかの人とファックして〟いないことがはっきり確認できないかぎりは」といったみごとな内容のメールを送ってくれた。

　ペンギンプレスの担当編集スコット・モイヤーズは、あらゆる段階で途方もなくすばらしかった。本書のコンセプトをすぐに理解し、常に応援してくれて、けっして違うものにしようとはしなかった。スコットのほかにも、いつも支えてくれたアン・ゴドフ、マリー・アンダーソン、アキフ・サイフィ、ヒラリー・ロバーツ、ジャネット・ウィリアムズ、その他ペンギンプレスのチームの皆さんに感謝したい。

　そして最後に、最大の感謝を、我々自身の恋のパートナーたちに捧げる。

　ケイトへ。突然アメリカの独身者のスポークスマンとして飛びまわることになった夫のエリックに、よくぞ耐えてくれた。彼は、この本がきみへの埋めあわせとなることを願っているよ。

　愛するコートニーへ。もしすべての人が幸運で、きみのように献身的で愛情深くて思いやりがあり、才能豊かで美しいパートナーに恵まれるなら――こんな本はいらないんじゃないかと思う。エリックへ、アジズより。奥さんとモメないよう祈っている。〝大切な人に贈る優しいメッセージ〟を競うコンテストで、きみをこてんぱんに**やっつけちゃった**からね。

JONES, DANIEL. *Love Illuminated: Exploring Life's Most Mystifying Subject (with the Help of 50,000 Strangers)*. New York: HarperCollins, 2014.

KLINENBERG, ERIC. *Going Solo: The Extraordinary Rise and Surprising Appeal of Living Alone*. New York: Penguin Press, 2012. ［エリック・クライネンバーグ／白川貴子訳『シングルトン』鳥影社、2014］

LING, RICHARD SEYLER. *New Tech, New Ties: How Mobile Communication Is Reshaping Social Cohesion*. Cambridge, MA: MIT Press, 2008.

NORTHRUP, CHRISANNA, PEPPER SCHWARTZ, AND JAMES WITTE. *The Normal Bar: The Surprising Secrets of Happy Couples and What They Reveal About Creating a New Normal in Your Relationship*. New York: Harmony, 2013.

OYER, PAUL. *Everything I Ever Needed to Know About Economics I Learned from Online Dating*. Cambridge, MA: Harvard Business Review Press, 2014. ［ポール・オイヤー／土方奈美訳『オンラインデートで学ぶ経済学』NTT 出版、2016 年］

ROSENFELD, MICHAEL J. *The Age of Independence: Interracial Unions, Same-Sex Unions, and the Changing American Family*. Cambridge, MA: Harvard University Press, 2007.

RUDDER, CHRISTIAN. *Dataclysm: Who We Are (When We Think No One's Looking)*. New York: Crown, 2014.

RYAN, CHRISTOPHER, AND CACILDA JETHA. *Sex at Dawn: The Prehistoric Origins of Modern Sexuality*. New York: HarperCollins, 2010. ［クリストファー・ライアン、カシルダ・ジェタ／山本規雄訳『性の進化論――女性のオルガスムは、なぜ霊長類にだけ発達したか？』作品社、2014 年］

SCHWARTZ, BARRY. *The Paradox of Choice*. New York: Ecco, 2004. ［バリー・シュワルツ／瑞穂のりこ訳『なぜ選ぶたびに後悔するのか――「選択の自由」の落とし穴』武田ランダムハウスジャパン、2004 年］＊新装版アリ

SIMON, HERBERT A. *Models of Man: Social and Rational*. Oxford: Wiley, 1957. ［H.A. サイモン／宮沢光一監訳『人間行動のモデル』同文館出版、1970 年］

SLATER, DAN. *Love in the Time of Algorithms: What Technology Does to Meeting and Mating*. New York: Current, 2013.

TURKLE, SHERRY. *Alone Together: Why We Expect More from Technology and Less from Each Other*. New York: Basic Books, 2012.

WEBB, AMY. *Data, a Love Story: How I Cracked the Online Dating Code to Meet My Match*. New York: Dutton, 2013.

参考文献

BAILEY, BETH. *From Front Porch to Back Seat: Courtship in Twentieth-Century America*. Baltimore: Johns Hopkins University Press, 1988.

BOYD, DAHAH. *It's Complicated: The Social Lives of Networked Teens*. New Haven, CT: Yale University Press, 2014. ［ダナ・ボイド／野中モモ訳『つながりっぱなしの日常を生きる：ソーシャルメディアが若者にもたらしたもの』草思社、2014年］

CHERLIN, ANDREW J. *Marriage, Divorce, Remarriage*. Cambridge, MA: Harvard University Press, 2009.

——————. *The Marriage-Go-Round: The State of Marrige and the Family in America Today*. New York: Knopf, 2010.

COCKS,H.G.Classified:*The Secret History of the Personal Column*. London: Random House, 2009.

COONTZ, STEPHANIE. *Marriage, a History: How Love Conquered Marriage*. New York: Penguin Books, 2006.

DAVIS, LAURIE. *Love at First Click: The Ultimate Guide to Online Dating*. New York: Simon & Schuster, 2013.

DRUCKERMAN, PAMELA. *Lust in Translation: The Rules of Infidelity from Tokyo to Tennessee*. New York: Penguin Press, 2007. ［パメラ・ドラッカーマン／佐竹史子訳『不倫の惑星――世界各国、情事のマナー』早川書房、2008年］

DUNBAR, ROBIN. *The Science of Love*. Hoboken, NJ: Wiley, 2012.

FISHER, HELEN. *Anatomy of Love: A Natural History of Monogamy, adultery, and Divorce*. New York: Simon & Schuster, 1992. ［ヘレン・フィッシャー／吉田利子訳『愛はなぜ終わるのか――結婚・不倫・離婚の自然史』草思社、1993年］

——————. *Why Him? Why Her? Finding Real Love by Understanding Your Personality Type*. New York: Henry Holt, 2009. ［ヘレン・フィッシャー／吉田利子訳『「運命の人」は脳内ホルモンで決まる！――4つのパーソナリティ・タイプが教える愛の法則』講談社、2009年］

HAIDT, JONATHAN. *The Happiness Hypothesis: Finding Modern Truth in Ancient Wisdom*. New York: Basic Books, 2006. ［ジョナサン・ハイト／藤澤隆史・藤澤玲子訳『しあわせ仮説――古代の知恵と現代科学の知恵』新曜社、2011年］

ILLOUZ, EVA. *Why Love Hurts: A Sociological Explanation*. Malden, MA: Polity Press, 2012.

IYENGAR, SHEENA. *The Art of Choosing*. New York: Twelve, 2010. ［シーナ・アイエンガー／櫻井祐子訳『選択の科学――コロンビア大学ビジネススクール特別講義』文藝春秋、2010年］

Center, "Device Ownership over Time," Pew Research Internet Project, January 2014, http://www./pewinternet.org/data-trend/mobile/cell-phone-and-smartphone-ownership-demographics/.

5 Clive Thompson, "Clive Thompson on the Death of the Phone Call," *Wired*, July 28,2010

6 ジョージ・ホウマンズは、恋愛関係においてもっとも関心のない者がもっとも力をもつとする、社会学上の古典的な"最小の関心の原則"を立証した。参照: George Caspar Homans, *Social Behavior: Its Elementary Forms* (New York: Harcourt Brace Jovanovich, 1961).

7 Mike J. F. Robinson, Patrick Anselme, Adam M. Fischer, and Kent C. Berridge, "Initial Uncertainty in Pavlovian Reward Prediction Persistently Elevates Incentive Salience and Extends Sign-Tracking to Normally Unattractive Cues," *Behavioral Brain Research* 266 (2014): 119-30.

8 Erin Whitchurch, Timothy Wilson, and Daniel Gilbert, " 'He Loves Me, He Loves Me Not……' Uncertainty Can Increase Romantic Attraction," *Psychological Science* 22, no.2 (2011): 172-75

9 Hunter Public Relations によって実施されたこの調査については、こちらを参照: http://clientnewsfeed.hunterpr.com/category/Wine-Spirits-News.aspx?page=25

第3章　オンラインデート

1 Christian Rudder, *Dataclysm: Who We Are (When We Think No One's Looking)* (New York: Crown, 2014).

2 Nathan Ensmenger, "Computer Dating in the 1960s," *The Computer Boys* (blog), March 5, 2014.

3 H. G. Cocks, *Classified: The Secret History of the Personal Column* (London: Random House, 2009)

4 この発言の出典は、Jeff Kauflin, "How Match.com's Founder Created the World's Biggest Dating Website——and Walked Away with Just $50,000," *Business Insider*, December 16, 2011.

5 John T. Cacioppo, Stephanie Cacioppo, Gian C. Gonzaga, Elizabeth L. Ogburn, and Tyler J. VanderWeele, "Marital Satisfaction and Break-ups Differ Across On-line and Off-line Meeting Venues," *Proceedings of the National Academy of Sciences* 110, no.47 (2011): 18814-19.

6 データの詳細はこちら。 http://data.stanford.edu/hcmst. この調査は有意義な

結論を確実に引き出すため、ゲイとレズビアンの人々をオーバーサンプリングしている。

7 Michael J. Rosenfeld and Reuben J. Thomas, "Searching for a Mate: The Rise of the Internet as a Social Intermediary," *American Sociological Review* 77, no.4 (2012): 523-47.

8 Aaron Smith and Maeve Duggan, "Online Dating and Relationships," Pew Research Center, October 21, 2013.

9 Rudder, *Dataclysm*, 70.

10 Dan Slater, *Love in the Time of Algorithms: What Technology Does to Meeting and Mating* (New York: Current Books, 2013).

11 Christian Rudder, "The 4 Big Myths of Profile Pictures," *OkTrends* (blog), January 20, 2010, http://blog.okcupid.com/index.php/the-4-big-myths-of-profile-pictures/.

12 Eli J. Finkel, Paul W. Eastwick, Benjamin R. Karney, Harry T. Reis, and Susan Sprecher,: "Online Dating: A Critical Analysis from the Perspective of Psychological Science," *Psychological Science in the Public Interest* 13, no.1 (2012):3-66.

13 Laura Stampler, "Inside Tinder: Meet the Guys Who Turned Dating into an Addiction," *Time*, February 6, 2014.

14 Ann Friedman, "How Tinder Solved Online Dating for Women," *New York*, October 10, 2013.

15 Nick Bilton, "Tinder, the Fast-Growing Dating App, Taps an Age-Old Truth," *New York Times*, October 29, 2014.

16 Holly Bater and Pete Cashmore, "Tinder: The Shallowest Dating App Ever?" *Guardian*, November 22, 2013.

17 Velvet Garvey, "9 Rules for Expats in Qatar," Matador Network, July 28,2012.

第４章　選択肢は多いほどいいのか

1 Sheena S. Iyengar, Rachael E. Wells, and Barry Schwartz, "Doing Better but Feeling Worse: Looking for the 'Best' Job Undermines Satisfaction," *Psychological Science* 17, no.2 (2006): 143-50.

2 Sheena S. Iyengar and Mark R. Lepper, "When Choice Is Demotivating: Can One Desire Too Much of a Good Thing?" *Journal of Personality and Social Psychology* 79, no.6 (2000): 995.

3 州ごとの初婚年齢についてはこちらを参照。Population Reference Bureau,

"Median Age at First Marriage for Women (5-Year ACS)," http://www.prb.org/DataFinder/Topic/Rankings.aspx?ind=133. 小都市と地方での離婚率の上昇についてはこちらを参照。Sabrina Tavernise and Robert Gebeloff, "Once Rare in Rural America, Divorce Is Changing the Face of Its Families," *New York Times*, March 23, 2011.

4 Donald G. Dutton and Arthur P. Aron, "Some Evidence for Heightened Sexual Attraction Under Conditions of High Anxiety," *Journal of Personality and Social Psychology* 30, no.4 (1974): 510

5 Arthur Aron, Christina C. Norman, Elaine N. Aron, Colin Mckenna, and Richard E. Heyman, "Couples' Shared Participation in Novel band Arousing Activities and Experienced Relationship Quality," *Journal of Personality and Social Psychology* 78, no.2 (2000): 273.

6 Paul W. Eastwick and Lucy L. Hunt, "Relational Mate Value: Consensus and Uniqueness in Romantic Evaluations," *Journal of Personality and Social Psychology* 106, no. 5 (2014): 728-51.

7 Paul W. Eastwick and Lucy L. Hunt, "So You're Not Desirable," *New York Times*, May 16, 2014.

第５章　愛に関する国際的な調査

1 Lindsay Galloway, "Living In: The World's Best Cities for Dating," BBC.com, June 16, 2014.

2 Abigail Haworth, "Why Have Young People in Japan Stopped Having Sex?" *Guardian*, October 20, 2013.

3 National Institute on Population and Social Security Research, "The Fourteenth Japanese National Fertility Survey," 2010.

4 こうした調査結果の概要の英語版はこちら："30% of Single Japanese Men Have Never Dated a Woman," *Japan Crush* (blog), April.3, 2013.

5 Roland Buerk, "Japan Singletons Hit Record High," BBC.com, November 28, 2011.

6 日本語が読める方はこちらを参照：http://www.stat.go.jp/data/kokusei/2005/sokuhou/01.htm.

7 "Survey Finds Growing Number of Couples Turned Off by Sex," *Asahi Shimbun*, December 21, 2012.

8 Central Intelligence Agency, "The World Factbook," 2014, available at https://www.cia.gov/library/publications/the-world -factbook/rankorder/

2054rank.html.
9 Linda Sieg, "population Woes Crowd Japan," *Japan Times*, June 21, 2014.
10 日本政府による結婚支援構想の概要はこちらを参照 : Keiko Ujikane and Kyoko Shimodo, "Abe Funds Japan's Last-Chance Saloon to Arrest Drop in Births," Bloomberg, March 19, 2014.
11 Kalman Applbaum, "Marriage with the Proper Stranger: Arranged Marriage in Metropolitan Japan," *Ethnology* 34, no.1 (1995): 37-51. こちらも参照 : David Millward, "Arranged Marriages Make Comeback in Japan," *Telegraph*, April 16, 2012.
12 Masami Ito, "Marriage Ever-Changing Institution," *Japan Times*, November 3, 2009.
13 Alexandra Harney, (The Herbivore's Dilemma," *Slate*, June 15, 2009.
14 National Institute on Population and Social Security Research, "Fourteenth Japanese National Fertility Survey," October-November 2011.
15 日本の恋愛産業についての実に興味深い映像が *Vice* のサイトで見られる : http://www.vice.com/the-vice-guide-to-travel/the-japanese-love-industry
16 ホステスクラブに関心のある方は、人類学から一冊にまとめた本がある。Anne Allison, *Nightwork: Sexuality, Pleasure, and Corporate Masculinity in a Tokyo Hostess Club* (Chicago: University of Chicago Pres, 1994).
17 男性による売春の利用に関するデータはこちらを参照 : " Percentage of Men (by Country) Who Paid for Sex at Least Once: The Johns Chart," ProCon.Org, January 6, 2011. こちらでも見られる : http://prostitution.procon.org/view.resource,php?resourceID=004119.
18 市長の発言と六割以上という数字はこちらを参照 : "'Women Who Say They Don't Like Cat-Calls Are Lying' : Buenos Aires Mayor Sparks Furious Backlash," *Daily Mail*, April 29, 2014.

第 6 章　古き問題、新しき形 ――セクスティング、浮気、のぞき見、別れ話

1 これらの統計は複数の出典にもとづく。セクストの送信と受信についてのデータは、Hanna Rosin, "Why Kids Sext," *Atlantic*, November 2014. iPhone 利用者とアンドロイド利用者の比較、火曜午前のセクスティング、決まった相手とのセクスティングに関するデータは、本書全体で利用させてもらったマッチドットコムの調査によるものである。
2 Jenna Wortham, "Everybody Sexts," *Matter*, November 11. 2014.
3 Rosin, "Why Kids Sext."

4 Oliver Tree, "'Stop Starin at My Weapon': Hilarious New Details of Weiner's Sordid Facebook 'Affair' with Blackjack Dealer Are Revealed," *Daily Mail*, June 8, 2011, http://www.dailymail.co.uk/news/article-2000386/Anthony-Weiner-Facebook-affair-blackjack-dealer-Lisa-Weiss-revealed.html.

5 2011年の数字はこちらの報告より: Sheelah Kolhatkar, "Cheating, Incorporated," *Bloomberg Businessweek*, February 10, 2011. 2014年の数字はアシュレイ・マディソンのウェブサイトを参照：https://www.ashleymadison.com/blog/aout-us/.

6 Deni Kirkova, "You're Breaking Up with Me by TEXT?" *Daily Mail*, March 5, 2014.

7 Ilana Gershon, The Breakup 2.0: *Disconnecting over New Media* (Ithaca: Cornell University Press, 2011).

8 Rossalyn Warren, "A Girl Is Getting over Her Ex by Photoshopping Photos of Beyonce Over His Face," BuzzFeed, July 29, 2014.

9 Irene Tsapelas, Helen Fisher, and Arthur Aron, "Infidelity: When, Where, Why," in William R. Cupach and Brian H. Spitzberg, *The Dark Side of Close Relationships II* (New York: Routledge, 2010), pp. 175-96.

10 Richard Wike, "French More Accepting of Infidelity Than People in Other Countries," Pew Rewearch Center, January 14, 2014.

11 Frank Newport and Igor Himelfarb, "In U.S., Record-High Say Gay, Lesbian Relations Morally OK," Gallup.com, May 20, 2013.

12 Henry Samuel, "French Study Shows a Majority of Men and a Third of Women Cheat," *Telegraph*, January 21, 2014.

第７章　身を固める

1 Helen Fisher, "How to Make Romance Last," *O, the Oprah Magazine*, December 2009.

2 Philip N. Cohen, "Marriage Is Declining Globally: Can You Say That?" *Family Inequality* (blog), June 12, 2013.

3 Christina Sterbenz, "Marriage Rates Are Near Their Lowest Levels in History ――Here's Why," *Business Insider*, May 7, 2014.

4 Andrew J. Cherlin, "In the Season of Marriage, a Question: Why Bother?" *New York Times*, April 27, 2013.

5 Mark Oppenheimer, "Marriage, with Infidelities," *New York Times*, June 30, 2011.

6 Mimi Valdes, "Do Open Relationships Work?" *Men's Fitness*, October 2007.